U0673512

关键将塞，则神有遁心。

（南朝）刘勰《文心雕龙·神思》

词语破碎处，无物可存在。

［德］斯蒂芬·格奥尔格《词语》

中国文化元典关键词研究丛书

李建中　主编

李建中　著

元典关键词研究的理论范式

人民出版社

总序　元典关键词的原创意蕴与现代价值

中华元典[1]是中国传统文化最早的宝库，中华元典关键词[2]则是宝库中的无价之宝。元典的创制者用"关键词"昭示他们对宇宙、社会和人生的观察与思考，元典的阐释者借"关键词"赓续、传承、阐扬、新变中国文化。中华元典关键词是中国人的名号与实质，是中国人之所以为中国人的文化依据，是轴心期[3]中国文化生生不息、亘古亘今的语义根源。后轴心期历朝历代的文化，常常以"关键词"之重释的方式回到文化元典：如西汉董学之重释"天人"、魏晋玄学之重释"三玄"、唐代韩柳之重释"道"、宋代程朱之重释"理"、明代王学之重释"心"……作为 21 世纪的中国学者，我们既要站在现代文明和思想的理论高度，

---

[1]　"元典"一词的创制者冯天瑜将五经以及《论语》《墨子》《孟子》《老子》《庄子》《荀子》等先秦书认定为"中华元典"，冯著《中华元典精神》（上海人民出版社 1994 年版）对"中华元典"的创制、发展以及近代转换作出了具有原创性和开拓性的论述。

[2]　"关键词"乃一比喻性所指，喻指核心的、重要的术语、概念、范畴和命题。这个意义上的"关键词研究"几乎与中华元典同时诞生。

[3]　德国哲学家卡尔·雅斯贝尔斯《智慧之路》（柯锦华等译，中国国际广播出版社 1988 年版）第九章"人的历史"指出，以公元前 500 年为中心，约在前 800 年至前 200 年之间，人类精神的基础，同时独立地奠定于中国、印度、波斯、巴勒斯坦和希腊。正是在那个时期，才形成今天我们与之共同生活的这个"人"，发生于那个时期的精神历程构成了一个轴心，故可称之为"轴心时期"。雅斯贝尔斯所说的"轴心时期"在中国正好是春秋（前 770—前 476）和战国（前 475—前 221）时期。

又要面对现代社会错综复杂的文化问题,以"关键词"的方式返回文化元典,整体系统、深刻辩证地重新阐释中华元典关键词,重新揭示中华元典关键词的原创意蕴和现代价值。

中华元典关键词,以"词根"的方式沉潜,以"坐标"的方式呈现,以"转义"的方式再生,既是轴心期华夏文明生生不息的语义学根源,亦为中外文化和而不同的话语前提。因而,欲褐橥元典关键词的原创意蕴及现代价值,须从词根性、坐标性和转义性之考察开始。元典关键词之语义考察,一是以五经以及儒墨道法兵诸家文化元典为文本依据,诠释中华元典关键词的词根性(关键词的文化源起与辞源学释义);二是以历史时空为经纬,厘定中华元典关键词的坐标性(关键词如何标识不同时代的文化观念,如何贯通不同时代的文化命脉);三是以世界为视域,诠解中华元典关键词的转义性(关键词的赓续、新创以及语义再生等)。这种"原生—沿生—再生"的语义考察,可为推进中华元典研究提供新的观念、方法和入思路径。

一

有一部名为《我的盛大希腊婚礼》的美国影片,讲述希腊侨民在美国的生活,其中一位希腊父亲逢人便说:你给我一个单词,英语、法语、德语、西班牙语都可以,我告诉你这个单词的希腊语词根。这段不乏喜剧意味的台词,道出一个不争的文化史事实:轴心时期的古希腊文明是西方文化的根柢之所在。从词源学的特定层面而论,西语的词根在古希腊,汉语的词根在先秦。中国文化关键词的"词根"深深地扎在先秦元典之中,如《周易》的"文"与"象"、《老子》的"道"与"德"、《庄子》的"言"与"意"、《礼记》的"乐"与"和"等等。这些单音节的词，在其所表述的特定领域之中，是最早的（本源），也是最根本的（本原），故可称为"元关键词"。凡与它相关的术语、范畴和命题，都以它为词根或者说从它的根基上生长出来。因此，就其"元生性"而言，它们既是先秦文化的关键词，又从源头上构成中华文化关键词的词根。

"人文之元，肇自太极，幽赞神明，《易》象惟先"①，作为中国历史上最负盛名的文学理论家，刘勰的文学理论书写，是从追溯"文"的词根性开始的。"文"，既是《文心雕龙》最大的关键词，又是《文心雕龙》五十篇所有带"文"的术语、概念、范畴和命题的词根：诸如人文、天文、文明、文化、文德、文心，又如文章、文体、文象、文采、文风、文骨等等。刘勰之论"文"，可归纳为两大内涵：一是文之道，二是文之体。若置换为当今文学基本原理的关键词，则前者相当于文学的本源和本质，后者相当于文学的内容和形式。而这两大义项的"文"，其词根性都在先秦元典即五经和诸子之中。

《文心雕龙》追原文之"道"，从天地的"玄黄色杂，方圆体分"讲起，"天玄地黄"出自《周易》坤卦上六的爻辞及《文言》，"天圆地方"出自《大戴礼记·曾子天圆篇》。刘勰接着讲，天以日月"垂丽天之象"，地以山川"铺理地之形"：前者出自《周易》离卦的《象传》，后者出自《周易》的《系辞上》。刘勰由天地而"傍及万品"，自然界的万事万物都有自己的颜色和形体，所谓"动植皆文"，人为五行之秀、天地之心，岂能无文？而"天地之心"、"五行之秀"又出自《礼记·礼运篇》。人以自己的言辞来彰显道，正如天地万物以自己的色杂、体分来彰显道，这也就是文之"道"，或曰文学之本原和本质。刘勰从天地之"文"讲到人之"文"，无一处无来历，这"来历"便是包括《周易》和《礼记》在内的先秦元典。

① 范文澜：《文心雕龙注》上册，人民文学出版社 1958 年版，第 2 页。

就词根性而言，"文"还有更远的"来历"。《文心雕龙·原道》篇为追寻"文"之本，为揭示"文"之道，以"人文之元"为中心，论及三类"文"：第一类可称之为"人为之文"，准确地说，是处于人类文明滥觞期的人文创制，如八卦、九畴。第二类可称之为"神赐之文"，如河图、洛书。刘勰讲"河图孕乎八卦，洛书韫乎九畴"，可见人为之文是神赐之文所孕育的，或者说人之为文须"取象乎河洛"。第三类是前面谈到的天地自然之文，如日月叠璧、山川焕绮，如龙凤呈瑞、虎豹凝姿，如云霞雕色、草木贲华，如林籁结响、泉石激韵……关于这一类"文"，刘勰谈得最多也最有诗意，因为天地自然之文不仅是人之为文"远取诸物"的对象，亦为刘勰揭示文之道的立论依据。三大类别的"文"，各有其形色，各有其声貌，各有其质地，各有其涵泳，而它们共有的也是最为基本的特征是，因其有形色而能被感知。这一共同特征从何而来？原其词根，来源于"文"之甲骨文释义：人之文身，或曰文身之文。

甲骨文的"文"，从武丁时期到帝辛时期，均有"文身"之义："象正立之人形，胸部有刻画之纹饰，故以文身之纹为文。"①《礼记·王制》有"被发文身"，许慎《说文解字》有"文，错画也，象交文"，而甲骨文"文"字形胸前的纹身即为"交文""错画"。细读甲骨文的"文"，至少可见出三个层面的词根性。人类最早的"文"不仅是人为的，而且是描画于人的身体之上的，"人"与"文"整然一体，不可分离。此其一；"文"是人类最早的"刻画之纹饰"，或者说是远古人类所创造的文化的艺术的文本。此其二；作为人类最早的文化艺术创造，"文"的主要特征是可睹可观、可感可知，是人类感知觉的对象。此其三。而最后一点，正是"文"的基本特征。前文所说的"文"之三大类，人为之文、

---

① 徐中舒主编：《甲骨文字典》，四川辞书出版社 2006 年版，第 996 页。

神赐之文和天地自然之文，其中神赐之文还可以说是人为的，因为神或神文归根结底还是人的创造；而天地自然之文则与人为之文完全无关。因此，这三类"文"，只有在第三个层面（可观可感）才是完全相通或相同的：天地自然之文的"垂象"和"铺形"自不待言，神赐之文是"龙图献体，龟书呈貌"，这两大类文的"象""形""体""貌"，与人为之文的"交文""错画"，其最初的源头在甲骨文"文"字的"以文身之纹为文"之中。

如果说，"文之道"是指人类以自己所创造的"文"来言说或呈现"道"；那么"文之体"则是这种言说或呈现的文本化。前者揭示文学的本源和本质，后者表述文学的内容和形式，二者都是以"文"为词根，其词根性有着共通之处。刘勰论"文之体"与他论"文之道"一样，也是无一处无来历，而最初的来历依然是先秦元典。《原道》篇"龙图献体"，事本《周易》。《征圣》篇"明理以立体"，取象《周易》"夬""离"二卦；又"辞尚体要"，语出《尚书·毕命》；又"政化贵文""事迹贵文""修身贵文"云云，实谓不同内容不同种类的文体，以"贵文"为共同特征。《宗经》篇"文能宗经，体有六义"，不仅尊五经为后世文学"大体"（或曰"体制"）之楷模或圭臬，更是视五经为后世文学体裁（或曰"体类"）之本根和源起。《序志》篇重提"《周书》论辞，贵乎体要"，又感叹"去圣久远，文体解散"，这是站在先秦五经的立场，评骘后世文学之弊端。

在"文之体"的特定层面而论，"文"之词根性依然可以追溯至甲骨文"文"字形的"文身之纹"和"刻画之纹饰"。刘勰《文心雕龙·序志》篇，开篇解诠书名中的"雕龙"一语，称"古来文章，雕缛成体"，这里的"古来文章"，既包括先秦诸子，如孔子的"文以足言"，《老子》的"五千精妙"，《庄子》的"辩雕万物"；亦包括五经，所谓"五经之含文也"，所谓"圣贤书辞，总称'文章'，非采而何"。非雕缛何能成体？无纹饰何能称文？所以《征圣》篇赞美圣人的"文体"是"含章之玉牒，秉文之金科",而后人著文习体,"征之周孔,则文有师矣"。

《序志》篇开篇推崇"雕缛成体",与后章批评"饰羽尚画,文绣鞶帨",看似相悖,实则相关。黄侃《文心雕龙札记》论及二者的关系时说:"此与后章'文绣鞶帨,离本弥甚'之说,似有差违,实则彦和之意,以为文章本贵修饰,特去甚去泰耳。全书皆此旨。"① 在黄侃先生看来,"本贵修饰"与"去甚去泰"共同构成《文心雕龙》全书大旨;而就"文"这个关键词而言,二者均为其词根义之所在。"文章本贵修饰"自然是"文"的词根义,故"文"又可写作"纹"或"彣";而文之修饰须"去甚去泰",须恰到好处,也就是《尚书·毕命》说的"辞尚体要",同样是"文"的词根义。我们看甲骨文的"文"字,那位正立之人,其胸前的纹身简洁明了,可谓"体要成辞(文)"。没有刻画之纹饰,不能称之为"文";而多余的或过分的纹饰如文绣鞶帨如饰羽尚画,则背离了"文"之本旨:对"道"的言说和呈现。正是因为过度的文饰会遮蔽文对道的言说,刘勰才特别强调体要。

"文"的原型是"人",所谓"象正立之人形";"体"则是"人"本身,人的身体之总称。《说文·骨部》有"体,总十二属也",段玉裁注称"十二属"为人体"首、身、手、足"所属的十二个部位。② 在人体的特定部位纹饰刻画便成了"文",因而"体"是"文"的载体,"文"是"体"的文化的艺术的呈现,是人类最早创造出来的有生命有人格有灵魂有美感的"文体"。这种生命化人格化的"文之体",在《文心雕龙》中时时可见。《谐隐》篇有"体目文字",周振甫《文心雕龙今译》释"体目"为"人身主要部分"③。《丽辞》篇有"造化赋形,支体必双","体植必双,辞动有配",用人体四肢的对称之美喻指文学的对句艺术即丽辞

---

① 黄侃:《文心雕龙札记》,华东师范大学出版社1996年版,第276页。

② 参见(清)段玉裁:《说文解字注》,上海古籍出版社1981年版,第166页。

③ 周振甫:《文心雕龙今译》,中华书局1986年版,第136页。

之美。《附会》篇有"才量学文，宜正体制：必以情志为神明，事义为骨髓，辞采为肌肤，宫商为声气"，将人体各部位与文体各部位一一相配。《时序》篇有"体貌英俊"，"体貌"用作动词，"谓加礼容而敬之"[①]，礼敬殷勤之面容，亦与人体相关。"文之体"，实乃"体之文"也。只有真正把握到"文"的词根性，方能明辨"文之体"，方能揭示"文之道"。

二

《诗经·大雅·文王》有"周虽旧邦，其命维新"，"旧邦"代表文化传统，"新命"则指新的文化使命或传统文化的新发展。轴心期时代最有代表性的几种文化类型，如古希腊、古罗马、巴比伦、埃及、印度等，有旧邦而无新命；而后轴心期时代的文化强国，如美国，如欧洲的一些国家，有新命而无旧邦，至少是没有像西周那样古老的旧邦。轴心期各国文化，诚如冯友兰先生所言，"惟我国家，亘古亘今，亦新亦旧"[②]。而中国传统文化的赓续、传承和新变，与元典关键词之词根性的生长密不可分。就文化关键词研究的特定层面而言，中国文化的生命力是通过元典关键词的生命力体现出来的。换言之，元典关键词强大旺盛的生命力，从观念和思想的深处激活了中国传统文化的生命力。源起于轴心时代、扎根于先秦元典的中华文化关键词，在其后漫长的演变历程中，以"词根"的方式沉潜，以"坐标"的方式呈现，既标举特定时空的文化观念，又接续前世与后代的文化命脉，从而成为不同历史时期的文化坐标。

---

① 范文澜：《文心雕龙注》下册，人民文学出版社 1958 年版，第 682 页。

② 冯友兰：《三松堂全集》第一卷，河南人民出版社 2000 年版，第 301 页。

《诗经·小雅·大东》有"周道如砥，其直如矢"，中国文化的发展之"道"，虽不似"周道"那样如砥如矢，而是坎坷曲折，但毕竟从轴心期走到了21世纪。道之绵延，或短或长，总得有个路标；而中国文化之"道"，绵延几千年，历经无数个路段或曰时段，每一个时段都有特定的文化坐标，而文化坐标上所书写的，便是属于这个时代的文化关键词。比如本文第一节所讨论过的"体"。在《诗》《礼》《易》以及《孟》《荀》等元典中，"体"意指身体之总属、主体之认知和与"用"相对的"本"。六朝创"体性"张扬生命风骨，三唐用"体貌"识鉴诗性品质，两宋有"文体"辨析文章种类，而清季以降则以"体用"应对中西文化冲突……一代有一代之"体"和之"所体"，不同时代以"体"为词根的关键词标识着特定时代的"体"和"所体"，而其根柢却在文化元典的"体"所先在铸成的生命本体、认知本体乃至哲学本体之中。由此可见，文化关键词的坐标性槃深柢固于词根性之中，并从词根性之中枝繁叶茂地生长出来。

从"词根"生长为"坐标"，这是文化关键词的发展之"道"；我们以"道"这个中国文化的元关键词为例，来讨论关键词的历史坐标性。"道"的本义很简单，也就是《说文解字》所说的"所行道也"，"一达谓之道"。①"道"最早的词性既可名亦可动，故《诗经》既有"周道如砥"亦有"不可道也"。当"道"在先秦元典中由形而下的"所行道"抽象为形而上的"天之道"时，就成了各家各派不得不道的关键词。《庄子·天下篇》说"《诗》以道志，《书》以道事，《礼》以道行，《乐》以道和，《易》以道阴阳，《春秋》以道名分"，可见儒家是用六经道自家的"道"，正如墨家用《墨子》道自家的"道"，道家用《老子》和《庄子》道自家的道，所谓各道其道，各名其名，各是其是，各非其非。

---

① （清）段玉裁：《说文解字注》，上海古籍出版社1981年版，第75页。

据《论语·里仁》，孔子说"朝闻道，夕死可矣"，足见"道"比个体生命更为重要。孔子又说"吾道一以贯之"，又可见"道"的恒长与永久；但这个"一以贯之"的"道"究竟何指？孔子自己没有说，而曾子解释为"忠恕"。然而，在不同的语境下，孔子的"道"又有不同的含义：或曰"仁"，或曰"义"，或曰"中庸"，或曰"孝悌"，或曰"方法"，或曰"技艺"……"道"在《论语》一书中出现 60 次，其释义已如此复杂；而在《孟子》一书中出现 140 次，其释义更加繁复，故司马谈《论六家要指》要说儒家"博而寡要"。至于道家的"道"，干脆是不可道也，亦即司马谈所言"其辞难知"。但换一个角度说，正是因为"道"在先秦五经及诸子文本中语义繁复，才使得她能够成为后世的文化坐标。作为中国文化的元关键词，"道"，正是因其"词根性"根柢槃深，其"坐标性"才可能枝叶峻茂。

《庄子·天下》篇有"道术""方术"之分，这种分别既是语义的也是历史的。就语义层面而言，道术是"无乎不在"，是"天地之纯"，明于"道"者集"天人""神人""至人""圣人"于一身；而方术只是"百家众技"，仅知晓一方之术者实乃"一曲之士"或者是"百家之学"中某家某派的"君子"。就其历史即时序层面而论，是先有"古之道术""古人之大体""古之人其备乎"，后有"天下治方术者多矣""天下之人各为其所欲焉以自为方"。当"后世之学者"谬于"道"时，则"道术将为天下裂"。战国诸子百家，均为"道术"裂变之后的一方之术即"方术"，庄子一家亦不能例外，虽然他自己不太会承认。

"道术"的词根是"道"，就"道"这个关键词而论，其汉语词根性与历史坐标性之关联，亦发生在汉语语义与历史时序两个不同的层面。"道"在先秦元典中语义之繁复已如前述，甚至可以说，先秦元典中的"道"，其义项之多元，语用之复杂，词性转换之灵活，组词功能之强大，已足以胜任它将要在先秦之后所需承担的历史坐标性表达。仅就学

术史的层面论，后元典时代，从两汉经学到魏晋玄学，从唐代三教合流到宋代儒学新生，从明代心学到清代朴学，从近代西学东渐到现代中西对撞，一直到当代的国学复兴，"道"关键词在不同历史时期的坐标性书写或当下诠释，均可以在先秦元典中寻找或发掘到各自所需要的语义的和思想的资源。

两汉经学的"道"，用作动词，是对先秦儒家经书的解说；用作名词，则是汉代经学家所诂训所传疏出来的先秦儒家经书的微言大义。如董仲舒的《春秋繁露》，既是繁露（细解细说）《春秋》，也是《春秋》之道的展开和诠解（即繁露）。当然，《春秋繁露》只有十之五六的篇幅道《春秋》（主要是《春秋公羊传》）之道，而余下的篇幅，或道《周易》的天地阴阳之道，或道《尚书·洪范》的五行五事之道，或道《三礼》的郊禘祭祀之道。

如果说，"道"作为两汉经学的文化坐标，其要义是"道（传疏）"五经之"道（经义）"；那么，到了魏晋玄学，其作为文化坐标的"道"，则演变为"道（清谈）"《老》《庄》《易》三玄之"道（有无本末）"。魏晋玄学的开创性也是代表性人物王弼，用他的《老子指略》《老子道德经注》道老子之道，用《周易略例》《周易注》道《周易》之道。王弼《老子指略》："夫'道'也者，取乎万物之所由也……故其大归也，论太始之原以明自然之性，演幽冥之极以定惑罔之迷。"[1] 这是对先秦原始道家之"道"的再阐释。当然，王弼还有《论语释疑》，但他是用道家的"道"来道孔子的"道"，如王弼解释孔子的"志于道"："道者，无之称也，无不通也，无不由。况之曰道，寂然无体，不可为象。是道不可体，故但志慕而已。"[2] 以道家的"无"说儒家的"道"，这是王弼也是魏晋玄

---

① 楼宇烈：《王弼集校释》上册，中华书局1980年版，第196页。

② 楼宇烈：《王弼集校释》上册，中华书局1980年版，第624页。

学"道"的重要特征。刘勰讲"道沿圣以垂文",两汉经学家心目中的"圣"无疑是孔子,而魏晋玄学家心目中的"圣"则是老庄。不同的时代,所宗所师之"圣"各不相同,故所尊所明之"道"亦各不相同。两汉经学与魏晋玄学,其文化坐标上都书写着一个"道"字,但"道"(用作名词)之内涵大异其旨,"道"(用作动词)之方式亦大异其趣。

到了唐代,作为文化坐标的"道",宗教味道特浓:既是道教之道,亦为佛禅之道。初唐李氏父子,奉道教为国教;时至中唐,佛教势力愈来愈大,以至于韩愈要写《原道》来探求儒道之原,以排斥佛老之说。韩愈站在中唐回望先秦,他发现:正宗的儒家之道,由尧舜禹汤而文武周公,由孔子而孟子,孟轲之后,"道"不得其传焉。韩愈在这里做了两件事:一是为儒家的"道"建立谱系,而这个谱系的根之深、源之远,是佛老杨墨完全无法比拟的;二是从国计民生的层面,实实在在地讨论儒道之利国利民,佛老之害国害民。这两件事,指向同一个目标:在唐代的文化坐标上,重写重述重释"道"这个关键词。

宋型文化与唐型文化有诸多差异,就"道"而言,以韩愈为代表的谱系重建者,是摒除"道"关键词中的佛老成分,而还原一个先王之道,一个博爱仁义之道。宋型文化的"道"当然也是儒家的,但宋代理学家的道既不排佛亦不斥老,而是引佛老入儒道以成新儒学。程颢程颐兄弟,同为新儒学,但二人对原始儒"道"的添加或曰新创各有侧重:程颢以"心"释"道",开启了后来的陆王心学;程颐由"道"而推出"理",以形成程朱理学。

说到宋代的文化坐标,我突然联想到北宋末年水泊梁山杏黄旗上的四个大字:替天行道。其实,宋江们的"道"既不是程朱理学的明德之道,亦非阳明心学的心性之道,而是与王学左派相关的百姓日用之道。这一点,我们从李贽的《容与堂本忠义水浒传序》可以读出。以李贽为代表的王学异端,用他的《焚书》《藏书》以及《水浒》评点,在明代的文化坐标中，为"道"添加了极有思想性启蒙性的内涵。向上，承接上了《周易》的忧患之道；向下，开启了清代三大思想家顾、黄、王的启蒙之道。

清季以降，作为文化坐标的"道"，有两个新义项值得注意。一是以"道—器（技）"博弈应对外族进攻；二是以"道—logos"的对谈应对中西文化冲突。鸦片战争之后，最早"开眼看世界"的中国知识分子已经痛苦地意识到：中国传统文化并不优于西方近代文化，甚至在某些方面还落后于"外夷"。于是，以魏源的"师夷长技以制夷"为口号，终于提出了学习西方的问题，从而在"器"和"技"（亦为"道"的义项之一）即物质及科学技术层面率先开启了中国文化的近代化历程。"道"的词根性之中，既可以是名词也可以是动词，这与希腊语的 logos 正好可以互译互释。钱锺书《管锥编》释《老子王弼注》的"道可道，非常道"，称"古希腊文'道'（logos）兼'理'（ratio）与'言'（oratio）两义，可以相参"①。由此可见，不同时代对元典关键词"道"的不同之"道"（言说），标识着不同时代之文化的核心价值、认知路径和言说方式。

三

关键词研究作为一种方法，可称之为"历史语义学"（historical semantics）。②就"语义"的层面论，本文所讨论的中华元典关键词的词根性、坐标性和转义性，依次构成特定关键词的元生义、衍生义和再生义；就"历史"的层面论，元典关键词的元生义形成轴心期华夏文明的

---

① 钱锺书：《管锥编》第二册，中华书局 1986 年版，第 408 页。

② 参见［英］雷蒙·威廉斯：《关键词：文化与社会的词汇》之《译者导读》，刘建基译，生活·读书·新知三联书店 2016 年版，第 13—22 页。

文化根柢，衍生义构成中国各个历史时期的文化坐标，再生义铸成现代性语境下中国文化的话语权和软实力。

在世界文化史的范围内考察，作为轴心期诸种文明之一的中华文化，之所以能绵延不绝、传承至今，与中华文化元典关键词的再生性特质是密不可分的。在文化多元的全球化时代，中华元典关键词以词根性固其本，以坐标性续其脉，以再生性创其新，从而在与异域文化平等对话的过程中获得阐释有效性和现代转义。在全球化时代的语境下，正是中国文化关键词的再生性赋予了中国文化以现代转型之机。这种再生性、转义性不仅折射出中国文化现在所面临的传统与现代、东方与西方的冲突、对话、交流及融合，更展示出中国文化亘古不灭的盎然生机和它极为充沛的应对力、转换力、更新力与传承力。

元典关键词的现代再生性大体上有着三种不同的类型。一是古今恒长型，二是古今变异型，三是古今悖反型。先说第一种。这类关键词有着强大、旺盛和恒久的生命力，从先秦"活"到当下，从轴心期时代"活"到全球化时代。比如本文第一节讨论过的元关键词"文"："文之为德也大矣"！如果说，《易》之"天文""人文"之分、"以文教化"之用以及"文言"之美，已在源头上赋予"文"以多元性和开放性；那么，现代社会仍然频繁使用的"文明""文化""文学""文章"乃至"文体""文辞"等关键词，就先天地秉有广阔的再阐释空间以及在现代语境下转义、通约和再生的巨大潜能。"文"如此，"和"亦然。"和"在先秦元典中频繁出场，或呈宇宙之"和"（如《老子·四十二章》"万物负阴而抱阳，冲气以为和"），或奏音乐之"和"（如《尚书·尧典》"声依永，律和声，八音克谐，无相夺伦，神人以和"），或举人伦之"和"（如《礼记·儒行》"礼之以和为贵"），或标人格之"和"（如《论语·子路》"君子和而不同"）等等。"和"关键词的谐和、调和、协和、圆和、中和等含义延展于中国文化的方方面面，成为中国文化最具再生力、承续力的"元关键词"之一。

《荀子·正名》："若有王者起，必将有循于旧名，有作于新名。"王先谦案曰："作者，变也。"[①] 故知"有循于旧名"者属于古今恒久型，而"有作于新名"者则属于古今变异型。所谓"新名"，可以是新造的，也可以是外来的，但更多的是借旧名以说新义，所谓"名"虽存而"实"已变也，本文所讨论的"转义性"或"再生性"即包含此类。以"民"为例。据学者考证，金文中的"民"描画的是人的眼睛，锥刺其中，意指正在受刑罚的奴隶。[②] 可见最早的"民"虽有人之形体却无人之地位与权利。《说文·民部》："民，众萌也。"段注："萌，犹懵懵无知皃也。"[③]《荀子·礼论》："外是，民也。"杨倞注曰："民，民氓无所知也。"[④] 就"懵懵无知皃"这一义项而言，"民"又可训为"冥"或"瞑"：前者如刘知几《史通·自叙》"民者，冥也，冥然罔知"，后者如董仲舒《春秋繁露·深察名号》"民者，瞑也"。就"民""氓"互训而言，《说文·民部》有"氓，民也"，段玉裁注引了两条语料，一条出自《诗经·卫风·氓》（"氓之蚩蚩"），一条出自《孟子·公孙丑上》（"则天下之民悦而愿为之氓矣"），段注曰："盖自他归往之民则谓之氓。"[⑤] 无论是那位抱布贸丝、二三其德的"氓"，还是那些因不堪赋税之重负而远走他乡的"氓"，都是没有社会地位，甚至没有固定居所的游民。我们今天常说"人民"，而在古代社会，"人"与"民"其实是两个不同的等级。《说文·人部》："人，天地之性最贵者也。"[⑥] 孟子讲"民贵君轻"，显然是对"君贵民贱"之社会现实的义愤和批判。现代社会常常使用的"人民"，"民"与"人"

---

① （清）王先谦：《荀子集解》下册，中华书局 1988 年版，第 414 页。
② 参见左民安：《细说汉字——1000 个汉字的起源与演变》，九州出版社 2005 年版，第 114 页。
③ （清）段玉裁：《说文解字注》，上海古籍出版社 1981 年版，第 627 页。
④ （清）王先谦：《荀子集解》下册，中华书局 1988 年版，第 358 页。
⑤ （清）段玉裁：《说文解字注》，上海古籍出版社 1981 年版，第 627 页。
⑥ （清）段玉裁：《说文解字注》，上海古籍出版社 1981 年版，第 365 页。

不仅同义，而且"民"之中新增了"民权""民生""民主"等现代义项，"人民"于是成为一个有着鲜明意识形态特征的关键词，而"民主"也由古代的"为民作主"而新变为"民为主人"。1949年9月第一届"中国人民政治协商会议"期间，黄炎培曾对民盟同仁说："人民共和国才把'民'当做'人'，须自家堂堂地还我做个人！"[①]"民"的地位的提高，"民"的性质的转变，是"民"这个文化关键词古今变异的确证。

文化元典关键词的现代转义性，第三种类型是古今悖反。前文所提到的"民主"语义的古今变异，其实也是一种悖反。可见，变异的极致就是悖反。我们以"鬼"为例，来看看这一类关键词如何从变异走向悖反。殷商时代，"鬼"，不仅与"神"同义，而且是地位很高的"神"。到了周代，鬼是指祖先神，《论语·为政》："子曰：'非鬼而祭之，谄也。'"孔子这里说的"鬼"指的就是已死的祖先。《楚辞·九歌》是一组用于祭祀的歌诗，其中《山鬼》祭爱笃情深的神女，《国殇》祭为国捐躯的将士，一位是"山中人兮芳杜若，饮石泉兮荫松柏"，一位是"身既死兮神以灵，魂魄毅兮为鬼雄"，或缠绵或壮烈，或柔美或阳刚，《九歌》所描写的"鬼"都是美的形象。佛教传入中国后，"鬼神"之"鬼"变为"魔鬼"之"鬼"，"鬼"的形象于是由正面而变为负面，由美而变为丑。这种悖反式变异一直延续到当下。现代社会，无神论者视"鬼"为子虚乌有，斥之为封建迷信。日常生活话语，带"鬼"的词多为贬义，诸如"鬼话""见鬼""鬼相信""鬼头鬼脑"等等。关键词的古今悖反，缘于历史文化的变迁，具有某种合理性。但也有一种并不具备合理性的误读和曲解，如"封建"。"封建"的本义是指"封蕃建国"的分封制，后人却误读为中央大一统的郡县制。冯天瑜先生的《封建考论》对此有深入的研究和精当的论述，此不赘。更有一种比"误读"更厉害的"诬读"

---

① 张量：《历史一刻》，《中国新闻周刊》2009年第32期。

即"诬陷式解读",如"文革"十年对中国传统文化诸多关键词的批判。对于被"诬读"的关键词,需要正本清源,需要拨乱反正,这也是中华元典关键词研究的题中之义。

"关键词"之英文 KEY WORD 中的 KEY 有"钥匙"之义,而中华元典关键词正是开启中国文化之现代意义世界的钥匙,是贯通轴心时代与全球化时代华夏文明的密码,是让古老的中国诗性智慧在今日焕乎为盛、郁哉可从的点金棒,是历经多次风雨仍然支撑民族精神不死的文化心灵!因而,要实现中国文化的现代化,"关键词"不失为一个很好的切入点。它在那个文明炳耀的遥远时代里奏出温润和煦的无声乐曲,于代代相续的传承中会通而适变,历久而弥新。

李建中

2020 年 12 月

目　录

上　编

下　编

上 编

第一章 关键词研究的理论
模型与实践路径

学术研究，无论是自然科学还是人文社会科学，无论是大型项目还是中小型课题，均需要建构自己独特的"范式"即理论模型与实践路径。笔者主持"中国文化元典关键研究"这一重大项目，时历十余载，团队成果（包括前期论文、专著和这套丛书）三百余万言，已然形成自治自足的"元典关键词理论范式"。而理论范式的形成，除了研究对象的范围和特征之外，还与研究主体的学术经历、学术旨趣和学术个性密切相关。因此，本章在具体介绍元典关键词研究的理论范式之前，有必要对笔者的学术经历、学术选择和学术路径，对笔者"元典关键词研究"的学术背景、学术资源和学术前史，作一个简略的回顾和反思。

一、文心与诗性

学者的学术研究与主体的生活经历密切相关，一些特定的事件会导致研究主体对研究对象及学术主题的选择。1966 年念小学五年级时爆发"文化大革命"，休学四年之后念了一年初中，然后作为"知识青年"下乡，后来当民办教师，直到 1978 年考上大学，改革开放 40 周年正好

是我们大学入学40周年。

笔者念的是华中师范大学中文系，1982年本科毕业，1985年又回母校读"中国文学批评史"的研究生。20世纪80年代，武昌桂子山，可以说是在一个对的时间来到一个对的地方并遇到一群对的人。所谓对的时间，是说20世纪80年代，改革开放，思想活跃，青年学子有理想有激情；所谓对的地方，是说华中师大的老校长章开沅先生是一位开明的校长，一位有思想的学者，在桂子山营造出一种难得的自由开放又很学术的校园生态；所谓遇到一群对的人，是说我当时的老师和同学对我的学术影响。

笔者上大学之前做过一些业余创作，发表过诗歌、散文、小说、话剧剧本等多种体裁的文学作品。1978年上大学之后想在继续从事文学创作的同时也写一点文学评论。那时候我们图书馆文学理论文学批评的书还很少，老师说你就读《文心雕龙》吧。第一遍虽说没怎么读懂，但意外地发现《文心雕龙》里面没有当时《文学概论》教科书所讲的现实主义、浪漫主义、典型人物、典型形象，而是一些比较独特的我们今天称之为"中国文论话语"的东西：神思、情采、体性、风骨、比兴、通变等等。

《文心雕龙》是一部文学理论书，但是和我们在大学里面学到的东西好像完全不一样，与现当代文学批评和文艺理论也不一样。这是一种困惑，也是一个学术背景。还有一个学术影响，当时有一个方法论热潮，不仅是西方的，还是自然科学的，叫作新三论：系统论、控制论和信息论。笔者当时最感兴趣的却是心理学方法，或者说是用心理学方法研究文学理论和文学批评。当时比较关注弗洛伊德、荣格，用心理学分析的方法来研究一些作家和文学现象，能够解释一些问题。概言之，《文心雕龙》使我看到了传统中国文论与西方与现代不一样，而现代西方心理学给了我新的视野和方法。

从 80 年代开始，笔者的研究兴趣是《文心雕龙》和魏晋南北朝文论。80 年代后期，我做的题目是"魏晋文学与魏晋人格"。如果说 80 年代还是人文精神占主流，到 90 年代市场经济已经开始，很多人都处于一种焦虑之中，很像魏晋时候的人格分裂。是在书斋里做学问还是下海赚钱？大家非常焦虑，这也是一种分裂的人格。如果说，魏晋时期的文人士大夫还可以用魏晋玄学这一"当代思潮"来化解他们的心理焦虑和人格冲突，而 1980 年代中国的知识分子在他们的"当代"却找不到有效的思想资源，只能重返魏晋，重读老庄，重觅"拯救与逍遥"。这一点，正是我在 80 年代研究"魏晋文学与魏晋人格"的文化—心理缘由。

80 年代，第一个关键词："文心"。

"文心"有双重含义，既是《文心雕龙》的简称，也是"文学心理学"的简称，就是用西方心理学方法来处理传统文学理论的材料，去发现一些新的东西。需要指出的是，这里所说的"材料"不仅是指魏晋南北朝时期的文学及文论，在时间上也有前后的延伸。六朝之前延伸到西汉司马迁，司马迁有一种严重的自卑心理，他写《史记》实际上是对自卑的超越，他要用《史记》来战胜自己的自卑。六朝之后一直延伸到晚明，到李贽到金圣叹，这两位评点家的小说理论之中有着非常丰富的文学心理学内涵，比如童心说、愤书说、因缘生法、犯中见避等等。

90 年代，第二个关键词："诗性"。

诗性实际上是一个国学与西学交融的产物。就国学来讲，诗性指诗歌的特性和诗歌的精神，或者扩大一点讲是指文学性；但在西方是一个文化人类学概念，也就是维科《新科学》所说的神话思维和原始思维。国学层面的"诗性"与西学层面的"诗性"，二者有相通之处。《文心雕龙》谈文学起源是从河图洛书讲起，然后正纬、辨骚。"河图"和"洛书"是神话传说，"纬"和"骚"也有着鲜明的神话色彩，而这些东西在某种意义上构成了诗歌的起源，构成了中国文学的诗性。文学的诗性影响到文学理论和批评，从而铸成中国文论不同于西方文论的诗性思维和诗性言说方式。中西文论在源头上，在轴心时代可能是一样的，都是对话体（中国是孔子的"论语"，西方是苏格拉底的"对话录"）。但是从亚里士多德开始，西方诗学走上了一条哲学化、逻辑化的道路，而中国文论在孔子之后却形成诗性与逻辑性的相生相济。

西方文论从古希腊开始就有较为严密的哲学形态，较强的整体性，虽然里面有不同的流派和风格，但总体特征是不变的。中国不一样，中国文论的经典文本，十之八九都是诗话、词话、曲话、书话、书信、序跋、选本、小说评点、戏曲评点，传统中国文论从先秦至晚清一直保持着诗性特征。就言说方式即批评文体而言，是一种"无体之体"①："无体"，是说她可以用任何一种文体言说理论和批评；而这种"文备众体"意义上的"无体"正是传统中国文论的"大体"：既区别于西方文论又区别于现代文论，既体现出中国文论的独特路径又昭示着中国文论的未来趋向。

中国文论的体裁是多元化的，西方文论基本上都哲学化了。笔者所研究的"诗性"就是传统中国文论所特有的思维方式和言说方式，她的最为突出的表征就是文学性的批评文体。中国文论最有冲击力最有魅力的那些命题和范畴，不是书斋里的玄想，而是个体生命的体验和感悟。今天看来，民国时代真正能够称为大师，能够影响今天的经典文本，不是西方式的论述体，而是像《人间词话》这种的诗性文体，还有沈从文的"抽象抒情"，宗白华的"美学散步"，李健吾的随笔体批评，还有李长之的传记式文学批评，等等。

21 世纪，第三个关键词："文化关键词"。

---

① 参见李建中：《论古代文论批评文体的无体之体》，《文学评论》2009 年第 2 期。

讨论"文化关键词",还得从《文心雕龙》说起。《文心雕龙》50篇,每一篇的篇名就是一个关键词,"体性""风骨"是文学风格论的关键词,"神思""情采"是文学创作论的关键词,"知音""才略"是文学批评和鉴赏论的关键词,"时序""通变"是文学史论的关键词,等等。对《文心雕龙》影响最大的《周易》,某种意义上说是中国文化最早的关键词研究。"经"的部分,八卦就是八个元关键词,六十四卦是六十四个核心关键词,卦辞和爻辞是对六十四个核心关键词的阐释。"传"的部分,《文言》上下、《系辞》上下、《彖》上下、《象》上下,还有《说卦》《序卦》和《杂卦》,全部是对核心关键词阐释的阐释。① 中国文论及文化,都有一些自己的核心范畴、概念和术语,也就是我们说的关键词。笔者的中国文论研究走到这一步,可以说发生了双重的近乎悖论式的转型:研究领域由"小"变"大",研究对象由"大"变"小"。就前者而言,是从"文论"到"文化";就后者而言,是从"文论"到"文字(即关键词)"。作为关键词的汉字,有一个全息性特征,所谓一字一世界,一字一境界。陈寅恪先生说研究一个字就是研究一部文化史,你在中国文化元典里面找出一个关键字,就可以研究整个中国文化史。

从上世纪的"文心""诗性"到本世纪的"文化关键词",笔者的关键词研究有一个共同特点:国学与西学的融通与交汇。借它山之石攻本土之玉,几成我们这一代学人的学术宿命。改革开放40年,中国古代文论研究一如既往地或吸纳或抵抗着外来文化:如何在"失语"与"独白"之间擘肌分理、唯务折中,如何既坚守文化本位又借鉴它山之石。跨文化视域下关键词研究的理论模型建构、方法论探索及通识教育实践,或可为当下中国学术的进路提供新的思想与方法。

---

① 参见李建中:《键闭与开启:中国文论关键词阐释法》,《甘肃社会科学》2016年第1期。

二、思想与方法

前面讲到元典关键词的"一字一世界"，而关键词意义上的汉字有点像生物学的 DNA，抽一根头发丝就能找到全人的生物学特征，诠解一个汉字就可以找到中国文化的遗传基因或密码。

笔者从 2012 年开始，主持国家社科基金重大招标课题《中国文化元典关键词研究》，与课程团队的同仁一道，从中国文化元典里面去发现那些能够真正代表中华民族核心价值观，能够真正影响几千年中国文化进程的关键词。中华元典中的关键词很多，我们分为两步，第一步，重点阐释四个元关键词，实际上是轴心时代(先秦两汉时期）的儒、道、墨、兵四家。儒家选了"礼"，道家就用"道"，墨家用"义"，兵家用"兵"。加上总论性质的《元典关键词研究的理论范式》和方法论性质的《元典关键词研究的思想与方法》，一共六部，也就是我们这套"中国文化元典关键词研究"丛书。第二步，我们启动了另外一个更大的项目，叫作"中国字文化大系"：选取 100 个代表中国核心观念的汉字（即关键词），一个关键词一部书，计划出一百部，这样中国文化的核心观念都在里面了。"字文化大系"的首批书目（共八种）已经完稿，出版社正在编辑之中。

我们这个学术团队已经工作十余年，基本上建构起一个多层次的关于"文化关键词研究"的理论模型。这个理论模型中的思想与方法，不仅适用于文化元典关键词研究，在某种意义上也适用于人文社会科学的其他研究。这个理论模型分为三个层次，分别为"三大""三性"和"四项原则"。

第一层次是"三大：关键词之遴选"。用什么标准遴选关键词？三大：命大、幅大、力大。"命大"，是指关键词的理论生命或曰思想灵魂，从轴心期时代一直"活"到全球化时代，通变恒久，亘古亘今，不仅活在主流意识形态，还活在民间，活在社会生活的方方面面；"幅大"，是指关键词的覆盖面与纵深度，既经纬天地又透彻骨髓，既弥纶群言又深契文心；"力大"，是指关键词的"鼓天下之动"，不仅可以贯通古今，还可以融汇中西，指涉强大，张力弥满，其内在的诸多义项充满悖论和紧张，其外在的诸多指涉旁及万品，繁复而丛杂，其衍生（构词）与再生（造词）功能生生不息，其理论的震撼力及思想的穿透力如暗夜中的闪电。符合这"三大"，就可以选为关键词。怎么来衡量关键词的命大、幅大和力大？大数据统计。比如甲骨文中表"人"的字占了 1/5 以上，"人"无疑是元典关键词。笔者最近还看到一个统计数据：《全唐诗》近 5 万首，"人"字出现近 4 万次，频率最高。又比如，"仁"在《论语》中出现 109 次，"仁"也是关键词。

　　这个理论模式的第二层次是"三性：关键词之诠解"。诠解关键词，须从"词根性"入手。汉字的演变规律，是先有单音节的词，后有双音节的词。因而，最早的关键词一般都是单音节。研究关键词要找到它的词根，它在甲骨文里怎么讲，在金文里怎么讲，在《尔雅》《释名》和《说文解字》里怎么讲。更重要的是，它在先秦两汉元典中的语义和语用。第二是"坐标性"，关键词产生之后要经过历朝历代的演变，同一个关键词在不同的时代标志着不同的文化意蕴和文化特征，也就是说一个关键词成了一个时代的文化标志。比如"道"，在不同时代，"道"之所道是不一样的：先秦，是诸子百家各道其道；两汉，是独尊孔儒之道；汉魏之际，是三玄之道；到了唐宋，儒家的道之中其实有了佛陀和道教的内涵；到了晚清，中国的道之中有了西方的技或术。可谓一时代有一时代之道，一时代有一时代之所道。这就是坐标性。第三个叫"转义性"或者叫"再生性"，汉语的关键词有两种"活法"，一种是一直以原生形态活到今天，另外一种是转义了，甚至再生了。词还是那个词，但意思变了，比如"民主"和"法治"。又比如"人民",在今天不用解释,可是古汉语中的"人"与"民"是两个不同的等级。汉语关键词的转义主要是受外来文化和语言的影响,在与外来语的互译过程之中,汉语关键词的原义发生了变化,被赋予了新的内涵和外延,因而获得了新的生命力。

我们这个理论模式的第三层次是"四项原则:作为方法的关键词研究"。四项原则,分述如下。

第一,不可定义性。不要企图给关键词下一个辞典式的定义,一旦这样做,这个关键词鲜活的生命就可能被扼杀。比如《周易》的"易","易"有三义:变易、不易和简易。①《易》如果译成英文,Change,Changeless,Easy,都不对,只好音译成 I。这就是不可定义性。又比如"仁",《说文解字》释为"亲也"②,《论语·颜渊》释为"爱人",《礼记·中庸》释为"人也"。但是,刘熙《释名》称"仁,忍也。好生恶杀,善含忍也"③,"忍"又可训为"残忍",《孟子·公孙丑上》有"不忍人之心"④,"不忍"即为"仁",故"仁"与"忍"为反训,恰如"易"之"变易"与"不易"。不可定义,不是说无须定义,需要定义的时候还是得定义,但有一个必要的前提:在具体的语境中定义。于是有了"四项原则"的第二条。

第二,高度语境化。俗话说,听话听声,锣鼓听音。汉语是一种高度语境化的语言,剥离了具体的言说语境,阐释者无法阐释,接受者无法接受。以《周易》的"革"卦为例。《周易》对"革"阐释,是在三种不同的语境中展开的。在大语境即自然语境中,"革"是"水火相须",交互更革;在小语境即家庭语境中,"革"是"二女同居,其志不相得"。自然大语境与家庭小语境之间是社会政治语境,而社会政治语境中的

010

---

① (清)阮元校刻:《十三经注疏》上册,中华书局 1980 年版,第 7 页。

② (清)段玉裁:《说文解字注》,上海古籍出版社 1981 年版,第 365 页。

③ (汉)刘熙:《释名》,中华书局 2016 年版,第 47 页。

④ (清)焦循撰,沈文倬点校:《孟子正义》上册,中华书局 1987 年版,第 232 页。

"革"是"汤武革命"。"革"的词根义已经是因语境而异,"革"的坐标义与再生义更是随语境而变:就近现代中国的几次大的革命而言,辛亥革命不同于新民主主义革命,更不同于"文化大革命"。研究任何一个关键词,如果不将之置于具体的历史语境,则无异于痴人说梦。

第三,跨学科或超学科。本书总序业已指出,轴心时代即元典时代是前学科时代即无学科的时代,《庄子》甚至认为诸子百家皆为一方之术,一得之见,其《天下篇》认为"道术"裂变为"方术"是天下最可悲的事情①。事物的起源决定事物的本质,元典关键词源起于无学科的道术时代,并不属于后来的任何一个学科,而是雷蒙·威廉斯所说的"文化与社会的词汇"。当今学界有各种各样的"某某学科关键词研究",其实未得关键词研究之真谛。

第四,会通或融通。中华元典在传播过程之中,不断地被阐释,一代又一代。由古而今,元典时代的任何一个文本,都是一个汇通性文本,一个集成性文本。比如《庄子》,原文之中既有据称是出于庄子之手的内七篇,又有出于庄子后学之手的外篇和杂篇。如果我们要阐释庄子关键词,用的是郭庆藩的《庄子集释》,则不仅要看《庄子》的原文和郭象的原注,还要看陆德明的"经典释文"和成玄英的"疏",也要看郭庆藩的"案"和王先谦的"点校"。中华元典,流传到今天,大多成为交互性的文本,既是时间的汇通,又是空间的汇通,元典关键阐释,一个最常见也是很重要的方法就是"通义":通天下之不通。正是在"通义"这一点上,我们的关键词研究与通识教育实践产生了关联。

元典关键词研究,无论是总体观照,还是个案分析,均要打通古今、融汇中西。总括起来说,元典关键词研究,其遴选标准是"三大",

---

① 参见李建中:《前学科与后现代:关键词研究的前世今生》,《长江学术》2015年第4期。

其诠解要点是"三性",其方法论是"四项基本原则"。

三、书斋与讲坛

我们这个学术团队的核心成员均为大学教师,大学教师肩负着"学术研究"与"课堂教学"的双重职责,如果处理不好这二者的关系,则可能陷入一种两难的困境。而我们的元典关键词研究,能够使二者达成一种较好的统一甚至是较高层次的融通。

从理论上讲,教学与科研之间也确实存在矛盾。关于这个问题,笔者的观点是:第一,作为大学教师,教书育人是第一目的,培养学生是职业本分。科研必须反哺教学,教师的科研成果必须使学生受益。在某种意义上说,这并不是一个学术问题,而是一个伦理学问题,一个职业道德的问题。第二,大学教育是立德树人的教育,比如,笔者正在主持并实施的武汉大学通识教育,不仅仅是使自己专业或学科的学生受益,而且是使全校的学生受益;不仅仅是使某一届的学生受益,而且是使每一届的学生受益。如此重要的事情,何乐不为?第三,笔者十分幸运,在"元典关键词研究"与"武大通识教育"之间,找到一个很好的联结点,这个联接点会使得学术研究与课堂教学相得益彰、良性循环。

这个联接点是什么?

"人",作为中华元典第一元关键词的"人"。《礼记·大学》讲"大学之道,在明明德,在新民,在止于至善",三"在"所指皆为"人"。我们武汉大学的本科教育理念是:以成"人"教育统领成"才"教育。①

---

① 参见李建中、黄明东主编:《武汉大学通识教育研究报告》,武汉大学出版社2018年版,第71页。

在"人才"这个词之中,"人"是词根,是根本:何为"人",何以成"人",成为何"人",都是非常重要的问题。

"人"无疑是中国文化第一关键词,也是大学教育第一关键词。关于这个问题,本书第十一章《人:中华元典第一关键词》和第十五章《大学:中西通识与古今通义》将作专门的探讨。作为元典关键词的"人"与大学通识教育的具体关联在哪里?笔者从 2016 年开始做通识教育,我们把它命名为"武大通识 3.0",其中最为核心的元素就是两大《导引》:《人文社科经典导引》和《自然科学经典导引》。这是两门通识教育的必修课,在设计这两门课程并撰写教材时,笔者引入了"元典关键词研究"的思想与方法。比如,《人文社科经典导引》,导读十二部中外经典:一个元关键词,十二个核心关键词。

元关键词就是"人",十二个核心关键词既与"人"相关,也与我们所精选的十二部中外人文社科经典相关。我们将十二部经典分为四个课程板块,第一个板块是"人的仁性、天性与悟性":"仁性"讲《论语》,"天性"讲《庄子》,"悟性"讲《六祖坛经》。第二个板块就叫"人的使命、博雅与爱恨":"使命"讲司马迁的《史记》,"博雅"讲刘勰的《文心雕龙》,"爱恨"讲曹雪芹的《红楼梦》。一、二板块是汉语的六部经典,三、四板块则是西语的六部经典。第三板块是"人的历史、生命与审美":"历史"讲希罗多德的《历史》,"生命"讲柏拉图的《斐多篇》,"审美"讲席勒的《审美教育书简》。最后一个板块就是"人的自由、理性和正义":"自由"讲孟德斯鸠的《论法的精神》,"理性"讲亚当·斯密的《国富论》,"正义"讲约翰·罗尔斯的《正义论》。① 这样一来,就将元典关键词研究的思想与方法,自然而然地融入到大学通识教育之中;或者这样说,

---

① 参见李建中主编:《人文社科经典导引》,武汉大学出版社 2018 年版,序,第 3—4 页。

用"人"这个关键词，将书斋理论与课堂实践融为一体。

如何成为"人"，如何养成健全的人格，这是中国文化也是中国大学教育的第一主题。笔者所设计的《人文社科经典导引》，其基本的出发点和根本的宗旨，都是一个字：人。这门课的对象是大一新生，这些十七八岁的孩子，第一次离开他们所熟悉的故乡和家庭，来到一个陌生的环境（大学校园），和一群陌生的人（老师、同学）一起，开始他们新的生活。如何完成身份转换和自我认同，如何养成博雅习性和君子人格，如何理解并把握这个世界（人、社会和自然）的复杂性和意义——这些问题，专业教育是无法回答的，于是需要以经典导读为核心的通识教育。而经典导读又以"人"为关键词，打开学生视野，激发学生兴趣，培养学生博雅品味，养成学生君子人格。

大学教育的宗旨是立德树人，对于以"人"为关键词的大学通识教育而言，大一是最好的时机，是树人之良辰。辰者，晨也。十二地支的"辰"指早晨七点至九点。一年之计在于春，一日之计在于晨。人生之"晨"是青少年时代，大学生之"晨"就是大一。笔者在《人文社科经典导引》序言中提出"牌坊困惑"的概念。武大新生入学时经过武大牌坊，抬头仰望牌坊正面"国立武汉大学"六个大字，内心充满自豪；随即发现牌坊背面还有六个大字"文法理工农医"，不禁会想，我所学的专业属于哪个字？我的专业将教给我什么？我的专业有何用处？"牌坊困惑"的实质是对人生的终极追问：我是谁？我从何处来？我到何处去？

第一个追问指向的是对自我和人生的定位，第二个追问指向的是对中学生活的重新认识和评价。第三个追问最为重要，它是大一新生对未来四年乃至七年甚至十年大学生活的困惑。往远一点说，就是对未来人生道路的迷茫。这种困惑和迷茫几乎在每个大一新生身上都会发生，然而大学专业教育并不能也不会提供解答。这就需要通识教育，通过以"人"为关键词的两大《导引》的学习，让大一同学认知到自己生活的变化，努力完成从中学生到大学生的转变：从学做题到学做人，从读教材到读经典，从被动学习到主动学习，从人生被规划到我的人生我做主……

如果说"大一"是"树人之良辰"，那么"元典"则是"育人之佳肴"。对"立德树人"而言，元典及其文化关键词有着三大意义。其一，元典是人类轴心期关于"人之所以为人"之根本问题的经典性论证。其次，元典是人类漫长历史发展过程中对自我困惑的先行探索，大一新生可能会遇到的种种困惑，在元典中均有睿智之解答。其三，元典是达成通识教育"四通六识"①之目标的必由之路，所谓"四通"是指通古今、通中外、通文理、通知行，"六识"则指渊博的知识、卓越的见识、经典悦读意识、文化批判意识、独立思考意识和团队合作意识。

作为大学教师，我们和我们的学生，同处于一个全球化时代。无论是在书斋还是在课堂，我们必须思考这样一个问题：在中国崛起和中国复兴这样一个大的文化背景下，在中西文化融通与冲突共在的复杂语境中，我们怎么研究以"人"为核心的元典关键词？我们怎么将这一研究的成果施之于大学教育的实践？

还是要从刘勰讲起。刘勰生活的时代和今天有相似之处，梁武帝时代佛学兴盛，但是《文心雕龙》里却没有多少佛学关键词，刘勰关于文学理论的一些核心命题与佛教也没有什么关系。但是，《文心雕龙》是在寺庙里写成的，刘勰年轻时给南朝高僧僧祐做过助手，整理佛经，编制目录，撰写佛学文章，他实际上是精通佛学的。刘勰的大环境和小环境都是很佛学的，在这样浓厚的佛学文化氛围里面写《文心雕龙》，但是没有很明显的佛学影响，值得我们思考。

今天在全球化时代做文学理论，四川大学的曹顺庆教授有一个关键

---

① "四色六识"是笔者所设计的武汉大学通识教育十六字理念"博雅弘毅，文明以止，成人成才，四通六识"中的四字，参见李建中、黄明东主编：《武汉大学通识教育研究报告》，武汉大学出版社 2018 年版，第 72 页。

词叫"失语症"①，说今天研究中国文论的学者，离开了西方的概念就不会说话了，勉强说出来，都是西方文论的那些概念。然而刘勰在外来佛学那么盛的情况下并没有失语，他说出来的并非是佛教的概念，而是本土文化、本土文论的概念，这对我们很有启示。毋庸讳言，当今西学很强盛，不只是科技，还有一些基本观念以及方法，像本章前面讲到的心理学方法和关键词方法，都可以用，但我们不能失语。这一点，刘勰的文化态度和文论研究是值得借鉴的。

年轻的刘勰没有失语，有几个原因：第一，他有很强的文化本位意识，已经形成了一套对中国文化的看法，他谈任何问题都要追根溯源，讲任何一个关键词都要从汉语的词根谈起，他有很强的追根溯源的意识。第二，刘勰又是开放的、多元的，他主张既要参古定法，又要望今制奇。我们的基本东西是从古代来的，但是我们要"望今"。"望今"是说要看到未来，展望未来，要创造，要借鉴外来文化。刘勰虽然没有用佛学的关键词，但他的思维方式和研究方法有借鉴佛学的地方，比如"圆照之象"，比如"惟务折衷"，均体现出他的包容性和创造性。

《文心雕龙》一书虽然没有很多佛学术语但是有佛学精神。中国的文学理论没有体系，大部分都是很零碎的。《文心雕龙》是一个例外，它体系意识很强，有很清晰的逻辑层次感，在中国找不出第二部来。这是怎么来的？这就有印度佛教的影响。印度佛教的方法论很严谨，宇宙的构成，人生的构成，体系和方法的关系，有整套可以精确到用数学和几何来描述的东西。对刘勰而言，佛教的东西成了他血液里面的一部分，成了他的道，成了他的精神。我们今天之所以有失语的焦虑，是因为我们并没有把西方理论吃透。我们今天怎么研究传统文化，怎么研究元典关键词，怎么看待国学的命运，怎么看待国学与西学的关系，刘勰是一个

① 参见曹顺庆：《文论失语症与文化病态》，《文艺争鸣》1996 年第 2 期。

很好的启示。

佛华交通，古今贯通，文史融通，奇正变通。对于外来的和古代的文化，既不雷同一响，亦不苟求奇异；既不盲目排外或媚外，亦不盲目薄古或厚古。刘勰的文化选择，对于我们今天创建元典关键词研究的理论范式并施之于教学之中，有着重要的借鉴和启迪价值。坦率地说，今天的大学和学术界还是专业主义盛行，也就是刘勰说的"各照隅隙，鲜观衢路"①，自己拿一根小蜡烛，照亮一个小小的角落或者一个小小的缝隙，很少去观通衢大道，结果是只见树木不见森林。如何改变这种状态？如何打通元典关键词研究的书斋理论与课堂实践？笔者认为，研究及实践主体需要具备三个条件，第一个是研究者必须有很好的国学功底，就是像刘勰那样精通本土文化；第二个就是对西学要有开放的心态和一种文化融通的视野；第三个是在方法论上要学刘勰的"擘肌分理，唯务折衷"②，既坚守文化本位又借鉴它山之石。本章所论述的跨文化视域下关键词研究的理论模型之建构、方法论之探索以及通识教育之实践，或可为当下中国学术的进路和中国教育的改革提供新的思想与方法。

---

① 范文澜：《文心雕龙注》下册，人民文学出版社 1958 年版，第 726 页。
② 范文澜：《文心雕龙注》下册，人民文学出版社 1958 年版，第 727 页。

第二章　元典关键词研究的学术
前史与当下境况

"关键词"喻指核心的、重要的术语、概念、范畴和命题，这个意义上的关键词研究可追溯至五经和诸子的时代，如《周易》的象传和象传，《墨子》的经和经说，《韩非子》的解老和喻老。现代意义上的关键词研究，以其对学科壁垒的拆解（文化与社会的词汇），对辞典式静态定义的颠覆（意味深长且具指示性、重要且相关的词），以及对言说语境的还原或重构（再现历史的"现在"风貌和语义的"断裂"场景），表现出某种程度的后现代意味。"后现代"对"前学科"的回返，形成二者的勾连或通约，并最终铸就元典关键词研究巨大的理论张力和广阔的阐释空间。

一、古之人其备乎

《庄子·天下篇》被认为是"最早的一篇中国学术史；批评先秦各家学派的论著，以这一篇为最古"①。《天下篇》所书写的"学术史"，是

---

① 陈鼓应：《庄子今注今译》下册，中华书局1983年版，第852页。

一部"道术"裂变为"方术"的历史。何为"道术"？"指洞悉宇宙人生本原的学问"；何为"方术"？"指特定的学问，为道术的一部分"①，也就是后人所说的诸子百家。故《天下篇》在依次评述墨翟、禽滑厘、宋钘、尹文、田骈、慎到、关尹、老聃、庄周、惠施等各家学说之前，有一段总概"百家往而不反（返）……道术将为天下裂"的文字。

相对于现代学术体制的分科治学，庄子的那个时代无疑属于"前学科"时代；而相对于"百家往而不反（返）"的战国诸子，《天下篇》所描述的"古之所谓道术"又是前"诸子"（或前"百家"）时代，可谓"前学科"之"前学科"。《天下篇》从理论主体与理论要义两个层面区分"道术"与"方术"。道术的主体是"天人""神人""至人""圣人"，四名实为一人："古之人其备乎"！道术的要义是"配神明，醇天地，育万物，和天下……六通四辟，小大精粗，其运无乎不在"。天地万物，宇宙人生，时间空间，形上形下，本数末度，诗书礼乐，无远不届，无处不在。"方术"的主体则是随后详论的各家之"子"，是"寡能备天地之美，称神明之容"，因而"不幸不见天地之纯，古人之大体"的"一曲之士"。"方术"的要义则是"贤圣不明，道德不一"，是"不该（兼备）不遍（普遍）"，是"多得一察焉以自好。譬如耳目鼻口，皆有所明，不能相通。犹百家众技也，皆有所长，时有所用"，"各为其所欲焉以自为方"。《天下篇》感叹，"道术"裂变为"方术"是一件很可悲的事情。

值得注意的是，《天下篇》叙述"道术"如何裂变为"方术"，是在讲了"《诗》以道志，《书》以道事，《礼》以道行，《乐》以道和，《易》以道阴阳，《春秋》以道名分"之后，再讲"天下大乱"的；而且"道术"裂变为"方术"的标志性特征是"内圣外王之道，闇而不明，郁而

---

① 陈鼓应：《庄子今注今译》下册，中华书局1983年版，第856页。

不发，天下之人各为其所欲焉以自为方"。可见，在《天下篇》作者的眼中，儒家的经典（六经）和核心命题（内圣外王）是在"方术"之前的。虽然我们不能据此就断定儒家的元典和命题（即关键词）属于《天下篇》所说的"道术"，但将之归入战国之前的"前学派"是没有问题的。

不惟"内圣外王"，儒家六经中的诸多关键词，其生成、建构及演变，均体现出前学科时代的"道术"特征。我们以《周易》为例。《周易》的成书过程是先有八卦，次有六十四卦，然后有卦爻辞，最后有象传、象传、文言、系辞等。对《周易》全书而言，八卦是八个元关键词，六十四卦是六十四个核心关键词，而"经"之卦爻辞和"传"之十翼则是对元关键词和核心关键词的系统性诠解和阐释，略为不同的是："经"之诠解是"键闭"式释名，"传"之诠解则是"开启"式彰义。《周易》为六经之首，亦为古典形态的关键词诠解之元，我们今天的超（跨）学科意义上的关键词研究，其基本路向及方法，已在《周易》的关键词建构系列及诠释系统中先在性构成。

《文心雕龙·宗经篇》有"易惟谈天，入神致用"，这八个字概括出《周易》（也是前学科时代之经典）"见天地之纯，古人之大体"的道术特征。"谈天"只为"见天地之纯"，"入神"方可识宇宙之奥，"致用"才能在自然与人类的广阔领域得"古人之大体"。《周易·系辞上》一上来就讲"天尊地卑，乾坤定矣"，又讲"《易》与天地准，故能弥纶天地之道"。作《易》者非"仰观（天）俯察（地）"而不能作，解《易》者非拟"天"像"地"而不能解，习《易》者非法"天"则"地"而不能习，正所谓"天如何，地如何，人如何"（亦即"人法自然"）是也。

无论是八经卦还是六十四别卦，其元素是阴阳二爻，其喻指是天地二象，其要旨是宇宙之义，故在此意义可以说，《周易》无卦无天地，无天地则无卦。六十四别卦中，有三十个卦是含有八经卦中的"乾"卦或"坤"卦，或者说是以"天"或"地"为一卦之（词）根的。比如，起首的"乾""坤"二卦分别是"乾下乾上"和"坤下坤上",此所谓"乾坤定位"。又比如,"泰""否"二卦,一个是"乾下坤上",一个是"坤下乾上",二者相反相成、相生相斥地构成一种互文性,此所谓"否极泰来"。与此相类似的还有:"离下乾上"的火天"同人"与"乾下离上"的天火"大有","乾下艮上"的天山"大畜"与"艮下乾上"的山天之"遁"……《周易》的诸多关键词,以"乾""坤"为词根,言说着"天地之纯,古人之大体",从而发挥着"入神致用"的文化功能。《周易·系辞上》:"极天下之赜者存乎卦,鼓天下之动者存乎辞。"可见,《周易》的关键词(卦)以及关键词之诠解(辞),既能穷尽宇宙幽深难测之理,又能鼓舞天下奋发振作之动。

"道术"即前学科时代的文化经典,不仅"《易》惟谈天",五经皆喜"谈天"。《诗经》之《周颂》,有《维天之命》《天作》《昊天有成命》等;《尚书》之《尧典》,有"钦若昊天,历象日月星辰";《礼记》之《中庸》,开篇言"天命之谓性,率性之谓道,修道之谓教";《周礼》序官,以"天官冢宰"居首,"地官司徒"次之;《春秋》编年,以天时为经,以人事为纬……前学科时代文化经典的创制者,通晓自然人文,弥纶天地之道,故他们及其作品才能成为后世各家各派各门各类所"征"之"圣"、所"宗"之"经"。

按照现代的学术分类,刘勰是文学理论家,其《文心雕龙》是文论专著,但刘勰论文,从天地谈起:"文之为德也大矣,与天地并生者何哉!"刘勰原道,从《周易》说起:"人文之元,肇自太极,幽赞神明,易象为先,庖牺画其始,仲尼翼其终。"班固是历史学家,作《汉书·艺文志》,不仅以《周易》为"六艺略"之首,而且引《周易·系辞下》的文字:"宓戏氏仰观于天,俯察于地。"许慎是文字学家,《说文解字》从"一"说起,也是从"天地"说起:"惟初太极,道立于一,造分天地,化成万物。"其"叙曰"亦大段引用《周易·系辞下》:"古者庖牺氏之王天下也，仰则观象于天，俯则观法于地，视鸟兽之文，与地之宜，近取诸身，远取诸物，于是始作易八卦，以垂宪象。"孔安国是经学家，为《尚书》作序同样征引《周易·系辞下》："古者伏牺氏之王天下也，始画八卦，造书契，以代结绳之政。由是，文籍生焉。"以军事学家身份首注《孙子兵法》的曹操，为《孙子兵法》作序亦从《周易》说起："操闻：上古有'弧矢'之利"，"弧矢之利"出自《周易》，其"睽"卦《象传》有"先张之弧"，其《系辞下》有"弦木为弧，剡木为矢，弧矢之利，以威天下，盖取诸《睽》"。以上诸例，或文学或史学或文字学或经学或兵学，均属于后道术时代的一方之术或一家之学，均不约而同地以"谈天说易"的方式返回道术，返回前学科时代。非如此，无法见天地之纯，古人之大体，正所谓五家如一，无所逃循于天地之间。

二、过犹不及

在讨论了"前学科"之后，我们来说说"后现代"这个关键词。后现代（post-modern）的词根是 modern，与 modern 对译的中文词除了"现代"还有"时髦"和"时尚"，而时髦或时尚是以过时为代价的，故 modern 对时间的指称是游移的或不确定的——这一点正是 modern 一词的"后现代"意味，或者说是对 modern 这个关键词的后现代诠解。modern 的不可定义性导致两个结果：第一，每个民族或文化都有自己的 modern 问题，由此而构成现代性（modernity）或现代化（modernization）的全部复杂性；第二，以 modern 为坐标，后现代（post-modern）是"过"，前现代（pro-modern）是"不及"，过犹不及，故后现代与前现代有着某种层面或意义上的相似性。

笼而统之或大而化之而言，现代化，是指人类社会从传统农业社会向现代工业社会转变的历史过程，这一过程涉及到全球的经济、政治、社会、思想、文化、心理等各方面的巨大变迁。而就本书的问题阈而言，中国文化（包括文学及文论）的现代化进程是一个西学东渐的过程，其间既交织着两大冲突（东土与西域／古典与时尚），又纠结着三种心态（全盘西化／固守国粹／中体西用）。此所谓的"冲突"或"纠结"是在现代性或现代化的语境下发生，而一旦溢出或超越这一语境，则有可能在"前现代"（即上节所言"前学科"）与"后现代"之间找到共同点或可通约性。

现代性（或现代化）语境下，学术须"分科治学"（此乃"科学"之本义），现代学术规范（实质为"科学"规范）伴随着现代大学体制进入中国，进入汉语学术界，于是有了"文""理"二科之分，其"文"又二分为"人文"与"社科"，其"人文"又三分为"文史哲"，"文史哲"之"文"再二分为"文学"与"语言"，其"文学"再三分为"文学史""文学理论"和"文学批评"，其"文学史"既可依"时"分为"古、近、现、当"，亦可依"空"分为"中、外"，而"外"则可再细分为"亚、非、拉、美"，等等，等等。这种无穷尽的向下一级的层层类分，颇类似物理学对自然物质的裂分：分子、原子、电子、原子核、质子、中子……裂分到极致，便有了核爆炸。而后现代学术思潮对现代学术的批判和解构，无异于一次学术大爆炸。

现代学术"分科治学"的逻辑前提是：知识是确定的，是可以分而类之的；知识分子是专业化的，是应该各司其职、各守其门的。而后现代思潮，在自然科学领域讨论非确定性知识，在人文科学领域讨论学科的跨界、越界乃至破界，在关键词释义领域讨论后现代状况下的"元话语"以及"文化和社会的词汇"……有学者指出："知识分子已成为市场、分工和专业的奴隶。丧失批判意识的根源之一，是人们失去了从整体上把握知识和思想的自信和能力。"①各个学科门类中的知识分子，真正成了《庄子·天下》篇所说的道术裂变为方术之后的"一曲之士"。

按照现代学术的专业分类，笔者的学科是"中国古代文学理论"。在这一学科命名中，"中国古代"是时空限定，"理论"是二级分类，而"文学"才是核心关键词。于是问题出现了：何为"文学"，或者说"文学"这一关键词如何定义？现代（西学）意义上的"文学"（literature）是以虚构的形象来反映生活，是审美的、艺术的，可一分为三（抒情 / 叙事 / 议论）或一分为四（诗歌 / 小说 / 散文 / 戏剧）。汉语的"文学"一词，有文献可征的，始见于《论语·先进》，"指古代文献，即孔子所传的《诗》《书》《易》等"②，无论内涵或外延，与 literature 皆相去甚远，至少是不能简单对译。严格说来，中国古代并没有西方现代意义的"文学"（包括"文学理论"），因而无法用"中国古代"来限定（现代西方意义的）"文学"，或者说，"中国古代文学理论"这一学科命名是不能成立的，是一个后现代悖论。

20 世纪初，中国学界被"现代化"之后，为了使汉语的"文学"适合于西语的 literature，曾经提出过一个"文学独立"的命题，大意是，先秦时代还是泛文学或者大文学，而两汉或者魏晋之后文学开始独立。可是，无征不信：无论是征之以（文学）实践、（文学）观念或者（文学）教学，所谓"文学独立"都是不能成立的。当下的大学课堂，讲两汉文学必须要讲司马迁的《史记》，讲六朝文论必须要讲刘勰的"论文叙笔"，中国的"文学"何曾"独立"过？且不说 5 世纪末的刘勰以"心生言立，言立文明，自然之道也"（《文心雕龙·原道》篇）来定义"文学"，即

① 金观涛、刘青峰：《中国现代思想的起源：超稳定结构与中国政治文化的演变》第一卷，法律出版社 2011 年版，序第 2 页。

② 杨伯峻：《论语译注》，中华书局 1980 年版，第 110 页。

便是到了被"现代"的 20 世纪，章学诚所定义的"文学"依然是无所不包："文学者，以有文字著于竹帛，故谓之文。论其法式，谓之文学。"①俄国形式主义文论代表人物雅各布森说"诗与非诗的界限比中国行政区划的界限还不隐定"②，讲的是现代诗，却也适用于中国古代的"文学"：刘勰"论文叙笔"的三十多种文体是"文学"，司马迁的《史记》是文学，先秦诸子是文学，儒家六经也是文学，故《文心雕龙·宗经》篇要称"五经之含文也"！

　　现代性（或现代化）语境下，汉语"文学"的被独立，实质上是西方话语权力干预的产物，用福柯的话说，是"规训"的结果。福柯的《规训与惩罚》，由法文直译过来应该是《监视与惩罚》，但福柯本人建议英译本将书名改为 Discipline and Punish，而 Disciplin 既可翻译为"规训"，又可翻译为"学科"。"福柯正是利用这个词的多词性和多义性，赋予它新的含义，用以指近代产生的一种特殊的权力技术，既是权力干预、训练和监视肉体的技术，又是制造知识的手段。福柯认为，规范化是这种技术的核心特征。"③在现代性（或现代化）的"规范化训练"（即"规训"）之下，学科需要分类，文学需要独立；而作为对"现代"的"过"与"不及"，"后现代"与"前学科"能够奇迹般地穿越或通约：无论东方还是西方。20 世纪下半叶，西方学界具有"后现代"色彩的各种"主义"，诸如解构主义、女权主义、后殖民主义、西方马克思主义、新历史主义等等，在学科破界、"文学"扩容方面大显神威。美国当代著名文论家 J·希利斯·米勒在《文学理论在今天的功能》中，描述了文学研究

---

①　章太炎：《国故论衡》，上海古籍出版社 2003 年版，第 49 页。

②　［加］马克·昂热诺等主编：《问题与观点——20 世纪文学理论综论》，史忠义等译，百花文艺出版社 2000 年版，第 28 页。

③　［法］米歇尔·福柯：《规训与惩罚：监狱的诞生》，刘北成、杨远婴译，生活·读书·新知三联书店 1999 年版，第 375 页"译者后记"。

由"内"向"外"的转移或越界："事实上，自 1979 年以来，文学研究的兴趣中心已发生大规模的转移：从对文学作修辞学式的'内部'研究，转为研究文学的'外部'联系，确定它在心理学、历史或社会学背景中的位置。换言之，文学研究的兴趣已由解读（即集中注意研究语言本身及其性质和能力）转移到各种形式的阐释学解释上（即注意语言同上帝、自然、社会、历史等被看作是语言之外的事物的关系）。"① 尼采早就预言未来的世纪就是阐释的世纪，德里达也说阐释就是一切。阐释是跨界的，被阐释的"文学"也是跨界的。

后现代语境下，一种"主义"就是一种阐释方法。就"文学"的后现代阐释而言，解构主义本身就是一种文学的阅读方法，解构主义强调语言与思想的差异，消解二元对立，反对本质主义，怀疑并颠覆逻各斯中心和语言中心。新历史主义则强调历史对于文学的意义，认为文学不仅有其自身的历史，而且能推动历史的运行。"文学、艺术也'参与'了当时的历史排场，与社会相互推动，对社会进化、变化，发挥其潜移默化，甚至挑战刺激的功能。"② 女权主义则干脆操作起"压迫、反压迫"之类的阶级斗争和意识形态话语，从而将政治文学化，将文学政治化。后现代各种"主义"的大师们，在不同学科之间越界、客串，并最终拆解了现代学科的区域壁垒，打破了现代学术的门类禁苑，借用《庄子·天下》篇的提问："古之所谓道术者，果恶乎在？曰：'无乎不在。'"在何处？在后现代对现代的解构和颠覆，在后现代对前现代的悖反与回返，在"后现代"与"前现代"勾连或通约之际的关键词释义。

---

① ［美］拉尔夫·科思主编：《文学理论的未来》，程锡麟等译，中国社会科学出版社 1993 年版，第 121—122 页。

② 张京媛主编：《新历史主义与文学批评》，北京大学出版社 1993 年版，第256 页。

三、彝伦攸叙

"关键词"喻指核心的、重要的术语、概念、范畴和命题①，这个意义上的关键词研究可追溯至五经和诸子的时代，如《周易》的象传和彖传，《墨子》的经和经说，《韩非子》的解老和喻老。② 现代意义上的关键词研究，以其对学科壁垒的拆解（文化与社会的词汇），对辞典式静态定义的颠覆（意味深长且具指示性的词、重要且相关的词），以及对言说语境的还原或重构（再现历史的"现在"风貌和语义的"断裂"场景)③，表现出某种程度的后现代意味。"后现代"对"前学科"的回返，形成二者的勾连或通约，并最终铸就关键词研究巨大的理论张力和广阔的阐释空间。关键词研究，无论是作为对象还是作为方法，均兼具"前学科"与"后现代"的学术特征：既是"前学科"对"后现代"的文化涵泳，又是"后现代"对"前学科"的时空穿越。打通"前学科"与"后现代"，我们不难发现关键词研究的当下境况存在三大问题。

一是关键词的定义问题。研究关键词，难免要给关键词下定义；可是，给关键词下定义是一件非常困难有时甚至是不可能的事情。前面谈到，《周易》可视为"前学科"时代最为典型的文化关键词研究，"经"之卦爻辞与"传"之十翼，均可视为对《周易》关键词的诠解。如果说

---

① 关于"关键词"之定义，请参见李建中、胡红梅：《关键词研究：困境与出路》，《长江学术》2014 年第 2 期。

② 关于先秦时期的关键词研究，请参见李建中：《词以通道：轴心期中国文化关键词的创生路径》，《社会科学战线》2013 年第 4 期。

③ 参见［英］雷蒙·威廉斯：《关键词：文化与社会的词汇》，刘建基译，生活·读书·新知三联书店 2005 年版，见该书导言第 1、7 页。

卦爻辞尚属关锁、键闭式界定，那么十翼则全然是多元、开启式阐释。如《系辞上》释"易"，先说"易简，而天下之理得矣"，后说"生生之谓易"，再加上首句"天尊地卑，乾坤定矣"，便构成后来《易纬乾凿度》和郑玄《易传》及《易论》所说的"易一名而含三义：易简一也，变易二也，不易三也。"①"易"岂止三义？许慎《说文解字》："易，蜥易，蝘蜓，守宫也。象形。秘（纬）书说曰，日月为易，象阴阳也。"②释"易"为"蜥易"尚属象"生物"之形，释"易"为"象阴阳"，则可谓会"观念"之意了。但徐中舒《甲骨文字典》却指出"《说文》所说形义皆不确"，而考证"易"之甲骨文和金文原字"象两酒器相倾注承受之形，故会赐与之义，引伸之而有更易之义"③。"易"，这个中国文化的元关键词，在其漫长的语义发展史上，积淀或层累起复杂而多元的义项，任何"一锤定音"或"标准答案"式的辞典式界定，都是既不能揭其复义，更不能诣其真谛的。就《周易》这部书的书名英译而言，将"易"译为CHANGE、UNCHANGEABEL 或者 EASY 均无法传其义，别无选择的选择应该是 I。雷蒙·威廉斯的关键词研究，不仅强调词义的历史源头与现代意义，更注重词义的缘起、延续、断裂、变异、暗示、关系以及在价值、信仰等方面的激烈冲突，均表现出对关键词之不可定义的领悟和认知。

二是关键词诠解的语境问题。无论是伏羲仰观俯察作八卦，还是仓颉观鸟兽蹄迒之迹造书契，均可视为一种语境化创造，亦即在特定的语境下，用特定的能指（字）指向特定的所指（物）。故早期的汉字，无论象形还是指事，皆是特有所指的。当然，一个汉字被创造出来之后，在其漫长的生命历程中，逐渐会脱离具体的"形"或"事"而上升为抽

---

① （清）阮元校刻：《十三经注疏》上册，中华书局 1980 年版，第 7 页。

② （清）段玉裁：《说文解字注》，上海古籍出版社 1981 年版，第 459 页。

③ 徐中舒主编：《甲骨文字典》，四川辞书出版社 2006 年版，第 1063 页。

象的"意"或"义",即由形而下走向形而上,由特殊性走向普遍性。因而,关键词释义,仅仅将关键词的诸多义项作胪列式排比,或者是那种"语料汇抄、词义类聚"的类书式诠解,则既不能写其貌更不能传其神。比如"革命",这是一个从"前学科"一直活到"后现代"的关键词。《周易》有"革"卦,"经"之卦辞界定为"己日乃孚","己日"为适当其时,把握时机;"乃孚"为取信于人,推行正道。这是无语境的定义,而"传"之"《象》曰"对"革命"的诠解则是语境化的:一是"水火相息",在自然语境下,水火相长,交互变革;二是"二女同居",在(人类)生活语境下,两女子同居一室,双方志趣不合,终将生变;三是"汤武革命",在(社会)政治语境下,商汤、周武变革桀、纣的王命。① 三种语境下的"革命",所指各异:自然语境指向"天地革而四时成",生活语境指向"己日乃孚,革而信之",政治语境指向"顺乎天而应乎人"。现代社会,"革命"是一个使用频率非常高的关键词,但其对意境的高度依赖,或者说"革命"这个关键词之阐释的"高度语境化"特征则常常为人们所忽略。就世界范围来讲,英国革命、美国革命、法国革命、俄国革命、中国革命……能指相同,所指相异。汉娜·阿伦特《论革命》从不同层面辨析法国革命与美国革命的区别,指出美国革命乃"有限君主制"之遗产,其目标是"以自由立国";法国革命则是"绝对主义"之遗产,其宗旨是"人的解放"。② 就国家或民族范围而论,即便是同一个国度之内,其"革命"的所指也是因时而异的。比如近现代中国,先有以推翻帝制为宗旨的辛亥革命,然后是以建立人民共和国为理想的新民主主义革命,再后来则是史无前例的文化大革命。虽同为

---

① 参见黄寿祺、张善文:《周易译注》,上海古籍出版社 1989 年版,第 405—406 页。

② 参见[美]汉娜·阿伦特:《论革命》,陈周旺译,译林出版社 2011 年版,第 123、140 页。

"革命"，但其性质、旨归、方式、效果都是迥然有别的。"文化大革命"中，有多少恶行罪衍假"革命"之名而肆虐天下，有多少无辜者在"革命"的红色恐怖中命丧黄泉。后革命时代，如果我们对"革命"的追忆和再阐释，依然在一个"超（无）语境"的前提下，用"革命"与"反革命"来区分和判定善与恶或正与邪，那就不仅仅是语义阐释的问题了。在这个意义上甚至可以说，关键词诠释的"高度语境化"是一个人命关天的大事。

三是关键词研究的学科场域问题。这个问题其实又回到了本章第一节所说的"前学科"与"后现代"。具有后现代特色的关键词研究，是对"前学科"的回返或穿越。21世纪初汉语学界的"关键词研究"，是直接受雷蒙·威廉斯影响而兴起的。雷蒙·威廉斯的学科身份是文学评论家，而他的关键词研究代表作是《关键词：文化与社会的词汇》，看书名便可知其跨学科的后现代特征。可是，汉语学界的关键词研究却固守"分科治学"的 MODERN 模式，热衷于在不同学科的框架内诠释各自的术语、概念和范畴，这种"范式归纳、体系构建"的 MODERN 模式，既不合于雷蒙·威廉斯关键词研究的"后现代"视域和路径，亦不合于"前学科"时代中华元典关键词"其备乎"的原生形态。维科《新科学》说事物的起源决定事物的性质，文化关键词源起于人类的轴心时代，那是一个既无专业类分亦无学科囿别的"前学科时代"，故诞生于斯的元典关键词，从根本上说没有任何"专业"或"学科"的规定性。《周易·系辞上》说"一阴一阳之谓道，继之者善也，成之者性也。仁者见之谓之仁，知者见之谓之知"，这段话中至少有七个元关键词：阴、阳、道、善、性、仁、知。当然，我们今天可以将这些关键词放在某一个学科之中诠释，但一旦将它们学科化，则必然有所遮蔽，有所丢失。光是一个"仁"字，仅在《论语》一书中就出现107次，或者说被孔子和他的弟子们诠解了107次，其语用是何等的丰富，其语义又是何等的繁复，若放在某一个学科内阐释，该会丢失或遮蔽多少语义和内涵。由此又可知，关键词阐释的"跨学科"特征是何等的重要。

据《尚书·洪范》记载：鲧堵塞洪水，扰乱五行之陈列，"帝乃震怒，不畀洪范九畴"。等到鲧之子禹继起，治好了洪水，"天乃赐禹洪范九畴"，结果是"彝伦攸叙"。《尚书》的"洪范九畴"（五行、五事、八政、五纪、三德、五福、六极等等）实际上是夏禹治国的九组关键词（或曰"核心价值观"），禹治水之后用这些关键词治国，取得极大成功，故《文心雕龙·原道》篇在讲述上古文明史之时对此事大加赞美："夏后氏兴，业峻鸿绩，九序惟歌，勋德弥缛。"如果我们跳出单一的历史叙事，在一个多元的层面作隐喻式言说，则可将《尚书》的"天乃赐禹洪范九畴"理解为：上天为圣贤恩赐兼具价值理性（意义）与工具理性（方法）的关键词，以助其成功。鲧未能得到关键词，他失败了；禹得到了关键词，他成功了。身为当代学者，真的要感谢"天乃赐禹洪范九畴"，有了兼具"意义"与"方法"的文化关键词，方可能"彝伦攸叙"，甚至可能"勋德弥缛"。

第三章　人文之元：元典关键词
之语义根柢

20 世纪 50 年代，美国不列颠百科全书出版公司出版了一套 60 卷的《西方世界伟大著作》（Great Books of the Western World），辑录 30 个世纪之中 140 多位西方哲人的里程碑式的经典。这套书的前两卷是索引形式的《论题集》（The Syntopicon, An Index to the Great Ideas），从 60 卷 "大著作" 中概括出 102 个 "大观念"，按字母顺序排列：I. Angel to Love （从 "天使" 到 "爱"）；II. Man to World（从 "人" 到 "世界"）。①《论题集》的中文版以《西方大观念》为书名于 2008 年出版，其《导论》对 "大观念" 的描述是："为每一个时代的人类所关注，它们覆盖了人类思辨探究和实践兴趣的全部范围。"② 可知 "大观念" 的 "大"，既是时间的又是空间的，既是延展的又是掘进的，既是思辨的又是实践的。本章以元典关键词 "人" 为中心，在厘清 20 世纪 "人" 系列关键之理论纪事的前提下，搞摭 "人" 的单向溯源与视域盲区，尝试 "人" 的语义重溯与观念重建，从而为求索中华元典关键词的语义根源提供新的路径及方法。

---

① 参见陈嘉映等译：《西方大观念》第一卷，华夏出版社 2008 年版，导论第 1—3 页。

② 陈嘉映等译：《西方大观念》第一卷，华夏出版社 2008 年版，导论第 1 页。

一、理论纪事

20 世纪初的"五四"运动波澜壮阔，"后五四时代"[①] 更是风起云涌。就中国文论这一特定领域而言，以"人"为大观念的系列关键词[②] 在其中起了兴风作浪的作用，风浪之大，或鼓动历史之帆，或酿成灭顶之灾。在某种意义上甚至可以说，一部 20 世纪的文学理论批评史，就是一部以"人"为大观念的演变史。百年之间，围绕着以"人"为大观念的系列关键词，如人性、人情、人学、人道主义、人的文学、人民文学等等，既有破坏性的拆解亦有建设性的重构，既有涵泳学理的争鸣亦有充满火药味的批判。在这个意义上也可以说，20 世纪一部以"人"为关键词的观念演变史，又是一部波云诡谲、险象环生的斗争史。

关于 20 世纪"人"系列关键词的理论纪事，可以有两种叙述方式：一是"大事记"，二是"代表作"。先看"大事记"[③]：

> 1920 年代"人的文学"之滥觞
>
> 1930 年代"阶级性"与"人性"的对峙
>
> 1940 年代"人民文学"与"人的文学"的对立
>
> 1950 年代在俄苏"文学是人学"的框架内重返"人的文学"
>
> 1960 年代在"无产阶级文学"的框架内重创"人性论"

---

① 胡晓明《略论后五四时代建设性的中国文论》（《文学遗产》2014 年第 2 期），视"建设性"为中国文论之愿景，可理解为对后五四时代中国文论"只破不立"之现状的有感而发。

② 关于"关键词"之界定以及"关键词"作为研究对象与研究方法之区别，请参见李建中、胡红梅：《关键词研究：困境与出路》，《长江学术》2014 年第 2 期。

③ "大事记"受旷新年《"人"归何处？——"人的文学"话语的历史考察》（《中国现代文学研究丛刊》2014 年第 1 期）一文启发。

1970 年代"人的文学"成为禁区

1980 年代人道主义大讨论

1990 年代人文精神大讨论

　　按照通行的文学思想史或文学理论批评史的叙事模式，"五四"时代是"'人'的发现"的时代，而 1918 年岁末《新青年》刊发周作人《人的文学》，可谓标志性事件。五四时期，周作人"人的文学"、周树人"为人生而艺术"、梁实秋"人性的文学"和胡适"自由的文学"，这些文学主张或文学观念与他们各自的各体文学作品一道，共同谱写成关于"人的文学"的交响，成为"五四"新文化运动以"人"为元关键词的文学思潮的主旋律，并构成后"五四"时代关于文学论争的"人"论背景。从 20 年代末开始，左翼阵营的无产阶级文学和文学理论家，如瞿秋白、郭沫若、蒋光慈、成仿吾等提出"革命文学"的口号。如果说"人的文学"的关键词是"人性"，那么"革命文学"的关键词则是"阶级性"。于是，20 世纪 20、30 年代，"革命文学"的"阶级性"与"人的文学"的"人性"之对峙，便成为 20 世纪以"人"为关键词的文学理论批评的第一次论争。

　　40 年代，毛泽东《在延安文艺座谈会上的讲话》发表，《讲话》"作为一个历史性的文献，它在对于阶级性的阐述中，使文学表现的领域发生了新的延伸和拓展，它使'工农兵文学'和'人民文学'新的口号取代了'人的文学'的合法性，从而使中国现代文学构筑了新的历史地平线"[①]。随着 40 年代末中华人民共和国的建立，毛泽东的"文艺为工农兵服务"，作为"为人民服务"这一宏大叙事的子叙事，理所当然地成为文学界的权威话语或主流意识形态。如果说，"革命文学"与"人的文学"

---

　　① 旷新年：《"人"归何处？——"人的文学"话语的历史考察》，《中国现代文学研究丛刊》2014 年第 1 期。

还能构成事实上的对峙并最终打成平手（如 20、30 年代左翼文学阵营与梁实秋的论争），而"人民文学"与"人的文学"则因时空阻隔和力量悬殊，大体上形成"一片倒"的局面。当然，若站在一个更高的层面审视，无论是"人的文学"，还是"人民文学"或者"工农兵文学"，都是以"人"为元关键词或者以"人"为思维中心的，虽然元典意义上的"人"，与后来的"人民"、"工农兵"在词义的诠解及语用上并不能简单等同：这一点，本章后面将会论及。

到了 50 年代的中后期，在"百花齐放，百家争鸣"的语境下，"工农兵文学"或"人民文学"的主旋律之中出现一种"变奏"：1957 年上半年，先是巴人的《论人情》，后是钱谷融的《论"文学是人学"》，这种在声调上并不是十分高亢的变奏，却似乎让我们听到了"五四"时期"人的文学"的回响。平心而论，无论是巴人还是钱谷融，并没有违背主流意识形态宏大叙事的政治规范与话语规则，或者说他们完全是在主流意识形态的框架中解释"人"这个关键词，言说关于"人"的文学理论和批评。比如巴人，是在充分肯定人之"阶级性"的前提之下讨论"人情"；而钱谷融，更是在高尔基"文学是人文学"的理论场域内，讨论文学创造和文学批评之中"人"的内涵。在我们今天看来，两篇文章谈的都是常识：既是人之常情①，又是世之常理。但那是一个不讲常识（无论是"常情"还是"常理"）的时代，故巴人和钱谷融后来的厄运便是人所共知和人所皆叹的了。

巴人《论人情》呼唤"魂兮归来，我们文艺作品中的人情呵"②！钱谷融《论"文学是人学"》也呼唤"深厚的人道主义精神"，呼唤"用一

---

① 严格地说，巴人的《论人情》（《新港》1957 年第 1 期）并非论文，而只是一篇随笔，比如他用古人的"人情练达"来定义"人情"就缺乏学理的准确或学术的严谨。

② 巴人：《论人情》，《新港》1957 年第 1 期。

种尊重人同情人的态度来描写人、对待人的"①。然而，他们唤来的不是"人情"而是"人厄"，不是对人的尊重与同情，而是对人的非人式迫害与戕贼。从50年代末到整个60年代，一浪高过一浪的对"人情""人性""人道主义"和"人的文学"的批判，终于酿成万众失声，万马齐暗，终于使得"人性论"和"人的文学"成为雷区和禁区。十年浩劫之中，因其"人情"与"人学"之论，钱谷融还只是被他的学生点名道姓地批斗，而巴人则被莫须有的罪名所逼疯而最后惨死在故乡的小木屋。20世纪的"人"论叙事写到"文革"这一页，最让人唏嘘不已的是：在一个不讲常识（常情与常理）的年代，任何关于"人"关键词的讨论，如果不是一个笑话就肯定是一场灾难。

喜剧或悲剧之后是正剧，人类终归要回归常识，回归人类知性关于"人"的共识。从80年代的"美学热"和"人道主义思潮"，到90年代的"人文精神大讨论"，其间虽然也有回旋、暗流甚至陷阱，但其总体趋势毕竟是对"人"的常识或常理的回归。70年代末，朱光潜《关于人性、人道主义、人情味和共同美问题》，是对马克思《1844年经济学—哲学手稿》的回归，是对关于人的价值、尊严、解放和自由等马克思主义常识的回归。80年代初，王若水《为人道主义辩护》实质上是为人类思想史关于"人"的常识辩护，只是将14至16世纪欧洲文艺复兴的人道主义和人本主义，拉来作为马克思主义的同盟军。80年代中后期，刘再复关于"人的主体性"的系列文章及著述，则既是对50年代钱谷融《论"文学是人学"》和巴人《论人情》的回归，亦是对"五四"时代周作人"人的文学"的回归。至此，整个20世纪（从"五四"时代到后"五四"时代）关于"人"关键词的阐释与再阐释，有了一条大致贯通的脉络和线索。

---

① 钱谷融：《论"文学是人学"》，《文艺月报》1957年第5期。

基于上述简略的 20 世纪"人"关键词的理论叙事，我们可以开出一个相应的"人"关键词研究的"代表作"，既是从学理上为"人"关键词的理论纪事提供参考文献，亦是为本章后面两节关于"人"关键词之"单向溯源"与"语义寻根"提供理论前提：

1918.12 周作人：《人的文学》

1928.2 蒋光慈：《关于革命文学》

1943.10 毛泽东：《在延安文艺座谈会上的讲话》

1957.1 巴人：《论人情》

1957.5 钱谷融：《论"文学是人学"》

1960.2 姚文元：《批判巴人的"人性论"》

1979.3 朱光潜：《关于人性、人道主义、人情味和共同美问题》

1981.1 若水：《为人道主义辩护》

1985.11 刘再复：《论文学的主体性》

1986.12 何满子：《现实主义与人道主义——与刘再复同志商兑》

二、单向溯源

"五四"时代是西学强势进入中国的时代，也是中西观念正面碰撞的时代。20 世纪以"人"为元关键词的文论大观念的建构是中西文化碰撞的结果，其间既有西学东进之外缘，亦有汉语词根转义或再生之内因。由"大事记"和"代表作"所立体呈现的 20 世纪"人"关键词的理论纪事所知，争论的双方或多方虽然观点各异，但在对"人"系列关键词作词义溯源或者说在寻找各自的理论资源时，却表现出相似的思维路向：对"外"的关注远大于"内"，对"西"的热情远高于"东"，故酿成前者对后者的遮蔽，结果是"西向而望，不见东墙也"。以"人"为关键词的文论大观念是中西文化碰撞的产物，俗话说"一个巴掌拍不响"，研究两个巴掌是如何拍响的，怎能只问其一而不究其二？

周作人1918年在《新青年》发表《人的文学》，认为要谈"人的文学"先得从"人"这个字说起。这当然是很有道理也是很重要的。问题是，周作人认为说"人"字，不能去说"天地之性最贵"或者"圆颅方趾"这一类古代汉语的解释，也就是说，不能去谈我们今天所强调的汉语的"词根性"。因为在他看来，中国文化四千余年一直在"闹人荒"，并没有解决"人"的问题，现在要做的工作是"辟人荒"，是去重新发现"人"。周作人"辟人荒"的路径是撇开古汉语"人"的词义之源，转而从西方15世纪文艺复兴说起，并将问题归结为"'从动物进化的人类'。其中有两个要点，（一）从'动物'进化的，（二）从动物'进化'的"①。

诠解"人"这个汉字，从"动物"与"进化"两大义项切入，也是很有道理、很重要的。问题是，古汉语的文献里面这类材料多得是，用得着舍近求远、弃中取西吗？《大戴礼记·易本命篇》有"倮之虫三百六十，而圣人为之长"②，王充《论衡·商虫》篇约言"倮虫三百，人为之长"之后接着说"由此言之，人亦虫也"③，《论衡·自纪》篇亦讲"人亦虫物，生死一时"④，说的都是人的动物性。《说文解字》释"人"，

---

① 周作人：《人的文学》，《新青年》1918年第五卷第六号。
② （清）王聘珍撰，王文锦点校：《大戴礼记解诂》，中华书局1983年版，第259—260页。
③ 黄晖：《论衡校释（附刘盼遂集解）》第三册，中华书局1990年版，第716页。
④ 黄晖：《论衡校释（附刘盼遂集解）》第四册，中华书局1990年版，第1209页。

有"象臂胫之形"，段注称"人以纵生，贵于横生，故象其上臂下胫"①。"上臂下胫"讲的是人的"纵生"（直立行走），而纵生（直立）之人是从横生之兽进化而来。故《说文》"人，天地之性最贵者也"段注曰："禽兽草木皆天地所生，而不得为天地之心。惟人为天地之心，故天地之生此为极贵。"②纵生贵于横生，上臂下胫、圆颅方趾的人贵于禽兽草木。从汉代的许慎到清代的段玉裁，古代文献对"人"的诠解不也含有某种"进化"的意味吗？当然，反对旧文化提倡新文化、反对文言文提倡白话文的"五四"中人对这些视而不见，是可以理解的。正是因为周作人只从西方文化中找"人"这一文论大观念的语义根源，故将《西游记》贬为"鬼神书"，将《聊斋志异》斥为"妖怪书"，将《水浒传》骂为"强盗书"，并统统归之于"非人的文学"③。

40 年后，钱谷融写《论"文学是人学"》，虽然也提到"无论从东方的孔子、墨子，还是从西方的苏格拉底、柏拉图等人的言论著作中，都可以发现这种精神，这种理想"④，但其思想资源之主体，其理论兴趣之重心，依然是西方而非东方。文章三万余言，反复引用季摩菲耶夫的《文学原理》，高尔基的《读者》和《我怎样学习写作》，却没有一条材料是来自东方来自中国的。文章一上来就谈高尔基的"文学是人学"，并说"我们简直可以把它当做理解一切文学问题的一把总钥匙，谁要想深入文艺的堂奥，不管他是创作家也好，理论家也好，就非得掌握这把钥匙不可"⑤。将"文学是人学"视为文学理论的"钥匙"亦即我们今天所说的"关键词（Key words）"，当然是很有道理也是很重要的；但文章

① （清）段玉裁：《说文解字注》，上海古籍出版社 1981 年版，第 365 页。
② （清）段玉裁：《说文解字注》，上海古籍出版社 1981 年版，第 365 页。
③ 周作人：《人的文学》，《新青年》1918 年第五卷第六号。
④ 钱谷融：《论"文学是人学"》，《文艺月报》1957 年第 5 期。
⑤ 钱谷融：《论"文学是人学"》，《文艺月报》1957 年第 5 期。

对"人"系列关键词的理论溯源却是有偏差的。文章指出,"高尔基把文学当做'人学',就是意味着:不仅要把人当做文学描写的中心,而且还要把怎样描写人、怎样对待人作为评价作家和他的作品的标准",并反复强调"伟大的文学家必然也是个伟大的人道主义者"①。显然,在钱谷融这里,高尔基"文学是'人学'"的理论源头,与当年周作人笔下"人的文学"的理论源头一样,是欧洲的文艺复兴,是文艺复兴为反对中世纪的专制主义而兴起的人性和人道主义思潮。但有学者考证,高尔基的原话并非是"文学是'人学'",而是"文学是'民学'即('人学')的最好的源泉";而高尔基所说的"民学"("人学")也并非是欧洲文艺复兴意义上的"人性"和"人道主义",而是人类学意义上的"民族志学"或"人种志学。"②

当然,无论是14—16世纪的文艺复兴运动,还是16世纪后出现的人类学研究,均可以成为我们讨论20世纪"人"系列关键词(或曰"人"论大观念)的文化背景和思想借鉴;而属于人类轴心期文明的中国文化元典,则更应该成为我们探讨以汉语的"人"为关键词的中国文论大观念的思想资源。遗憾的是,20世纪中国内地文学理论界的"人"关键词溯源是单向的:从20世纪初俄苏文学的"文学是人学",溯至19世纪马克思主义的"人的全面解放与自由",溯至18世纪法国启蒙运动的"人的理性与觉醒",溯至16—17世纪人类学研究的"人的种族与进化",直至14—16世纪欧洲文艺复兴的"人文主义"。将文艺复兴以来的西方人本思想视为"人"关键词的语义之源,成为20世纪中国文论界的理论共识。

① 钱谷融:《论"文学是人学"》,《文艺月报》1957年第5期。
② 参见吴泰昌:《"文学是'人学'"辨》,吴泰昌《艺文轶话》,安徽人民出版社1981年版,第209—212页。另参见刘为钦:《"文学是人学"命题之反思》,《中国社会科学》2010年第1期。

在一个更大的领域内考察，近"西"远"中"而单向溯源，不仅是文论界的"共识"，甚至是所有学科的"通病"。其普遍性缘由，是"五四"所定下的"反（本土）传统"之基调以及这一基调在后"五四"时代的周期性增量和升高；而就"人"这一中国文化及文论的元关键词而言，其特殊性还表现在，"五四"反传统之初就不"审"而"判"地将汉语的"人"关键词视为"审判"对象。后"五四"时代随着西方话语霸权在文论界的确立，受强势话语的统驭和规训，文论界对本土资源只好视而不见，甚至连"视"的勇气和耐心也没有了。久而久之，"人"系列关键词的单向溯源就成了一种思维惯性，甚至发酵为一种"新"的理论传统。

这种单向溯源在时间与空间上都是有缺陷的，或者说单向溯源导致了"时"与"空"两个维度的视域盲区。就时间而言，雅斯贝尔斯之所以将自公元前 800 年至公元前 200 年的 6 个世纪命名为"轴心时代"，是因为"正是在那个时代，才形成今天我们与之共同生活的这个'人'"①。用《庄子·天下》篇的话说，那是一个"道术"尚未裂变为"方术"的时代，是一个尚能"见天地之纯，古人之大体"的时代。② 人为何（与如何）成为人，或者说人之所以为人，这些根本问题，无论是西方苏格拉底三代师生，还是东方道释儒三家宗主，均作了精深的思考和天才的回答，从而构成了人类文化史和精神史的一个轴心，以至于我们今天讨论人文科学的任何问题，都别无选择地要返回这个轴心。因此，诠解"人"系列关键词，探讨以"人"为关键词的文论大观念，仅仅将语义根源溯至 14 世纪是完全不够的，

---

① ［德］雅斯贝尔斯：《智慧之路》，柯锦华等译，中国国际广播出版社 1988 年版，第 69 页。

② 参见（清）郭庆藩撰，王孝鱼点校：《庄子集释》第四册，中华书局 1961 年版，第 1065 页。

是说不清楚的。在西方，兴起于 14 世纪意大利的文艺复兴只是流而非源；而东方中国的 14 世纪就更不是源了：14 世纪的中国已经到了明代，三千年文明已经过去了两千多年，传统文化已经到了晚期或者说暮年。

就空间而言，共同构成轴心期之辉煌的人类几大文明，于后轴心时代在各自的区域内走上不同的发展道路，形成不同的理论模式。西方是"神—人"模式，中国是"天—人"模式；西方是神学语境下"人的世俗化"进向，中国是天人语境下"人的人文化"进向。单向溯源，详"西"而略"中"，甚至取"西"而舍"中"，实际上是混淆了两种不同的理论模式，也混淆了两条不同的思维路径，从而导致理论偏见甚至盲区。第一，单向溯源实质上低估了汉语"人"之"词根"的巨大作用："人"作为汉语词根，如何从文化无意识和知识大谱系的层面规定和影响中国文论"人"系列关键词的建构与解构，导引和制约"人"系列关键词的赓续与新变。第二，单向溯源同时也低估了汉语"人"之语义溯源对 20 世纪中国文论大观念建构的肇始意义：中国传统文化根深蒂固的"人"之大观念，在 20 世纪如何流变，如何衍生，如何转义，如何再生，对这些问题的求根与解密，只能从"人"之汉语词义溯源开始。

三、语义寻根

无论东方还是西方，"人"作为元关键词的语义建构，不约而同地开始于雅斯贝尔斯所说的轴心时代，在中国则是从殷商甲骨文到周秦大小篆的时代。徐中舒主编《甲骨文字典》，对"人"的解释是"象人侧立之形"，并引《说文》"（人）象臂胫之形"而称"《说文》说形近是"①；又称"甲骨文象人形之字尚有'大'、'天'、'夫'，象人正立之形；'女'象人跪坐之形"②。《甲骨文字典》释"文"时亦称："象正立之人形，胸部有刻画之纹饰，故以文身之纹为文。"③而"文化"之"化"，《甲骨文字典》的解释是"象人一正一倒之形"④：两个"人"，关系正常的情况下是并肩同行，关系变化之后则必然背道而驰，故立体地看，"化"依然是"象（两）人之形"。由此可见，甲骨文的"天""人""文""化"四字（见图1），因同为"象人正立（或侧立）之形"，故构成一个关于"人"的字族或系列；而甲骨文作为轴心期中国最早的文字，则理所当然地成为我们对"人"系列关键词作词义溯源时的原始之"元"。

[图1]

先说"天"。《说文》："天，颠也。至高无上，从一大。"段注曰："颠者，人之顶也，以为凡高之称。"⑤《说文》释"大"，称"天大，地大，人亦大焉，象人形"⑥。《周易》八经卦中的"乾"，其卦象是天、地、人三"大"之合一，故可视为轴心期中国文化元典对"天人合一"之大观

---

① 徐中舒主编：《甲骨文字典》，四川辞书出版社2006年版，第875页。
② 徐中舒主编：《甲骨文字典》，四川辞书出版社2006年版，第875页。
③ 徐中舒主编：《甲骨文字典》，四川辞书出版社2006年版，第996页。
④ 徐中舒主编：《甲骨文字典》，四川辞书出版社2006年版，第912页。
⑤ （清）段玉裁：《说文解字注》，上海古籍出版社1981年版，第1页。
⑥ （清）段玉裁：《说文解字注》，上海古籍出版社1981年版，第492页。

念的象喻式言说。今人关于"天"的解释很多，如冯友兰先生讲"五义"①，庞朴先生讲"三义"②，张岱年先生既讲"三义"亦讲"二元"③。若从辞源的层面考察，"天"这个汉字的本元性特征是"一体"：就字形论是"天"与"人"一体，就字义论是诸义（五义、三义或二元）一体。"天"出生伊始便与"人"浑然一字（体），须臾不离。"天"在"人"的头顶（"仰以观于天文"④）也在人的心中（君子心"畏天命"⑤），既是人的法则（"人法地，地法天，天法道，道法自然"⑥）亦是人的疑窦（"天何所沓？十二焉分？"⑦）……

既然轴心时代汉语的"天"与"人"浑然一字，那么后轴心时代若欲诠解汉语的"人"，则须将"人"放回到"天人"结构之中，进而在"人"与"天"的复杂关联之中去求索"人"这一大观念的丰富内涵和无穷智慧。如果说，孔子将"畏天命"置于"君子三畏"之首，隐含着原始儒学的

---

① 冯友兰论"天"之"五义"：物质之天（天空）、主宰之天（天神）、命运之天（天命）、自然之天（天性）、义理之天（天理）。参见冯友兰：《中国哲学史新编》上卷，人民出版社1998年版，第103页。

② 庞朴在冯友兰"五义"的基础上归纳出"三义"：物质的天、精神的天和本然的天，分别为形而下的、形而上的和形而中的。参见庞朴：《天人之学述论》，《原道》第2辑（1995年4月）。

③ 张岱年既讲"三义"又讲"二元"：《中国哲学中"天人合一"思想的剖析》称"天有三种含义：一指最高主宰，二指广大自然，三指最高原理"（《北京大学学报》，哲学社会科学版，1985年第1期）；《中国古典哲学概念范畴要论》一书指出："在古代哲学关于天的学说中，包含唯物主义与唯心主义两种基本观点的对立。唯物主义者所谓天即是无限的客观实在。唯心主义者所谓天，或指最高的神灵，或指最高的观念。"（中国社会科学出版社1989年版，第23页）

④ （清）阮元校刻：《十三经注疏》上册，中华书局1980年版，第77页。

⑤ 程树德撰，程俊英、蒋见元点校：《论语集释》第四册，中华书局1990年版，第1156页。

⑥ 楼宇烈：《老子道德经注校释》，中华书局2008年版，第64页。

⑦ 董楚平：《楚辞译注》，上海古籍出版社1998年版，第84页。

生态敏感；那么老子的"法天"，则布露出道家文化的生态智慧。同处轴心时代，继北方的老子"法天"、孔子"畏天"之后，南方的屈原以其诗人之哲思与哲人之诗性，发出疑"天"之"问"。而屈原的"天问"，作为轴心时代所特有的生态启蒙，是既关乎天道（自然生态）更关乎人事（政治生态）的。《说文》"天，颠也"段注："臣于君，子于父，妻于夫，民于食，皆曰天是也。"① 倘若君不善待臣民，弄得老百姓有衣食之虞甚至有性命之忧，则臣民难免"怨天"甚至"咒天"了，于是就有了老臣杜工部的"眼枯即见骨，天地终无情"②，也有了民女窦娥的"天也，你错勘贤愚枉做天"③！

在中国轴心期文化的"天人"结构之中，"天"是"人"的巅顶，亦为"人"的语境。中国文化（包括文学和文论）对"人"的意义言说和观念建构，须在"天"的语境之下展开并深入。刘勰《文心雕龙》的主旨是说"人之文"，可是首篇《原道》先要说"天地之文"，所谓"玄黄色杂，方圆体分"，所谓"丽天之象"，"理地之形"。然后由天地两仪说到"人"：

> 惟人参之，性灵所钟，是谓三才；为五行之秀，实天地之心。④

刘勰论"人"，沿用了《周易·系辞下》"有天道焉，有人道焉，有地道焉，兼三才而两之"⑤ 和《礼记·礼运》"人者，天地之心也，五行

---

① （清）段玉裁：《说文解字注》，上海古籍出版社 1981 年版，第 1 页。

② （清）仇兆鳌：《杜诗详注》第二册，中华书局 1979 年版，第 524 页。

③ 蓝立蓂：《汇校详注关汉卿集》中册，中华书局 2006 年版，第 1113 页。

④ 范文澜：《文心雕龙注》上册，人民文学出版社 1958 年版，第 1 页。

⑤ （清）阮元校刻：《十三经注疏》上册，中华书局 1980 年版，第 90 页。

之端也"①的语义资源，赓续了轴心期文化"天人合一"的理论思路。"人"在天地之间，汇聚天地性灵，成为三才之一。正是因为在"天"的语境下说"人"，刘勰才能够将"人"界定为"五行之秀，天地之心"，然后由"人"的定义推演出"文"（即"文学"）的定义：

> 心生而言立，言立而文明，自然之道也。②

这里的"心"当然不是"文心"而是"天地之心"亦即"人"；这里的"自然"又可置换为"天地"或"天"。可知《文心雕龙》论"文"，以"人"为"本"：既是本源又是本原；以"天"为"境"：既是起始又是归依。刘勰以"天"为语境、以"人"为本元的文学本体论，深刻地影响到了中国文学理论批评，直到清代，刘熙载依然在刘勰视"人"为"天地之心"的意义上给"文学"下定义，其《游艺约言》曰："文，心学也。"③其《艺概·诗概》又曰：

> 《诗纬·含神雾》曰："诗者，天地之心。"文中子曰："诗者，民之性情也。"此可见诗为天人之合。④

20 世纪的 60、70 年代，"人性论"和"人的文学"在内地成为理论禁区，内地的文学理论界正名副其实地"闹人荒"。当此之时，徐复观在海外则以"心的文化"和"心的文学"之研究，为汉语界的"人"论"辟人荒"。由此可见，在"天"之语境许可的前提下，汉语批评界

---

① （清）阮元校刻：《十三经注疏》下册，中华书局 1980 年版，第 1424 页。

② 范文澜：《文心雕龙注》上册，人民文学出版社 1958 年版，第 1 页。

③ 刘立人、陈文和点校：《刘熙载集》，华东师范大学出版社 1993 年版，第 571 页。

④ 刘立人、陈文和点校：《刘熙载集》，华东师范大学出版社 1993 年版，第 89 页。

"辟人荒"的语义资源，既可以是西方的"文学是人学"，亦可以是中国的"文，心学也"。

在甲骨文中同象"人立之形"，"天（人之颠顶）"是"人"的语境，"文（人之文身）"是"人"的创作，"化（人向之变化）"则可意会或引申为"人"之创作（即"人之文"）给人自身所带来的变化。而中国文论的大观念，正是在这样一个以"人"为中心的系统之中被建构被诠释被语用，并逐渐形成一系列的研究领域或学科。其一，天地之性人为贵，中国文化的"贵人"传统，积淀为文学人类学内涵，如前述高尔基的"文学是'人学'"。其二，观乎天文以察时变，观乎人文以成教化，鼓天下之动者存乎辞，天地之间的人文教化，或者说文学对于天地人间的意义和价值，凝聚为文学伦理学精华。其三，人为天地之心，心生言立而有文学，故"文"本于（即自于）"人"，本于（即自于）"人心"，故汉语的"文，心学也"亦可理解为"文，人学也"，而此一层面的"文学是人学"则形成文学心理学的学理前提或依据。其四，文乃纹身之文，最早的"文"是刻画于人体之上的，文与人（体）同一。虽然随着人类心智及能力的提升，"文"的创作由"近取诸身"扩展为"远取诸物"，但取喻于自身即人体进而将文学生命化或人格化则成为文学理论批评的基本路向和阐释策略，最终构成文学文体学的理论和方法。

上举甲骨文中诸"人"，或正立或侧立，究竟是"人"的正面形象，代表了轴心期中国文化对"人"的价值建构和对"人"的生命力张扬。但是，"人"毕竟是天地间异常复杂的生物体，其身份之繁众，命途之歧丛，乃至于寿夭、荣辱、贵贱、苦乐、悦郁、好恶等诸多的可知与不可知或可说与不可说，在天下诸种生物之中可能是无与伦比的。以人的身份性定位即自我指称为例，《尔雅·释诂》对"我（身、予）"的合训共有三条材料：

卬、吾、台、予、朕、身、甫、余、言，我也。

朕、余、躬，身也。

台、朕、赉、畀、卜、阳，予也。①

三条材料用了18个字，除了"朕"三见、"余"两见以及"赉、畀、卜"三字为"给予"之"予"，共有12个字是"我"的同义词，而我们知道英语中的"我"只有I和ME。

《尔雅》是轴心期中国文化元典，其《释诂》中12个不同的"我"仍然属于轴心期文化对"人"的正面建构。而轴心时代的"人"，在被建构的同时亦在被拆解，在被颂扬的同时亦在被戕害，如下面这四个字：民、臣、妾、刖（见图2）。

[图2]

与［图1］一样，［图2］中的四个汉字依然是"象人之形"；不同的是，［图1］是被建构被树立被颂扬的"人"，［图2］则是被拆解被打压被戕害的"人"。首字是金文的"民"，描画的是人的眼睛被锥刺其中，意指受酷刑（锥刺目）的奴隶。②次字"臣"，被绑缚并牵引的男子，《说文》有"臣，牵也，事君者，象屈服之形"③；"臣"后面的"妾"则是头

---

① （清）阮元校刻：《十三经注疏》下册，中华书局1980年版，第2573页。

② 参见左民安：《细说汉字——1000个汉字的起源与演变》，九州出版社2005年版，第243页。

③ （清）段玉裁：《说文解字注》，上海古籍出版社1981年版，第118页。

戴刑枷的女子，《说文》称"有罪女子给事之得接于君者"①。轴心时代常有部落之争，争战事毕：倔强者，杀之；屈服者，男性为"臣"，女性为"妾"，虽说同为事君者，毕竟是有罪之人。末字为"刖"，象"一足被刖"之人形。如果说，前三字均为"受刑之人"，"刖"则为"刑余之人"，合起来是一幅悲怆、惨烈的"贱民受难图"。

轴心时代的中国是一个君贵民贱的社会，所以孟子才有"民贵君轻"②之吁。到了 20 世纪，"民"逐渐获得与"人"同等的地位，从而有了"人民"一词。近代社会，随着"率土之滨，莫非王臣"③之家天下的解体，和"一夫多妻"之婚姻制的废除，"臣"与"妾"也双双失业。而现代社会，"人道"成为常识，"仁爱"成为常理，灭绝人性的刖刑早已成为历史。但是，诞生于轴心时代的这四个汉字依然"活"着，不仅活在我们的日常话语之中，而且"活"在 20 世纪以"人"为中心的文论大观念之中。不同的是，它们不是"活"以原义（即词根义），而是"活"以转义（即再生义）。分述如下。

一曰人民，"人民"既不同于"人"亦不同于"民"，而是被涂抹上过多过重的意识形态色彩；随着意识形态的变更，"人民"之色彩（语义、语调以及语用、语境）亦与时俱变。变来变去，变去变来，"人民"终于变成一个空泛的概念，一个漂浮的能指，一个人皆可用的话语工具。

二曰臣妾，现代社会作为职业或身份的"臣妾"已不复存在，但作为心态或人格的臣妾却依然故我；而"臣妾"之心理认同，其君形之宰，当然不是家天下的帝王，而是世俗社会的权力与金钱。在这个意义上可

---

① （清）段玉裁：《说文解字注》，上海古籍出版社 1981 年版，第 102 页。

② （清）阮元校刻：《十三经注疏》上册，中华书局 1980 年版，第 463 页。

③ 《诗经·小雅·北山》，见程俊英、蒋见元：《诗经注析》，中华书局 1991 年版，第 643 页。

以说，20 世纪的文学，既不乏有"臣妾"心态或人格的作家，更不乏有"臣妾"体貌和体性的作品。

三曰刖刑，现代法治社会"刖刑"绝无仅有，但奥威尔《1984》中的那种"控制盘"却大有用途并大行其道：当奥布兰不断以拨高控制盘而增大受刑者的疼痛度相威胁时，再有思想再有个性的温斯顿也不得不认同"2+2=5"。明白了这一点，我们就不难理解，在"闹人荒"的 20 世纪 50 至 70 年代，为什么不断有人加入痛批"人性""人道"和"文学是人学"的行列。

站在 21 世纪的理论高度，重新寻找"人"系列关键词的语义根柢，重建以"人"为元关键词的文论大观念，可以有五大发现。

第一，"人"之汉语语义的源起、流变与转义，既构成一部 20 世纪中国文论的观念史和思想史，又构成 21 世纪中西文论对话的话语依据和通约前提。追溯"人"的语义根源及现代再生，方能真实展示 20 世纪中国文论大观念之神与貌。"人"如此，"道""文""气""体"等关键词亦然；

第二，源于轴心时代的"人"之建构与拆解，乃至"人"之"三训"（形、声、义）与"六训"（正、反、通、借、互、转），构成"人"这一中国文论大观念的全部内涵及外延，而"人"的内在张力、外在指涉力以及强大的繁衍力和生命力，既是重建 21 世纪中国文论大观念的思想资源，又是激活传统文论使之发生现代转型的内在驱动；

第三，中国轴心期文化元典关于"人"的释义及语用，成为后轴心时代关于文学本体论建构的语义根基。正如刘勰于公元 5 世纪末据《周易》《礼记》等元典的"人"论资源建构起"心生言立，言立文明"的文学本质论，我们在 21 世纪初亦可据《管子·权修》"人者，身之本也"①

---

① 黎翔凤撰，梁运华整理：《管子校注》上册，中华书局 2004 年版，第 52 页。

建构文学的生命本体，据《礼记·表记》"仁者，人也"[1] 建构文学的伦理本体，据《尔雅·释诂》"言，我也"[2] 建构文学的语言本体；

第四，"人"与"文"的四种关联，成为 20 世纪文学理论批评四大学科的内在支撑及合法性依据："文贵人"形成文学人类学，"文为人"形成文学伦理学，"文自人"形成文学心理学，"文似人"形成文学文体学。21 世纪这四大学科能否持续发展，在某种程度上取决于对"人""文"等文论大观念的汉语语义溯源；

第五，"人"对"天"的三种心态，衍生为 21 世纪后现代语境下中国文论大观念的人文关怀及普适价值："问天"时的生态启蒙，"畏天"时的生态敏感，"法天"时的生态智慧。在这个意义上可以说，寻找中国文论及文化元关键词"人"的语义根源，能够为 21 世纪全球绿色文明的建设作出贡献。鉴于"人"在中华元典关键词中的重要地位，本书下编对元典关键词的个案研究，将以"人：中华元典第一关键词"为第一章。

---

① （清）阮元校刻：《十三经注疏》下册，中华书局 1980 年版，第 1639 页。
② （清）阮元校刻：《十三经注疏》下册，中华书局 1980 年版，第 2573 页。

第四章　词以通道：元典关键词
之创生路径

　　一个汉语的词，在尚未通道之时只是普遍词（或曰"常语"），通道之后方成为关键词（或曰"术语"）。作为一个过程，"词以通道"绝非一蹴而就，而是漫长的曲折的。中华元典关键词在轴心期时代的创生，其总体特征是"词以通道"，其间须经历各种辩难、攻讦、误读和阐发。类而分之，轴心期中国文化关键词之创生大体上有三种路径：一是"见仁见知"式，即各家文化元典对同一关键词的不同界定和阐释，如先秦儒、道、墨、法、兵诸家对"仁"的不同解读；二是"非乐非命"式，即某一家文化元典对另一家文化关键词的辩难和驳斥，如墨者对儒家关键词的非议；三是"解老喻老"式，即后出之文化典籍对先贤之关键词的诠释和引伸，如韩非对老子关键词的阐发。作为常语的"词"，只有在经历了"见""非""解""喻"等多重阐释之后，才能成功诣"道"即成为关键词，颇似《易》乾爻象之龙的"潜、惕、跃、飞"。轴心期中国文化历经千百代而不衰并能跃入当代文化核心价值之建构，与关键词独具特色的创生路径是密不可分的。

　　戴震《与是仲明论学书》："经之至者道也，所以明道者其词也，所以成词者字也。由字以通其词，由词以通其道，必有渐。"[1] 戴震有《孟

---

① （清）戴震：《戴震集》，上海古籍出版社 2009 年版，第 183 页。

子字义疏证》专论《孟子》的文化关键词，故"由字以通其词，由词以通其道"可视为他对一己之研究路径的自白；而"所以明道者词也，所以成词者字也"，则是对文化关键词之生成路径的表述。从后一层意义上说，"词以通道"也可以用来概括元典关键词的创生路径。

一、见仁见知

"见仁见知"语出《周易·系辞上》："一阴一阳之谓道。继之者善也，成之者性也。仁者见之谓之仁，知者见之谓之知。百姓日用而不知，故君子之道鲜矣。"[①]"道"是《周易》（也是轴心期中国文化）的元关键词，在《系辞》的作者看来，对"道"这个关键词，三种解读者（仁者、知者和百姓）有三种完全不同的解读（谓之仁、谓之知和不知）。轴心期时代的中国是百家争鸣，对同一个关键词"见仁见知"是普遍现象。或者这样说，某一个"词"之所以能够成为关键词，必须要经历"见仁见知"的过程和考验。

我们以"仁"这个关键词为例。一般认为，周秦诸子中，言"仁"最多的是《论语》和《孟子》，前者109次，后者157次。儒者说"仁"，频率甚高，义项甚繁，于不同语境中有不同的所指，其中有两项释义尤可注意：一是《论语·颜渊》的"樊迟问'仁'，子曰'爱人'"，二是《孟子·尽心上》的"亲亲，仁也"。"爱人"言"仁"之要义，"亲亲"言"仁"之起始，周秦诸子对"仁"的见仁见知，大体上围绕这两点展开。

儒、墨同为先秦显学，但墨家释"仁"与儒家不尽相同。《墨子》之《经上》有"仁，体爱也"，《经说下》有"仁，爱也"，可见在"爱人"之

---

① （清）阮元校刻：《十三经注疏》上册，中华书局1980年版，第78页。

内涵上与儒者同；但墨家"仁爱"之出发点不是"亲亲"，不是《孟子·梁惠王上》所言"老吾老，以及人之老；幼吾幼，以及人之幼"，而是"兼爱"，是"爱无差等"。《墨子·兼爱中》旗帜鲜明地表述"仁者"对不能兼爱的非议，对兼相爱的赞誉。"天下之人皆不相爱，强必执弱，富必侮贫，贵必敖贱，诈必欺愚。凡天下祸篡怨恨，其所以起者，以不相爱生也，是以仁者非之。"反之，"天下之人皆相爱，强不执弱，众不劫寡，富不侮贫，贵不敖贱，诈不欺愚。凡天下祸篡怨恨可使毋起也，以相爱生也，是以仁者誉之。"① 一"非"一"誉"，判然有别，其间虽与儒家仁爱观的某些层面（如孟子的"仁政"）有相通之处，但对"亲亲"之仁的忽略则与原始儒学以血缘或家族为出发点的"仁"大异其旨。概言之，墨者所见出的"仁"，与儒者心目中的"仁"是有差别的。

轴心期时代的"仁"之释义，不仅有儒墨之争，更有儒道之别。关于"仁"之"爱人"的内涵，儒、道两家并无分歧；但关于"仁"的价值判断，孔孟与老庄却不尽相同。"仁"字在《论语》和《孟子》中共出现三百多次，无一处不是对正面价值的诉求。"仁"既然是儒家"五常"之首，那么"仁者"便与"圣人""贤人""君子"等人格名号同义。然而，在《老子》和《庄子》这两个道家文本中，"仁"字的价值判断却非常复杂，处于一种或可或不可、或然或未必然的状态。《老子·五章》："天地不仁，以万物为刍狗；圣人不仁，以百姓为刍狗。"若依儒家对"仁"的正面价值判断，那么"不仁"则必定是具有负面价值的关键词。但历代的道德经注多有不以为然者。如王弼《老子道德经注》："天地任自然，无为无造，万物自相治理，故不仁也。仁者必造立施化，有恩有为。造立施化，则物失其真。有恩有为，则物不具存。物不具存，则不足以备

---

① （清）孙诒让撰，孙启治点校：《墨子间诂》上册，中华书局 2001 年版，第101—103 页。

载。"① 又如《老子道德经河上公章句》注"天地不仁"曰"天施地化，不以仁恩，任自然也"，注"圣人不仁"曰"圣人爱养万民，不以仁恩，法天地任自然"②。"自然""无为"是道家的最高范畴和最高境界，"不仁"与之同义，则"不仁"就成了具有正面价值的关键词。

《庄子》对"仁"的否定，基本上继承了《老子》的传统。在孔子师徒那里，"仁义"是念兹在兹，须臾不可离其身心的。而《庄子·大宗师》借重孔子与颜回讨论"坐忘"，居然将"回忘仁义矣"视为颜回"坐忘"而最终"同于大通（道）"的必然条件或必经之途。《庄子·天道》"泽及万世而不为仁"成玄英疏曰："仁者，偏爱之迹也。言大道开阖天地，造化苍生，慈泽无穷而不偏爱，故不为仁。"③ 也是将"不仁"视为具有正面价值的能开阖天地、造化苍生的自然之"大道"。前引《周易·系辞上》的"仁者"，从"一阴一阳之谓道"中见出了"仁"，仁与道通矣。而在老庄道家那里，仁与道悖："仁"是偏爱之迹，无以诣道；只有"不仁"方可诣道。《周易》为儒家五经之首，故老庄与《系辞》"仁者"的分歧，实为道者与儒者的所见之异。同样的一个"仁"，墨者与道者所见亦异：墨子从"仁"中见出的是"兼爱"，而庄子从"仁"中见出的是"偏爱"。

先秦诸子之中，法家讲权势法术、严罚峻刑，兵家讲奇正虚实、诡道权诈，似与"仁"无涉。其实不然。先秦法家和兵家的文化关键词中，都有一个"仁"字。法家视"法"为"天下之至道"，甚至认为"仁义礼乐皆出于法"。《韩非子·解老》解释《老子·三十八章》的德、仁、义、理等关键词，其中对"仁"的解释是："仁者，谓其中心欣然爱人

---

① 楼宇烈：《王弼集校释》上册，中华书局 1980 年版，第 13 页。

② 王卡点校：《老子道德经河上公章句》，中华书局 1993 年版，第 18 页。

③ （清）郭庆藩撰，王孝鱼点校：《庄子集释》第二册，中华书局 1961 年版，第 463 页。

也。其喜人之有福而恶人之有祸也，生心之所不能已也，非求其报也。故曰：'上仁为之而无以为也。'"① 看《韩非子》对"仁"的这一段解释，既有儒家"仁者爱人"的内涵，亦有道家"不仁者无为"的思想。从根本上说，法家认为他们的政治主张亦是从"仁"出发，是符合"仁"的宗旨的。诚如清人王先谦序其从弟先慎《韩非子集解》所言："（韩）非论说固有偏激，然其云明法严刑，救群生之乱，去天下之祸，使强不陵弱，众不暴寡，耆老得遂，幼孤得长，此则重典之用而张弛之宜，与孟子所称及间暇明政刑，用意岂异也！"② 显然，王先谦从韩非子的"法"中见出了孟子的"仁"。

先秦的兵家也讲"仁"，只是"仁"这个关键词的位置不如在儒家和墨家那里那么关键，那么显要。《孙子·计篇》："孙子曰：兵者，国之大事，死生之地，存亡之道，不可不察也。故经之以五事，校之以计，而索其情：一曰道，二曰天，三曰地，四曰将，五曰法。"③ 孙子的元关键词是"兵"，核心关键词是道、天、地、将、法。至于"仁"，只是第三层次的关键词，属于"将"之子类："将者，智、信、仁、勇、严也。"杜牧注曰："先王之道，以仁为首；兵家者流，用智为先。"即便是在第三层次，"仁"也要排在"智"和"信"之后。王皙注曰："惠抚恻隐，得人心也。"④ 又可见，"仁"在兵家文化的关键词之中，不仅是地位低，根本上就只是兵家的"惠抚"之计，其目的是"得人心"。

周秦诸子，对"仁"之内涵的解释以及对"仁"之重要性的认识虽

---

① （清）王先慎撰，钟哲点校：《韩非子集解》，中华书局 1998 年版，第 131 页。

② （清）王先慎撰，钟哲点校：《韩非子集解》，中华书局 1998 年版，序第 2 页。

③ （春秋）孙武撰，（三国）曹操等注，杨丙安校理：《十一家注孙子校理》，中华书局 1999 年版，第 3 页。

④ （春秋）孙武撰，（三国）曹操等注，杨丙安校理：《十一家注孙子校理》，中华书局 1999 年版，第 7—8 页。

不尽相同，但各自的文化关键词均不乏"仁"却是有目其睹的文化共性。换言之，正是因为先秦诸子从各自的文化立场见"仁"释"仁"言"仁"辨"仁"，才使得"仁"成为轴心期中国最为显赫的文化关键词之一。套用《庄子·天下》论述"道术"裂变为"方术"的句型：古之道术有在于是者，儒、墨、道、法、兵诸家闻其风而说（悦）之。到了西汉董子的《春秋繁露》，其《仁义法》和《必仁且智》两篇对"仁"这个先秦文化关键词的内涵作了全面的总结。《春秋繁露义证》的撰者苏舆感叹：《春秋繁露》"说'仁'字义最博，后儒所释，不能外此"①。至此，"仁"作为中国文化元关键词的创生历程宣告完成，"仁"作为中国文化核心价值的地位亦宣告奠定。

二、非乐非命

"非乐"和"非命"均为《墨子》的篇名，墨子非乐非命是为了"非儒"。墨子之非儒，归结为"繁饰礼乐以淫人，久伤伪哀以谩亲，立命缓贫而高浩居，倍本弃事而安怠傲。"②但《墨子》的《非儒》篇主要是非儒者之言，如"亲亲有术，尊贤有等"、"君子必古服古言然后仁"、"君子循（述）而不作"等等。《非儒》引用的儒者言论，所指过于宽泛，故《非儒》所非之"的"没有聚焦于儒家的核心概念即关键词。相比之下，《非乐》《非命》才真正是墨家学派对儒家文化关键词的非议和否定。

以《非乐》篇为例。墨子"非乐"的出发点是兴天下之利，除天下

---

① （清）苏舆撰，钟哲点校：《春秋繁露义证》，中华书局 1992 年版，第 258 页。
② （清）孙诒让撰，孙启治点校：《墨子间诂》上册，中华书局 2001 年版，第 291 页。

之害；是上考之要中圣王之事，下度之要中万民之利。从理论上讲，墨子非乐的出发点是可以成立的。《非乐》上、中、下三篇，中、下两篇亡佚，仅存的上篇，墨子五次直言"为乐非也"，而且五次的理由都是相同的：为乐亏夺民衣食之财。这仅仅是从器物（即今人所言"物质文化"）的层面言"乐"之"非"，显然是失之于浅表和片面。墨子所非之"乐"，是原始儒家的一个核心关键词，其义项绝非仅指器物（乐器）。乐，既是器物文化（乐器的制造），也是行为文化（乐器的排练和演奏），还是制度文化（包括礼乐制度、礼仪规范等）和观念文化（包括乐本、乐教、乐化、观乐以知政、致乐以治心等）。因而，《墨子·非乐》对儒家"乐"关键词的批判，仅从器物文化和行为文化入手，是难于服人难以奏效的。

《庄子·天下》在介绍墨子这一派的学说时，将其概括为"作为《非乐》，命之曰《节用》，生不歌，死无服"，继之用了较长的篇幅来非议墨子的"非乐"。《天下》篇在简介五帝三王的礼乐制度和音乐作品之后，坦言："今墨子独生不歌，死不服，桐棺三寸而无椁，以为法式。以此教人，恐不爱人；以此自行，固不爱己。未败墨子道，虽然，歌而非歌，哭而非哭，乐而非乐，是果类乎？"①《墨子》的"非乐"仅着眼于物质文化和行为文化的层面，而《庄子》的"非'非乐'"不仅包括了制度文化和观念文化的层面，而且还有对人类心理和情感的了解之同情。如果说墨子的"非乐"是失败的，那么庄子（实为庄子后学）的"非'非乐'"则是成功的，"乐"，这个轴心期时代的文化关键词，就这样在经历了"非"与"非非"之后而获得了永恒的生命力和巨大的影响力。

---

① （清）郭庆藩撰，王孝鱼点校：《庄子集释》第四册，中华书局1961年版，第1074—1075页。

"非"这种方式不仅发生在不同的文化流派之间，还发生在同一文化流派的内部。荀子本属于儒家学派，但宋人晁公武称荀子"以性为恶，以礼为伪，非谏诤，傲灾祥，尚强伯之道，论学术则以子思、孟轲为饰邪说，文奸言，与墨翟、惠施同诋"①。《荀子·非十二子》所"非"之"子"，既有墨家的墨翟、名家的惠施，还有儒家的子思和孟子。孟子道"性善"，荀子非之而道"性恶"，与孟子的学说扞格不入。但荀子对"性善"的"非"并不成功，后轴心时代，孟子"性善"之说胜出而"性恶"之说遭黜矣。"孟荀二家之书，在汉世并列诸子。自宋以后既入《孟子》于经，《荀》犹与百家伍"②，孟轲"性善"作为中国文化关键词而绵延至今，荀卿"性恶"则始终未能进入中国文化的核心价值体系。

荀子"非孟"遭挫，"非相"亦不成功。《荀子·非相》所非之《相人》，录于《汉书·艺文志》"数术略"之"形法"。相人之术，荀子之前有之，荀子之后亦存，如王充《论衡》辟有《骨相》篇。可见"相"这一关键词并未被荀子"非"掉。今人张舜徽指出："荀卿虽痛斥之，而其说未绝。至汉王充，以人生而有定形，于是强弱寿夭之数定焉。深信骨相之说，为不可易，作《骨相篇》以张之。"③魏晋品藻人物，亦行骨相之法，《世说新语·容止》门对魏晋名士容止的描摹、比拟和赞叹，不乏"相人"之义。《世说新语》另有《识鉴》《赏誉》《品藻》诸门亦有"相人"之迹。魏晋时代，包括"相人"之法在内的人物品藻，为中国文论"风骨"之说的诞生作了实践层面的准备。

---

① （清）王先谦撰，沈啸寰、王星贤点校：《荀子集解》上册，中华书局1988年版，点校说明第2页。

② 张舜徽：《广校雠略 汉书艺文志通释》，华中师范大学出版社2004年版，第261页。

③ 张舜徽：《广校雠略 汉书艺文志通释》，华中师范大学出版社2004年版，第415—416页。

《荀子·非十二子》指出："信信，信也；疑疑，亦信也。"[①] 套用荀子的话语方式，可以说：是是，是也；非非，亦是也。"非"这种方式，在轴心期文化元典关键词的创生中经常可见。除了上述墨子之非儒，庄子之非墨，还有庄子之非孔，孟子之非墨非杨（朱），荀子之非相非十二子，韩非子之非儒非侠非纵横（五蠹）。这种"非"的方式一直延续到秦汉：东汉王充作《论衡》，其"疾虚妄"是对东汉谶纬神学的"非"，是对形形色色的"虚"和"增"的"非"，而诸篇之中又辟有"问孔""刺孟"和"非韩"。

"非"，实乃周秦诸子一种重要的话语方式，因而也是轴心期文化关键词创生的重要路径。一个普遍词，如果过不了"非"这一关，它就成不了关键词；如果过了"非"这一关，也就是说没有被"非"掉，那么，它就有成为关键词的可能。换言之，轴心期中国化关键词在"词以通道"的过程之中，"非"是一个非过不可的关隘。一个词由普通词成为关键词，必定要经历一次又一次的"非"，好比是过五关斩六将，挺过来了，冲过来了，方能跻身于关键词之列，否则就会销声敛迹。儒家的"乐"成为中国文化的关键词，因为它经受住了墨家的"非"而最终胜出；墨家的"非乐"没有能够成为关键词，因为它未能经受住道家的"非"而最终败亡。当然，"非"使得被"非"的关键词，其词义更加丰赡，其精义更加坚挺，如上述儒家的"乐"，如孟子的"性"，还有"相"等等。

三、解老喻老

"解老"和"喻老"既是《韩非子》的篇名，亦可视为韩非子的"老

---

① （清）王先谦撰，沈啸寰、王星贤点校：《荀子集解》上册，中华书局1988年版，第97页。

子关键词解读（或研究"）。本章所讨论的轴心期中国文化元典关键词创生的三种模式，"见仁见知"和"非乐非命"两种，"见（非）者"与其"所见（非）"，二者对同一个关键词的理解是有差异甚至是针锋相对的；而"解老喻老"这一种，从狭义（亦即《韩非子》的文本义）上说，"解（喻）者"与其"所解（喻）"，二者对同一关键词的理解并无本质上的差异，属于后进对前贤的阐发和引伸。轴心期与此相类似的，还可举出《孟子》对《论语》的阐扬，《庄子》对《老子》的扩充。若在一个更大的范围内考察，与之同类的，还有西汉扬雄《太玄》之"阴阳家关键词研究"，东汉班固《白虎通义》之"五经关键词研究"，南宋陈淳《北溪字义》之"宋代儒学关键词研究"，清代戴震《孟子字义疏证》之"孟子关键词研究"，今人钱钟书《管锥编》之"经史子集关键词研究"等等。

《韩非子·解老》，语涉《老子》八十一章中的十一章文字，其话语方式是在一段阐述之后，用"故曰"引出《老子》的相关原文。《解老》篇所解读的《老子》术语、概念和命题，既有道家文化的元关键词（如"道""德"），还有核心关键词（如"无象之象""祸福""生死"），也有一般性术语（如"迷""啬""走马""以家观家"等等）。《解老》一上来就解释《老子》"德篇"即三十八章的关键词："德者，内也；得者，外也。上德不德，言其神不淫于外也。神不淫于外则身全，身全之谓得。得者，得身也。"在区分了"德"与"得"的相异之后，用"无"和"不"来为"德"定义："凡德者，以无为集，以无欲成，以不思安，以不用固。"最后，用"故曰"引出《老子·三十八章》的原句："上德不德，是以有德。"用同样的方法，韩非子依次解读了《老子·三十八章》中的"上仁""上义""上礼"等关键词。

《喻老》亦涉及《老子》的十一章文字，只是解读的方式与《解老》不一样：《解老》重在"解"，即理论阐释，逻辑推理；《喻老》重在"喻"，用历史掌故或寓言故事来喻明《老子》的相关关键词。《老子·四十六章》的关键词是"足",与之相对立的是"可欲""欲得"和"不知足"。《喻老》一口气讲了三件事:第一件是晋文公受翟人丰狐玄豹之皮而自为罪,以喻"罪莫大于可欲";第二件是智伯攻赵,军败晋阳,身死高梁之东,以喻"祸莫大于不知足";第三件是虞君欲屈产之乘与垂棘之璧,不听宫之奇,故邦亡身死,以喻"咎莫憯于欲得"。最后用"故曰"引出老子关于"足"的经典论断:"知足之足常足矣。"《老子·六十三章》的关键词是"细",韩非子不厌其细地叙述扁鹊为桓公诊病的故事,用"良医之治病也,攻之于腠理。此皆争之于小者"来喻显"天下大事,必作于细"。《老子·四十一章》有一个著名的命题:"大器晚成",韩非子为之引喻的故事则是:楚庄王不为小害善,故有大名;不早见示,故有大功。

司马迁作《史记》,将韩非之传列于老庄之后,称韩非"喜刑名法术之学,而其归本於黄老",又称"韩子引绳墨,切事情,明是非,其极惨礉少恩。皆原於道德之意,而老子深远矣"。可见韩非子的法家之学,与老子的道家之学是有渊源关系的。故《韩非子》之《解老》《喻老》二篇,既是对道家文化关键词的阐发,也是对法家思想渊源的追溯和清理。"解老喻老"作为文化关键词之解读方式,在轴心期中国文化的典籍中可以经常见到。只是所解所喻之对象,有的是与自家有渊源关系的别家先贤的关键词,有的则是自家或自家先贤的关键词。前者可称之"他解(喻)",后者则可称之为"自解(喻)"。比如《墨子》一书,其《尚贤》《尚同》《兼爱》《非攻》《节用》《节葬》诸篇,是对墨家文化关键词的"自解";而《经》之上下,《经说》之上下,还有《大取》和《小取》,其中既有"自解":如解说"墨辩"之关键词"故""体""知""达""类""私"等等;亦有"他解",如解说儒家文化关键词"仁""义""礼""知""勇"等等。

相对于"解"而言,"喻"的使用更为普遍。《韩非子》之专用"喻",

除了《喻老》，还有《说林》（上下），后者广说诸事，其多若林，专门以"喻"的方式来明理至道。《老子》亦有"喻"："上善若水"是喻，"治大国若烹小鲜"是喻，"飘风不终朝，骤雨不终日"也是喻……如《老子·十一章》："三十辐共一毂，当其无，有车之用；埏埴以为器，当其无，有器之用；凿户牖以为室，当其无，有室之用。有之以为利，无之以为用。"一口气用三个"喻"说一个关键词：无。

《庄子》自称"寓言十九"，足见"喻"的比重之大；又称"重言十七"，"重言"中也有"喻"，只是引以作"喻"的主人公常常是真实的历史人物。比如《大宗师》说"坐忘"，《人间世》说"心斋"，都是寓言式地借重儒家圣贤孔子与颜回的对话，亦即用"喻"的方式来言说道家的文化关键词。相对于"忘"和"斋"，《庄子》的"游"是一个更为核心的关键词，而《逍遥游》说"游"，通篇都是"喻"。起首用《北冥有鱼》《蜩与学鸠》两个寓言以及朝菌、蟪蛄、冥灵、大椿、彭祖诸事引出"小大之辩"，以喻"游"之无待。继之用《尧让天下于许由》《肩吾问于连叔》两个重言以及《鹪鹩巢林》《偃鼠饮河》《越俎代庖》《姑射神人》等寓言，以喻"游"之去名去功、无己无心。末尾用《惠子言庄子》的两个重言，套叙"虑瓠为大樽而浮乎江湖"、"树樗于无何有之乡而寝卧其下"两个寓言，以喻"游"之用大即无用之大用。庄子用一连串的寓言和重言喻"游"，先抑后扬，似臧实否，层层推进，步步深入，使得"游"这个关键词，在超越了"小大""物我""用之有无"等多重阻障或遮蔽之后，终诣"无待"之最高境界。

"游"在经过《庄子》的自喻自解之后，遂成为轴心期中国文化的核心关键词，流传久远，并深刻地影响到后轴心时代的中国哲学和文学理论。西汉刘安《淮南子》讲"游心于虚"，西晋陆机《文赋》讲"精骛八极，心游万仞"，南朝刘勰《文心雕龙》讲"神与物游"。陆机和刘勰文学理论的"游"，课虚无，贵虚静，秉承了轴心期道家文化的无心无为之质。就诠释方式而言，陆机和刘勰说"游"均不离"喻"：《文赋》"倾群言之沥液，漱六艺之芳润。浮天渊以安流，濯下泉而潜浸"，以沥液、芳润、天渊、下泉为喻；《文心雕龙·神思》"形在江海之上，心存魏阙之下"是以事为喻，而"吟咏之间，吐纳珠玉之声；眉睫之前，卷舒风云之色"则是以声色为喻。"游"（关键词）之"游"（依时序流变），既传递了轴心期道家文化的逍遥之神，又承续了轴心期关键词诠释的解喻之方。可见，轴心期中国文化元典关键词之恒久生命力与巨大影响力的获得，与其独特的创生路径是密切相关的。

词以通道，斯之谓也。

第五章　键闭与开启：元典关键词
　　　　　之诠解路径

　　研究元典关键词，"关键词"也是一个需要认真诠解的关键词。泛泛而论，"关键词"作为现代学术书写的必备之要件，是译自英语的key words。学界对"关键词"的理解及语用，首先是将"关键"对应于key，将"关键"理解为开启门锁的钥匙；然后是将"关键词"视为一种比喻性说法，是喻指那些重要的核心的词语，亦即雷蒙·威廉斯所说的"重要且相关的词"，"意味深长且具指示性的词"①。一般意义上讲，这种理解并无大碍。然而，若将"关键词"作为特定的研究对象并用之为一种特殊的阐释方法，故不能停留在对"关键词"的一般性理解，而是要从语义上追根溯源，并在此基础上作跨语际比较。在元典关键词的现代阐释之中，"关键词"不仅是特定的对象更是一种特殊的方法；而作为方法的关键词阐释，其理论要义与"关"和"键"这两个汉字的词根义以及"关键"与"KEY"的不对等译迻相关。汉语"关键"的本义是内关门户、外键鼎耳，以键闭关锁喻指器物之宝贵，而英语"KEY"则意指用钥匙开启。键闭与开启，既构成"关键词"的语义张力，又铸

---

　　① ［英］雷蒙·威廉斯：《关键词：文化与社会的词汇》，刘建基译，生活·读书·新知三联书店 2005 年版，导言第 7 页。

就"关键词阐释"的方法论密匙。中华元典关键词的古典生成与现代激活，时空定位与语用呈现，正在键闭与开启之间。

一、关键与 KEY

严格说来，用"关键"这两个汉字译迻 key 这个英语的 words 并不完全对等。汉语"关键"的本义是关锁、键闭，并无"钥匙"的义项；而 key 的基本义是钥匙，用作不及物动词是"使用钥匙（开启门锁）"，只有在用作及物动词时才有"（用钥匙）锁上"的义项。从汉语的"关键"到英语的 key，或"关"或"开"，或"闭"或"启"，一词两端，一语双义，从而形成语义冲突和阐释张力。而"关键"之所以"关键"，"关键词"之所以是"关键词"，其深层的词根性缘由与广阔的解释学空间，尽在此张力之中。研究"关键词"，首先需要找到"关键词"之"关键"的"一词两端"，亦即"键闭"与"开启"的双义共存。非如此，则无法开启"关键词"被长期键闭的语义内涵。

先说"关"。

许慎《说文解字》："关，以木横持门户也。从门，关声。"段玉裁注："凡曰关闭、曰机关、曰关白、曰关藏者皆是。"[1] 又，《墨子》一书，其《非儒下》有"季孙与邑人争门关"[2]，其《备城门》有"门植关必环锢"，清人孙诒让诂曰："植，持门直木；关，持门横木。"[3] 横直交持，万夫难

---

[1] （清）段玉裁：《说文解字注》，上海古籍出版社 1981 年版，第 590 页。

[2] （清）孙诒让撰，孙启治点校：《墨子间诂》下册，中华书局 2001 年版，第 302 页。

[3] （清）孙诒让撰，孙启治点校：《墨子间诂》下册，中华书局 2001 年版，下册第 511 页。

开。另据《吕氏春秋·慎大览第三》记载："孔子之劲，举国门之关，而不肯以力闻。"①力大之孔夫子能只手举起的，应该是关锁国都城门的巨大横木。顾炎武的《日知录》，专门有两篇讲"关"（卷之三十二《关》和卷之九《关防》），称"关者，所以拒门之木"，并引《左传》《吕氏春秋》《新书》《史记》《汉书》等书以证之，其中与"关"近义者有"门关""执关""关防"和"扃锁"，反义者有"下关""斩关""举关"等。②

次说"键"。

许慎先说"键，铉也，从金，建声。一曰车辖"，接着说"铉，所以举鼎也，从金，玄声。易谓之铉，礼谓之鼏"；而段玉裁关于"键"和"铉"则有很长一段注文："（键）谓鼎扃也。以木横关鼎耳而举之，非是则炊之鼎不可举也，故谓之关键，引申之为门户之键闭。《门部》曰，关，以木横持门户也。门之关犹鼎之铉也。"接着引用《周易》的"鼎卦"和《仪礼》的"士冠礼"详细解释许慎的"易谓之铉，礼谓之鼏"③。键又称铉，既可用作车辖，又可以横关鼎耳。就后者而言，又可以叫"鼏"或"扃"。如果没有铉或扃，鼎只能作炊具之用；而有了鼎铉或鼎扃，鼎才可以成国之法器或权柄。同为关锁或键闭，"关"是从内部（门内）横持，而"键"则是在外部横关。正是在这个意义上，段玉裁才得出"门之关犹鼎之铉"的结论。

最后说 key。

若用作形容词，key 意谓主要的，关键的，基本的，也就是 keywords 中的 key。但是，key 用作名词或不及物动词，与用作及物动词时意义恰好相反：作为名词，key 是钥匙，用作不及物动词是使用钥匙；

① 许维遹撰，梁运华整理：《吕氏春秋集释》下册，中华书局 2009 年版，第 362 页。

② 参见黄汝成集释：《日知录集释》，上海古籍出版社 2006 年版，第 524—525 页、第 1836 页。

③ （清）段玉裁：《说文解字注》，上海古籍出版社 1981 年版，第 704—705 页。

而用作及物动词时，key 是（用钥匙）锁上，是插上（栓、销子等），颇类似于汉语"关键"的门关、鼎铉及其所具有的关锁、键闭之功能。用作及物动词的 key，还有两个引申义：一是向……提供解决的线索（或答案），二是调节……音调而使其和谐。这又颇类似于古代汉语的反训。

回到汉语的"关键"。"关"之内关门户与"键"之外键鼎耳，所"关"所"键"之物，一定是非常重要非常宝贵的。老子讲"国之利器不可以示人"（《老子三十六章》），孔子也讲"唯名与器不可假于人"（《资治通鉴·周纪一·威烈王二十三年》），既然"不可以示人"或"不可假于人"，则须关锁之，键闭之；既然是键闭关锁之物，则必然是价值连城之宝，是安国定邦之器。"关键"者，此之谓也。故知"关键"之本义，以关锁键闭喻指紧要之处，与"锁钥""键铉""鼎扃""枢机"等词同义或近义。

语言的魅力在于，一个字或词不会仅有单一的义项或所指，其诸多义项之中，不仅有相近相似的，甚至有相悖相反的。前引《说文》段注释"关"之语，言及"关白"一词，此语中的"关"应释为"白"，亦即言说。《资治通鉴》有此用法，如《魏纪四》有"关不依诏"，《晋纪十九》有"关言人主"，胡三省音注皆释为"关，白也"①。这里的"关"就是说出来给别人听，而不是藏着掖着而秘不示人。"键"乃"横关鼎耳"，是要将鼎锁定，而锁定的目的是要将之高高举起。就敌方而言，则是要将这鼎夺过来据为己有，所谓"问鼎"②是也。由此可见，在"关"与"键"的原初释义中，就已然包含了反训的意味，这正如同一个 key，用作名词是"钥匙"，用作及物动词则成了"锁上"；而同样是用作及物动词，

---

① 参见宗福邦等主编：《故训汇纂》，商务印书馆 2003 年版，第 2411 页。
② 《左传·宣公三年》有"楚子问鼎之大小轻重焉"。

既可以意指"锁上"，又可以意谓"提供线索"或"调节音律"。

主张"国之利器不可以示人"的老子，却也讲"甚爱必大费，多藏必厚亡"（《老子》四十四章）。后来《庄子·胠箧》将老子的"多藏必厚亡"作了颇富喜剧味道的解读。胠箧，就是打开箱子，只是开箱的方式不是正大光明地用钥匙启开，而是小盗小窃式地从旁边撬开。人们为了防盗，将箱子锁得紧紧的，殊不知小偷一旦光顾，连箱带锁一起扛走。当然，庄子之言"胠箧"是要说明他的"窃钩者诛，窃国者为诸侯"的道家之理；但如果剥离此语的学派纷争和道德优越感，则无论窃钩者或窃国者，各自眼中的"钩"或"国"皆为宝物，而要将宝物据为己有，非密钥金匙不可。

"关键"之所以关键，就其主体性缘由而言，是双重的，即由双边（两端）形成：一边因其宝贵而关锁之、键闭之，另一边同样是因其宝贵而开启之、胠箧之。你这边关锁得愈紧，我这边胠箧的愿望愈强；反之亦然。正是在双方的较量与博弈之间，"关键"更显其关键。汉语"关键"的这一语义渊源，先天地铸成"关键词"的语义张力。

二、成长与衰亡

关键词是有生命的，无论是单个的关键词，还是相互关联或互文见义的关键词组，抑或某一文化流派的关键词系列，均有一个诞生、成长、衰亡或者再生的过程，而这个过程的总体特征表现为"键闭"与"开启"的交替。一个关键词的诞生，恰如一个新生命的开启。新生命蓬勃旺盛，茁壮成长，纵然是重重关隘，处处荆棘，也无法阻挡其生命的开启与成熟。终于，经历曲折而漫长的经典化过程而成了至理名言，从而在某一个文化谱系或某一种学科体系中获得很高的甚至是"至尊"的地位。然而，就是在此种至高无上的地位上，这个关键词被锁定了，被键闭了，所谓物极必反，亢龙有悔。若陷溺于这种键闭和关锁，该关键词的生命亦宣告完结；若要获得第二次生命，则必须借助新的阐释从"键闭"中挣脱出来，去博取新的"开启"。光阴荏苒，时运交移，中国文化元典中的诸多关键词，或消逝于历史的地平线，或穿越时空隧道而与日月同辉，其间的奥秘正在这"键闭"与"开启"之间。

《文心雕龙·宗经》篇敷赞孔子的文化功绩，称"夫子风采，溢于格言"，"圣人之情，见乎文辞"，刘勰所说的"格言""文辞"也就是我们今天所说的文化关键词。孔子师徒在精心整理六经等儒家文献之时，在忧道、论道、弘道之际，在切磋、琢磨、教学相长之日，创生、诠解并使用着元典关键词。对于先秦（原始）儒学而言，六经和诸子的时代，既是元典创制的时代，也是元典关键词创生的时代，其关键词之创生呈现出鲜明的"开启"特征。首先，此时的儒家尚未取得独尊地位，而是常常陷于遭驳斥、被辩难的处境。先是同为显学的墨家"非乐""非命""非儒"，公开挑战并否定儒家的核心价值观即关键词，后有道家的庄子借用寓言、重言和卮言讥儒、嘲儒、刺儒，又有法家的韩非子斥责"儒以文乱法"。即便到了西汉，到了董仲舒"独尊儒术"前夕，司马谈《论六家要旨》仍直言不讳地批评"儒者博而寡要，劳而少功"。在百家争鸣的文化语境下，作为百家之一的儒家，反而能以一种开放的心态去开启文化关键词的创生、阐释及语用。其次，儒家文化内部也是开放的，多元的，争鸣的，辩难的，孔子与众弟子，孔子与孟子，孟子与荀子，或者是平等对话，或者是隔（时）空论辩。比如同样是论"乐"，孔子好"古（雅）乐"，孟子重"（与民）同乐"，荀子则主张"乐合同，礼别异"。再次，作为先秦儒家的创始人，孔子自己对文化关键词的诠解及讲述既是因材施教，也是因（语）

境而异。比如"仁"这个先秦儒家的元关键词，仅在《论语》一书中就出现 109 次，孔子说"仁"，不是键闭的而是开启的，其语义因人因境而旨趣有别。后人说"仁"，如果仅仅依靠"仁者人也"或"仁者爱人"这些非语境化、非现场化的关锁式、键闭式释义，是很难得其真谛和奥义的。

从公元前 2 世纪中叶汉武帝"罢黜百家，独尊儒术"开始，儒家文化关键词的生长进入一个漫长而曲折的"键闭"与"开启"的崇替期：二者或者同时共存，或者你先我后。比如汉代经学对元典关键词的阐释，古文经是"键闭"的，今文经是"开启"，"我注六经"与"六经注我"构成经学阐释的互补。又如阳明心学对宋儒关键词的赓续，正统一脉是"键闭"的，异端一派是"开启"的，"明心见性"与"童心真性"铸就思想张力。当然，若站在现代性立场回望整个帝国时代的关键词阐释史，其"崇替"态势还是以"键闭"为总体性特征。究其缘由，一是帝国体制及其威权化政治生态，其利禄诱惑与思想钳制合谋，掌控并键闭着儒家文化关键词的话语权。二是经学至上的文化心态和对圣人及经典的偶像式崇拜，规定着依经立义的阐释路向，制约着阐释者的视域及心胸。诸如"君权神授""天人感应""三纲五常""三从四德""男尊女卑""忠孝节义"等儒家文化的关键词，不证自明且不容置疑地被语用被践行被褒奖，乃至成为帝国体制及威权政治的文化支撑。而那些原本充满生命活力和阐释多元性的儒家元典关键词，在经历长期键闭之后，变得板滞僵化、了无生机，死水微澜般地等待着新的开启。

19 世纪中叶，西方文化强势进入中国，以"德先生（民主）"、"赛先生（科学）"为代表的一大批西方文化的关键词，撞击着古老帝国横直交持的厚重门关，企图去唤醒去激活门关内被键闭的（文化关键词）生命，却遭遇了顽强的抵抗，直至 20 世纪初"五四"狂飙的突起。"五四"

运动的文化英雄们，以一种"革命"的姿态和"矫枉过正"的策略，借助外来新语改写或重释本土故词。当然，这类重释或改写难免有过激之处，如从诸多的圣贤书中读出一个关键词：吃人；又如劝告年轻人不要去读中国的古书，等等。但是，这种革命式的开启，无疑为儒家文化关键词阐释史的演进提供了一次千载难逢的机遇。更何况，"五四"中人亦有执两用中者，比如当时有人提出"打倒孔家店，救出孔夫子"，这是将儒家文化元典关键词的创生者（孔夫子），与后来的关锁键闭者（孔家店）区别对待、分而论之。《荀子·正名》："若有王者起，必将有循于旧名，有作于新名。"王先谦案曰："作者，变也。"①"五四"时期的"王者"在开启文化关键词的阐释之时，既"循于旧名"亦"作于新名"：前者是激活旧名亘古亘今的语义生命，后者则可以是新造的也可以是外来的还可以是借旧名以说新义。"博爱""仁义""诚信""敬业"这一类的旧名，其词根义并无改变，却在新的语境下被赋予现代性内涵。"人民"这个关键词，貌似旧名实为新语。传统社会，"人"与"民"是两个不同的等级。《说文解字·人部》："人，天地之性最贵者也。"②孟子讲"民贵君轻"，显然是对"君贵民贱"之社会现实的义愤和批判。现代社会常常使用的"人民"，"民"与"人"不仅同义，而且"民"之中新增了"民权""民生""民主"等现代义项，"人民"于是成为一个有着鲜明现代意识的关键词，而"民主"也由古代的"为民作主"而新变为"民为主人"。类似旧语新义的文化关键词还有"法治""教化""大同""天下""万国"等等。与之相匹配的，是一大批有着明显帝国时代之威权色彩的旧名（如前述"君权神授""三从四德"等），或者无可挽回地衰亡，或者难逃"众矢之的"的厄运。

---

① （清）王先谦撰，沈啸寰、王星贤点校：《荀子集解》下册，中华书局1988年版，第490页。

② （清）段玉裁：《说文解字注》，上海古籍出版社1981年版，第365页。

三、界定与彰显

关键词的成长，是开启与键闭的崇替；关键词的阐释，是开启与键闭的互动。键闭者，界定也：限定其使用边界，锁定其逻辑周延，指定其语义有效性。如果没有上述意义上的键闭，关键词的阐释及语用是不可能的。这正如键之于鼎，若无键铉，则鼎无法锁定更无法举起。开启者，敞开也：追溯多元词根，胪列多项词义，推演多种引申，解密多层隐喻……刘勰《文心雕龙》对文论关键词的擘肌分理一般分四个步骤，第一步就是"释名以彰义"，如果说"释名"是键定，那么"彰义"就是开启，是敞开，是疏瀹、澡雪，是去蔽、解障，是意溢于海、情满于山。

中国文化的元典关键词诞生于先秦的五经和诸子，秦汉之后，部分"诸子"如《论语》《孟子》升格为"经"，唐以后，五经扩展为十三经，且经传一体，自成系列。就元典关键词的阐释而言，大体上"经"是"键闭"式释名，而"传"是"开启"式彰义。我们以《周易》为例。《周易》的成书过程是先有八卦，次有六十四卦，然后有卦爻辞，是为"易经"；而后来的"传"之说"经"，有《系辞》上下及《说卦》《序卦》《杂卦》作整体解读，有《彖传》上下统论各卦要义，有《象传》上下分述卦爻之象，有《文言》细说乾坤二卦，合为"十翼"。对《周易》全书而言，八卦是八个元关键词，六十四卦是六十四个核心关键词，而"经"之卦爻辞和"传"之十翼则是对元关键词和核心关键词的系统性诠解和阐释。同为关键词之阐释，"经"与"传"的不同之处在于："经"之界定是键闭的、关锁的，而"传"之彰显则是开启的、多元的。

就文化关键词的创生与阐释而言，先秦元典当首推《周易》，而《周易》释词则先言"乾卦"。乾，作为《周易》的第一关键词，其"经"

之部分，对卦义的界定仅四个字：元、亨、利、贞；对爻义的界定每爻仅有一个短句，从"初九，潜龙勿用"，到"上九，亢龙有悔"。无论是卦辞还是爻辞，"经"之说"乾"均要言不繁，简洁明了，堪称《尚书·毕命》所言"辞尚体要，不唯好异"，亦即《文心雕龙·征圣》篇所言"正言所以立辩，体要所以成辞。辞成无好异之尤，辩立有断辞之义"。往大处和深处说，《周易》卦爻辞对六十四个关键词的界定，之所以能"体要""辩立"而有"断辞之义"，又与卦画爻象的时空定位相关。

《周易·系辞上》开篇便言"天尊地卑，乾坤定矣"，"乾坤定矣"落到每一卦每一爻的实处就是"时空定位"：一卦六爻，奇数为阳位，偶数为阴位，阴阳者，天地也，乾坤也，此乃空间定位；一卦六爻，由"初"而"上"，此乃时间定位。乾卦的六爻，分别象征"龙"的六种状况：潜、见（现）、乾乾/惕厉、跃、飞、亢，每一种状态都有一个特定的空间位置；六爻依次排列，又构成一种时间序列，一种动态的演进。时间的推演既在空间内完成，又坐实于具体的空间位置。《周易·彖传》将"乾"卦的这种时空定位表述为"大明终始，六位时成"，"终始"讲时间，"六位"讲空间，而"时成"讲时间在空间中的完成与显现。《庄子·天下篇》讲《易》以道阴阳"，《周易·系辞上》称"一阴一阳之谓道"。在某种意义上说，易经对所有六十四个关键词的创制，易传对所有六十四个关键词的阐释，都是从阴阳出发，又归结为阴阳，故"乾坤定矣"即时空定位是《周易》关键词阐释的一个基本的出发点或路向，也是一种基本的思维方式或言说路径。

如果说，《周易》之"经"以极抽象的符号（卦画）与极精粹的话语（卦爻辞），将六十四个关键词的要义键闭或界定于"大明终始，六时成位"，那么，《周易》之"传"则首先在广阔的宇宙（时空）中开启关键词的意义世界。《彖传》释"乾"，在时间与空间两个维度展开：就时间而言，是"时乘六龙以御天"，从春之"大哉乾元"到夏之"云行雨施"直至冬之"各正性命，保合太和"；就空间而论，是"万国咸宁"，"万物资始"。《象传》之释"乾"，既有小象传说爻，按照六爻的时空顺序，一一解密"六时成位"的象征意义；更有大象传说卦，体全卦"天行健，君子以自强不息"之要，与"坤"之大象传的"地势坤，君子以厚德载物"，整体性地揭示出《周易》"人法自然"的思想宗旨。

易传对元典关键词意义世界的开启，既在时间与空间之际，亦在天象与人事之间。乾坤二卦的大象传讲天如何、地如何、人如何，已是骈俪般地共置天象与人事；而《文言》回环反复的结构和一唱三叹的节奏，则是咏叹式地演绎人事与天象。《文言》解说"乾"的卦义和爻义，说了两轮，此之为"回环反复"；而第一轮解说六爻之义，反复了三次，此之为"一唱三叹"。《文言》第一轮的三次说爻，首次是专论六爻义理，二、三两次分别讲六爻义理中的"人事"与"天象"，借用王弼注易的话说，后两次分别是："此一章全以人事明之"；"此一章全说天气以明之"。而《文言》第二轮说"乾"之卦爻，亦是"人事"与"天气（象）"交融合和。

《文心雕龙·原道》篇："乾坤两位，独制《文言》。言之文也，天地之心哉！"不唯《文言》之中有"天地之心"，《周易》全书（全部的关键词与全部的经传释义）均以"天地"为心。无论是八经卦还是六十四别卦，其元素是阴阳二爻，其喻指是天地二象，其要旨是宇宙之义，故在此意义可以说，《周易》无卦无天地，无天地则无卦，乾坤（天地）是《周易》所有关键词的词根。因此，从根本上说，易传对关键词意义世界的开启，是从词根处进入的。六十四别卦中，有三十个卦是含有八经卦中的"乾"卦或"坤"卦，或者说是以"天"或"地"为一卦之（词）根的。比如，起首的"乾""坤"二卦分别是"乾下乾上"和"坤下坤上"，此所谓"乾坤定位"。又比如，"泰""否"二卦，一个是"乾下坤上"，一个是"坤下乾上"，二者相反相成、相生相斥地构成一种互文性，此所谓"否极泰来"。与此相类似的还有："离下乾上"的火天"同人"与"乾下离上"的天火"大有","乾下艮上"的天山"大畜"与"艮下乾上"的山天之"遁"……《周易》的诸多关键词，以"乾""坤"为词根，言说着"天地之纯，古人之大体"，从而发挥着"入神致用"的文化功能。《周易·系辞上》："极天下之赜者存乎卦，鼓天下之动者存乎辞。"可见，《周易》的关键词（卦）以及关键词之诠解（辞），既能穷尽宇宙幽深难测之理，又能鼓舞天下奋发振作之动。

刘勰讲"人文之元，肇自太极。幽赞神明，易象为先"（《文心雕龙·原道》），《周易》的关键词阐释不仅是人文之元，亦为中国文论之元。古代文论的关键词研究，其阐释方法及诠解路径，已在《周易》"经"之键闭与"传"之开启中先在性构成。需要强调的是，中国文论关键词阐释的开启与键闭，很多时候是同（文）体共（存）在的。前面讲到《说文解字》段注之"关白"，讲到《资治通鉴》胡训之"关，白也"。而关键词在具体语境中的呈现，既可以"关白"亦可以"关而不白"：前者是儒家的"辞尚体要"、"辞达而已"，后者是道家的"大音希声"、"意在言外"。比如唐末司空图的《二十四诗品》，就文化谱系而言，它属于道家文本，二十四首论诗诗是典型的"关而不白"。《四库总目提要》称司空图"深解诗理，凡分二十四品，各以韵语十二句体貌之"。司空图的"诗理"是二十四种诗歌风格及意境，亦即二十四个诗学关键词。但是，这些关键词在"韵语"（文本）中是不出场的，是关锁、键闭的：关锁、键闭于十二句韵语的诗眼、画境之中，你若将每一首韵语的诗眼、画境诗懂了，你就开启了关键词的诗理。不惟司空图，亦不惟《二十四诗品》，中国古代文论大量的论诗诗以及诗话、词话、曲话、小说评点等诗性文本，其间关键词的呈现多为开启与键闭的同体共在。

张江《强制阐释论》指出："对文本历史的理解，也就是对文本原生话语的理解，是一切理解的前提。只有在这个基础上，当下的理解才有所附着，才有对文本的当下理解。"① 我们对中国文化及文论元典的当下理解，必须建立在对其原生话语（包括元典关键词）理解的基础之上；而理解中国文化元关键词的方法论密钥及路径，正在于本章所论述的"键闭"与"开启"之间。

---

① 张江：《强制阐释论》，《文学评论》2014 年第 6 期。

第六章　志道启钥：元典关键词
之传播路径

中华元典关键词，创生于先秦两汉时期，其间与其后在"键闭"与"开启"的双向路径中被诠解被传播，而诠解的过程也就是传播的过程。本书的第四章和第五章依次讨论了元典关键词的创生路径和诠解路径，本章将讨论元典关键词的传播路径。

说到元典关键词的传播路径，必须回到本书第一章开篇明义所提出的"理论模型与实践路径"之命题。第一章讨论"实践路径"是以大学基础通识课程《人文社科经典导引》为例，而本章讨论"传播路径"则以笔者长期讲授的传统人文类课程《中国文化概论》为例。就后者而言，如何在有限的课堂时空阐释中国传统文化要义并发掘其当代价值，一直是传统人文类课程的重难点之所在。

笔者研究中国传统文论及文化并讲授《中国文化概论》已有三十多年，在长期的科研与教学实践中，不仅建构起一个元典关键词研究的理论范式，而且新创了一种"关键词讲授法"。而《中国文化概论》的"关键词讲授法"是指从中国文化中遴选出核心观念和范畴，然后按照"元生—衍生—再生"的路径追寻其从源起、通变到转义的生命历程，进而揭示中国文化的深层结构、传承机制、基本特征和人格精神，并焕发中国文化的现代生机与青春活力的教学方式。"关键词讲授法"这把金钥匙的当代编码须由师生在传递过程中共同解密，这不仅有利于教学相长、知行合一，也是贯通学术研究与教改研究的文化路径。

中国文化博大精深，源远流长，要概而论之并非易事。如何在有限的课堂时空讲出中国文化的整体精神与面貌，并发掘、阐扬其现代意义和实践价值，这是笔者承当《中国文化概论》课程后一直在思考的问题。刘勰《文心雕龙·神思篇》有云："枢机方通，则物无隐貌；关键将塞，则神有遁心。"文学创作如此，课堂教学亦然。要想通过《中国文化概论》这门课程带领学生步入中国文化的意义世界，让学生真切而深刻地把握中国文化的"神"与"貌"，并启迪学生激活传统文化的现代生命力，使之真正融入莘莘学子的青春和生命，便须将"关键词"这把神奇的金钥匙交给学生。否则，像《中国文化概论》这样既"古"又"玄"、兼具传统性与理论性的课程，极易沦为形神俱散、不着边际且大而无当的说教碎片。

一、文化解码

不同时空中的文化有不同的编码方式，文化的原生、沿生、衍生及生生不息的过程，在某种意义上说是一种编码的过程。因此，文化传播的过程实质上是一种"文化解码"的过程。上一章讨论了元典关键词的"键闭"与"开启"，键闭即为编码，开启即为解码。讲授《中国文化概论》如何解码？运用"关键词讲授法"。而作为文化传播之解码方式的"关键讲授法"，是指从中国文化元典之中遴选如"人""天""道""文"等具有代表性的元关键词，然后按照"原生—衍生—再生"的路径追寻其从源起、通变到转义的生命历程，进而揭示中国文化的深层结构、传承机制和人格精神，并发掘、阐扬中国文化的现代性与实践性的教学方式。这种方式由师生共同传递完成，不仅有利于教学相长、知行合一，也是贯通学术研究与教改研究的一条文化路径。笔者主持国家社会科学基金重大招标项目《中国文化元典关键词研究》，且研究专长是用"关键词"的方法探讨传统文化的核心范畴及观念演变。因此，在《中国文化概论》课程上讲授自己的治学心得，既可提升课堂的学术品质，又能为科研成果的转化提供青春的舞台，更能为传统人文资源的发掘和当代实践价值的重建创造汲古得新的典范。

《中国文化概论》这门课程的讲授，不仅要告诉学生何为中国文化，更重要的是在教与学的过程中唤起学生与中华民族传统人文精神的共鸣，唤起他们的文化认同和文化自觉，激活他们血脉中的文化遗传基因。枯燥的灌输和说教只会让文化离学生愈来愈远，愈来愈陌生。那么，是否有一种教学方式可以打通人与文、道与器、古与今、知与行、名与实、形与神之间的文化通路呢？或许"关键词"便是这样一种值得尝试的全新讲授法。经过长期的教改探索及实践，笔者将《中国文化概论》课程的"关键词讲授法"设计为以下三个环节。

一是关键词之遴选。如果说"关键词讲授法"是要为学生呈现一场精练精彩的中国文化蒙太奇，那么我们首先要做的就是取舍分镜头，亦即甄别、遴选中国文化关键词。在某一种文化中，唯有与人们对宇宙、社会、人生的思考密切相关，与人们对生存实践的理解频繁发生内在联系的核心因素，才可能得到语言的"加冕"，并最终成为文化的关键词。就中国文化而论，我们遴选关键词的方法具体有三：一是看"出身"，也就是看这个词是否真正出自（学界）已有定论的先秦元典；二是看"名声"，也就是看这个词在轴心时代的使用频率即知名度；三是看"寿命"，也就是看这个词是否还活在今天，活在今天的理论与实践之中，活在今天的主流文化与民间话语之中。譬如，笔者之所以精心挑选出"人""天""道""文"这四个关键词来为学生解码中国文化的代表性特征，不仅因为这些语言符号在中华民族的生存时空中频繁出场、反复回旋，更对中国文化人格精神的塑造产生了决定性的影响，是中国文化生生不息的源泉，是中国人安身立命的根柢。因此，这四者是需要为学生作重点阐释的关键词。

二是关键词之类分。"关键词"既有"一月普现一切水"式的发散效应，又有"一切水月一月摄"式的聚焦效应；既便于联想，又便于综合。为了指导学生对中国文化关键词作整体观照和系统探讨，我们采取了分派阐释的策略，亦即通过"易""儒""道""人"等关键词来"形分"中国文化，让关键词研究在周易文化、儒家文化、道家文化、人格文化等各自的范围内展开、串连；同时，我们又对各文化流派的关键词作同中有异、异中有同的呼应式解读，从经纬纵横中呈现出中国文化的总体特征和基本精神，从而把握不同流派在文化本质上的相通与"神合"。例如在课堂上，我们会为学生解读各家各派的标志性文化符号或文化旗帜，像道家之"道"、儒家之"仁"、墨家之"爱"、法家之"法"、兵家之"兵"等等，让学生真切体认中国文化各具特色的遗传因子；另一方面，我们又为学生讲授各家各派关于"天—人"关系的关键词，像道家的"法天贵真"、儒家的"尽心知天"、墨家的"天志"和"明鬼"、法家的"天命"和"人命"、兵家的"天道用兵"等等，让学生从中国天人观的丰富性、差异性与共通性中深刻感受中华民族的人文精神。再如，我们通过"儒"这个关键词将儒家文化中的诸多核心关键词串连起来，从"孔子与儒学的创立"到"儒学三期"（原始儒学、两汉经学、宋明理学）再到"儒学三义"（仁义、礼乐、内圣外王），抽丝剥茧，层层展开，以点带线，以线带面，为学生绘制出一幅条理清晰、脉络分明的树状思维导图，让学生可以更加深刻全面地领会儒学的思想精粹、理论内涵和文化魅力。

三是关键词之阐释。每一个中国文化关键词都有其生命历程。我们对关键词的讲授就好比为每个语词拍摄一部翔实的纪录片。具体而言，我们的总体阐释思路是以"词根性""坐标性"和"再生性"为标准，揭示关键词对中国文化的内在传承机制。中国文化关键词的"词根"都深深地扎在先秦元典中。例如我们为学生拈出《周易》的"文"与"象"、《论语》的"仁"、《孟子》的"义"、《荀子》的"性"、《老子》的"道"、《庄子》的"言"与"意"、《礼记》的"乐"与"和"等等，这些单音节的语词，在其所表述的特定领域之中，是最早的（本源），也是最根本的（本原），故可称为"元关键词"。凡与它们相关的术语、范畴和命题，都以它们为"词根"或者说从它们的根基上生长出来。一个关键词自诞生之后，不仅和其他的关键词共同形成"复合词"，也衍生出一系列引申义，更参与重要概念、命题的生成。在漫长的演变历程中，它既标举特定时空的文化观念和历史语境，又接续前世与后代的文化命脉，从而成为不同历史时期的文化坐标。例如在课堂上，我们曾以"体"为例，向学生展示它作为"活化石"所铭刻的文化记忆：在先秦元典中，"体"意指身体之总属、主体之认知以及与"用"相对的"本"；六朝创"体性"张扬生命风骨，三唐用"体貌"识鉴诗性品质，两宋有"文体"辨析文章种类，而清季以降则以"体用"应对中西文化冲突……一代有一代之"体"和之"所体"，不同时代以"体"为词根的关键词标识着特定时代的文化观念。在今天这个文化多元的全球化时代（或曰新轴心时代），中国文化关键词以词根性固其本，以坐标性续其脉，以再生性创其新，从而在与异域文化对话、交流的过程中获得现代转义。以"文"这个在《中国文化概论》课堂上倍受学生关注的关键词为例：如果说《易》的"天文""人文"之分、"以文教化"之用以及"文言"之美，已经在源头上赋予"文"以多元性和开放性，那么现代社会仍然频繁使用的"文明""文化""文学""文章"乃至"文体""文辞"等关键词，就先天地禀有广阔的再阐释空间以及在现代语境下转义、通约和再生的巨大潜能。

可以看到，用"关键词"的方式讲授《中国文化概论》，为当代大学生学习中国文化提供了一个很好的切入点，它不仅能让学生对中国文化既"知其然"又"知其所以然"，还能让学生以"聚焦—辐射"之势更加深广地理解中国文化的"神"与"貌"。学生掌握了关键词，就等于掌握了打开中国传统文化大门的钥匙。

为了适应新的更为多元的教学需要，也为了吸收新的更为深湛的学术成果，本课程的指定教材《中国文化概论》[①]于2014年印行最新的修订版。此次修订结合了笔者主持的国家社会科学基金重大项目《中国文化元典关键词研究》的相关理论观点，并为每一章内容都配上了"插图""思考题"和"关键词"，从而使教学内容更加深刻生动，也能更好地贴合新的教学思路和教改理念。尤其是新增的"关键词"部分，有利于培养学生的自主学习能力和实践能力，让学生可以预先提纲挈领地掌握并思考本课程的要义和精髓，与我们教学时使用的"关键词讲授法"辉映互补，从而为课堂上积极有效的师生互动奠定了坚实的基础。

二、密钥开启

《中国文化概论》的总体教学思路，是以中国文化关键词的"原创意蕴"和"现代价值"为宗旨，讲授中国文化的基本特征与核心精神，并使之融入当代青年学子的日用常行和生命实践。这就要求我们既抱持一颗纯粹澄澈的赤子之心，以无功利的态度直面传统文化；同时又坚守

---

① 笔者主编的《中国文化概论》，武汉大学出版社2005年首次出版，2014年再版。本书获中国大学出版社图书奖首届优秀教材奖一等奖。

天地良心与社会责任，用最真诚的忧患意识和人文关怀去点燃文化传统在当下的薪火相传。为此，我们在教学时力求通过"关键词"这把金钥匙来完成中国传统文化的密钥开启，从而连接古今、贯通知行，焕发出中国文化的现代生机与青春活力。

中国文化的意义世界流注于古典和当下之间，似远又近，陌生却亲切。它的古老时光与青春年华看来遥不相及，但是它的心灵和精神却代代相续、亘古亘今。《诗经·大雅·文王》中有两句诗："周虽旧邦，其命维新。""旧邦"代表文化传统；"新命"则指新的文化使命或传统文化的新发展。轴心时期最有代表性的几种文化类型，如古希腊、古罗马、巴比伦、埃及、印度等，有旧邦而无新命，有古而无今；而后轴心时代的文化强国，如美国、日本以及欧洲的一些国家，有新命而无旧邦，至少是没有像西周那样古老的旧邦：由此看来，也只有中国文化是亦新亦老。因之，中国文化的"当代编码"是可以且必要的。

在中国文化思想史上，人们常常以自觉返回轴心期"关键词"的方式来解决他们所面临的时代问题与困惑，如西汉董学之重释"天人"、魏晋玄学之重释"三玄"、唐代韩柳之重释"道"、宋代程朱之重释"理"、明代王学之重释"心"，等等。这些"重释"以其旺盛的生命力和诗意灵动的话语方式，赓续、传承、阐扬、新变着中国文化，不断为中国文化注入盎然的生机和充沛的动能，从而使得中国文化"苟日新，日日新，又日新"（《礼记·大学》）。在这个意义上可以说，中国文化关键词的阐释史，实际上就是其"当代编码"不断创生的历史。因此，作为21世纪的中国学者，作为在大学讲坛上讲授传统人文课程的教师，我们更加有责任去发掘并揭示中国文化的原创意蕴和现代价值，不仅要潜心研究关键词对中国文化的内在传承机制，还要在大学课堂上讲出这把金钥匙的"当代编码"，为中国文化的历久弥新、为当代的人文教育和价值重建尽绵薄之力。

笔者对中国传统文化之元典关键词的密钥开启，在《中国文化概论》课堂上有着较为成功的实践。与一般的"史"或"论"的讲授不同，这门课程用几个最基本、最核心的关键词将悠长厚重的中国文化串连起来，让传统文化对当下时代精神的塑造力在关键词的透视下显影，让古老的文化记忆以关键词的方式穿越到青年学子身边，并引导学生运用中国文化关键词来分析、阐释当代的文化现象，既具有青春阳光的年轻温度，又富有醇厚遥深的时代意蕴。

比如，用《周易》"言—象—意"的解卦过程提醒学生警惕当下省略语言文字而直接进入图像的"不阅读"现状，借《周易·乾卦·文言》中的"水流湿，火就燥"来调侃父母如水润下、子女如火炙上的现代年轻人"啃老"现象，以《周易》话语系统的"词根"即阳爻、阴爻对计算机技术二进制的启迪来激发学生的文化自信，借《周易》太极、两仪、四象、八卦、六十四卦的衍生序列来比喻中国文化关键词由词根性到坐标性再到转义性的演变规律，用"只争朝夕""发愤著书"的儒家精神鼓励学生趁着青春时光勤勉读书、修学储能，通过奥运冠军刘璇在平衡木下法瞬间心无旁骛、专注于"站稳"的态度让学生体会道家文化所主张的"心斋坐忘""涤除玄览""用志不分，乃凝于神"的无功利纯粹境界，以刘勰《文心雕龙》"序志篇"为范本向学生讲授开题报告的写作方法以及治学方法，从"美"字"羊大为美""羊人为美"的两种训法来解读中国文化融合事功与审美、兼综儒道的基本特征，借"龙"和 dragon 的文化悬殊来表达将中华关键词"龙"直接翻译为 Long 的主张，用李渔戏曲理论的"三一律"来分析张艺谋电影走向没落的原因，通过好莱坞电影《我盛大的希腊婚礼》中一位逢人便说"你给我一个单词——无论是英语、法语还是德语、意大利语——我都能马上告诉你，它的希腊语词根"的希腊老人所折射出的"文化症候"，来解读轴心时代兴盛灿烂的文明对人类文化与精神的原始塑造作用，等等。

又如，在"课前提问"时与学生一起探讨汉语的"文化"和英语 culture 的内涵异同，以及由此反映出的两者对"文化"的认识异同；在"课中突问"时为中国文化的元关键词"道"进行"说文解字"，指出"篆体的'道'，其义旁（辶）由'行'与'止'两部分组成，意谓在道路上行走，其常态必然是走走停停，不知止歇的行走者事实上是不存在的，因而，作为名词的'道'，它的一个重要含义就是规律与准则"；在"课间漫谈"时为儒家文化的标志性关键词"儒"追根溯源，指出"'儒'的古汉语写作'需'，是一个会意字，表示'沐浴'，那么，人为何要沐浴？准备参加祭祀活动。所以，许慎说'儒'是'术士之称'，胡适称'儒'为'殷民族的教士'，可见'儒'最早指以相礼治丧、主持祭祀为职业的文化人，而作为殷商苗裔的孔子，年轻时就是以'儒'为业的"；在"课后闲谈"时与学生一起探讨"孔子与我们"、"道与当下"、"《周易》在今天"，等等。

当同学们听到如此富有新意和创意的课程时，都赞叹不已，兴致勃勃。"我从来不知道自己可以离传统文化这么近"，课后，一位选修《中国文化概论》的工科学生如是说，"关键词让我把平时熟视无睹的东西和它的文化根源联系起来，而且便于理解、联想和记忆，就连现在流行的一些网络用语都可以从中国文化关键词上找到出处"。还有的学生在网上留言评论道："李老师的关键词教学充满了深沉的人文关怀，他对文化现状的担忧，对传统文化的热爱与激情，都令人动容，引人反思。"再如一位网名为"逍遥游"的学生"点赞"曰："能够通过关键词将理论课讲到如此深入浅出、联系当下而又诗意十足、创意十足，听来甚是享受！李老师的文化盛宴让每一个学生都不虚此行！"又如"浅歌清影"说："李老师的课就像是一篇逻辑严谨、思路缜密的论文，而课上讲的中国文化关键词就是这篇论文的 keywords；李老师的课又像是一首赏心悦目的散文诗，里面有他的热爱、忧虑与诗思。"还有的学生更是意犹未尽："每次听得正在兴头上就下课了。希望这样的学时能更多一些，我也可以把关键词的方法运用到其他课程的学习与研究上，让关键词成为我的一种思维方式。"由此可见中国文化关键词的无限魅力。恰同学少年，风华正茂，如果文化真的有心灵，那么或许只有这样的青春演绎和密钥开启，才能让它余味日新，万载心在！

三、簧门传递

中华元典关键词的"文化编码"与"密钥开启"注定要由教师和学生在传递过程中一起来共同完成，因而它也必定与传统的教学模式大异其趣。如果说课堂是由"师—生""授—受""教—学"构成的二元组合，那么理想的课堂形态应该是怎样的？你曾经一定到过这样的课堂：要么以"授"为主，老师在讲台上照本宣科地满堂灌，学生在座位上奋笔疾书地抄笔记，两者殊途，互不相干；要么过于强调"受"，课堂由学生主导，教师只作为一个权威的旁观者，最终形成"放羊式"的游戏。这两种教学模式若由孔子来点评，他或许会说：授而不受则罔，受而不授则殆，二者都逃不掉收效甚微的结局。再来看考核方法：传统的闭卷考试对于学生而言相当于背记加默写，传统的开卷考试则相当于搬运加抄写，如果考试是交一篇论文，那就更可能沦为复制加粘贴，总之大都是一篇没有生命的文字加上一个机械、刻板的分数。这样的课堂、这样的考场，教师和学生看似在时空中共处，却没有精神上的传递、分享与互动、交流，更不用说"解惑"了。万马齐喑的悲哀永远呼唤着不拘一格的创造。为了改变"授""受"分离的传统教学模式，将一厢情愿的"独白"转换为两相共鸣的"交响"，将令人昏昏欲眠的课堂转换为让人跃跃欲试的舞台，我们在《中国文化概论》课程上建构并实践了"师生传递金钥匙，共同解密关键词"的教改理念：由教师和学生在传递过程中共同解密中国文化关键词的"当代编码"，共同创造出教学相长的课堂效果和师生互进的学术成果。

黉门传道、师生传递的《中国文化概论》课堂，绝不是教师一个人的"独角戏"，学生可以和老师比肩而立，可以各抒己见，可以"唱对台戏"，也拥有随时提问、质疑的权利和义务。在这样的课堂上，往往会有意想不到的惊喜和教学相长的乐趣，或者是"柳暗花明又一村"的辩论奇遇，或者是"横看成岭侧成峰"的学术透视，或者是"众里寻它千百度，蓦然回首，那人却在灯火阑珊处"的拍案叫绝，或者是"同声相应，同气相求"的深度共鸣，或者是"如切如磋，如琢如磨"的知交砥砺，总之是师生联袂打造的精品课堂。

那么，教师和学生通过怎样的方式才能更加有效地对话和交流呢？——关键词。关键词不仅是连接古老与青春的留声机，也是连接师生的金纽带。围绕着关键词，笔者在《中国文化概论》课堂上开展了一系列的"师生传递"实践活动。

一是关键词课堂辩论。我们在《中国文化概论》课堂上共举行了四场学术辩论，辩题的设计围绕着"中国文化的现代化"进行。更为独树一帜的是，我们的学术辩论由始至终都通过关键词的方式组织起来。在教师的指导下，关键词不仅成了各辩论队场下准备时的线索和依据，也成了同学们和队友沟通、和辩友交流的独特方式，更成为了同学们临场辩论时立论、破论的策略和支点。可以看到，一方面，关键词为学术辩论提供了源源不绝的论题和谈资；另一方面，学术辩论又促成了关键词的重释、赓续、阐扬与新变。因而，关键词便于兴起和尽兴之际愈辩愈明、亦古亦新了。在这个过程中，学生的学术思辨能力、口头表达能力、自主创新能力以及团队协作能力都得到极大的锻炼与提高；同时，他们对中国文化关键词的来龙去脉、前生转世也有了身临其境般的深刻理解与现场感受。① 课后，同学们还需将他们辩论时的立场"文本化"，亦即撰写成一篇学术论文，那时，关键词也将继续作为他们的思维方式而连缀全文，并作为文章的 keywords 出现在篇首。在这样全方位的培养下，师生同台切磋，平等对话，于学术辩论中领略中国传统文化的精神魅力，以关键词为支点重新撬动传统人文学科的现代价值。

二是关键词诗性问答。师生面对面的传递和交流是诸如"慕课"等网络课程所难以企及的。《文心雕龙·物色》篇有云："情往似赠，兴来如答"。在我们的《中国文化概论》课堂上，这样的师生对话由关键词指引。例如我们在一次课前要求全班同学接力说出带有"道"字的词句，从"道德""道义"到"朝闻道夕死可矣""道可道非常道"再到"安贫乐道""任重道远"等等，在这样环环相扣的快速回答中，学生们既感受到了作为中国文化"元关键词"的"道"之内涵的开放性与多元性，又领悟到了关键词方法所具有的发散辐射效应与整体综合效应。同时，我们也注重培养学生独立思考和自主创造的能力以及联想、质疑、追问、批判、重构等思维方式。例如一位学生运用关键词的方法分析了"王道"的现代转义——如何从原始儒家的关键词转变为时下的网络流行用语；另一位同学认为可以从"style"（风格）这个词的风靡看出文化的现状与病征；还有的学生提出可以尝试通过"关键词"这个切入点来实现中国文化的现代化，更是道出了我们这门课程的题中应有之义。

---

① 多家媒体对此进行了专题报道，具体内容请参见：王怀民、邓宇晴：《武大：这个考试很不错》，《光明日报》2012 年 3 月 19 日。王怀民、邓宇晴、屈建成、侯晓霜：《考试动口不动手学术辩论竞高下》，《武汉晚报》2011 年 12 月 20 日。王怀民、邓宇晴：《武大考试出奇招期末考变身学术辩论》，《武汉晨报》2011 年 12 月 20 日。李远、王琦：《青春版古代文论——文学院将辩论引入课堂一瞥》，《武汉大学报》2011 年 11 月 25 日。黄欣雨：《课堂新血液——李建中教授采访记》，《珞珈文镜》2012 年第 3 期。

关键词既可以提升师生互动的学术品质和学理内涵，也可以融入对中国文化的诗性言说。中国文化的关键词之所以能够区别于西方文化的关键词，就在于它充盈着原始的诗性智慧，流淌着生生不息的活力。所以，我们既要教授中国文化的相关理论，也要指引学生在中国文化里诗意地栖居。例如我们于课后漫谈的时光中与学生一起接龙含"月"的诗句，让学生体认中国文化的情结与精神特征，领悟中国文化的诗性魅力。又如我们从造字的源头向学生提示关键词（如"文""体"等）的形成依据，揭开它们"近取诸身，以类万物之情"的诗意创生路径。

三是关键词新奇考卷。为了让考试"有点创新，来点创意，多点创造"，笔者发起"试卷的革命"，让考场也成为"师生传递金钥匙"的领地和"共同解密关键词"的场域。① 在《中国文化概论》课程的期末考试中，学生们需要解答的一道论述是："'仁'、'礼'、'道'、'玄'、'禅'、'悟'均为中国文化的关键词，请从中选出一个略作阐释。"《光明日报》《湖北日报》《楚天都市报》等主流媒体都对这样别出心裁的考题进行了专题报道。② 笔者曾在一次访谈中指出："关键词是当代大学生学习中国文化一个很好的切入点，掌握了它，就等于掌握了打开传统文化大门的金钥匙。题目所列的六个关键词，就包含了儒、释、道三家的核心要素，我希望学生在阐释的过程中，不仅能掌握词语的具体含义，还能透过词义了解儒、释、道文化的整体精神和面貌。这种考试方式，就是为了检

① "三创"新奇考卷的相关具体内容请参见李建中、潘链钰：《新奇考卷：变"三写"为"三创"》，《徐州工程学院学报》（社会科学版），2012 年第 1 期。

② 夏静：《武大考试现新招，学生为己出考卷》，《光明日报》2011 年 1 月 23 日。韩晓玲：《新奇考题学生喜欢　创新答案老师满意——武大文学院另类考试博喝彩》，《湖北日报》2011 年 1 月 21 日。朱玲：《武大一博导新奇考法考学生——期末考题：自拟一份本科目考试》，《楚天都市报》2011 年 1 月 15 日。朱玲：《另类考题：自拟本科目试卷》，《武汉大学报》2011 年 2 月 25 日。

验学生是不是真正的从老师手中接到了这把金钥匙。"①从学生交上来的考卷看，用关键词方式授课的效果是令人满意的，而且学生的有些观点对我们也相当有启发。比如有学生说，具有禅趣的社会，因为不被欲念所累，才会是一个真正充满生命力的社会；还有同学认为，当代社会的道德危机，在相当大程度上要归因于对"道"敬畏之情的缺失。可见，通过这样的新奇考试，不仅让笔者实现了与学生之间的互动，也是科研与教学相结合的一种尝试，更是对"师生传递金钥匙，共同解密关键词"的一次圆满实践。

陈寅恪先生说："凡解释一字即是作一部文化史。"②关键词亦然。每一个关键词都有生命，有心灵，有回忆，有未来，它连接着五千道年轮的古与今，铭刻着民族精神的积淀与追求。因此，用"关键词"方式讲授《中国文化概论》，也就是将一把神奇的金钥匙传递给学生，和他们一起谛听中国文化的青春华彩，探寻中国文化的当代境界！

---

① 李锋：《大课题进了小课堂——武汉大学本科生考试提升学术品味》[DB/OL] http://tmp.whu.edu.cn/info/1007/24920.htm，2013 年 1 月 17 日。

② 陈寅恪：《陈寅恪先生来函》，葛信益等整理：《沈兼士学术论文集》，中华书局 1986 年版，第 202 页。

第七章 汉字批评：元典关键词 研究的语言学范式

英文 paradigm 既可译为"范式"（或"范型""典型""模型"），亦可译为"范例"：前者是"综合的"用法，后者则是"局部的"用法。①本书的书名为《元典关键词研究的理论范式》，显然属于"综合的"用法；本书第一章讨论"元典关键词研究的理论模型与实践路径"，亦属于"综合的"用法。本书上编从第七章开始，将依次探讨元典关键词研究的语言学范式、阐释学范式、学术史范式和批评史范式，均属于"局部的"用法，属于"范例"，当然是托马斯·库恩（1922—1996）所说的"共有的范例"。②

作为中华元典关键词的阐释者，我们必须面对的第一个事实是：我们的研究对象是汉语，是中华元典中的一个又一个汉字。无视汉语言与西方语言的根本性差异，则可能导致"强制阐释"，故元典关键词研究避免"强制阐释"的途径之一是回归"汉字批评"，即在关键词阐释中回归汉字思维、汉字意识和汉字本位。这也就是本章所说的元典关键词

---

① 参见［美］托马斯·库恩：《科学革命的结构》（第四版），金吾伦、胡新和译，北京大学出版社 2012 年版，第 8—9 页。
② 参见［美］托马斯·库恩：《科学革命的结构》（第四版），金吾伦、胡新和译，北京大学出版社 2012 年版，第 157 页。

研究的"语言学范式"。对于既以"汉字"为研究对象又用"汉字"作书写工具的元典关键词研究而言，语言学范式无疑属于"共有的范例"。

概言之，元典关键词研究的语言学范式，可表述为"语根""语境"和"语用"。

汉语的根柢深藏在古文字（殷墟卜辞、商周铭刻、周秦籀篆）之中，需要刨"根"才能问底。从20世纪初的甲骨文，到21世纪初的清华简、上博简，每一次考古发现就是一次刨根问底。随着"新"的文字材料的不断出现，"新"的古文字被不断识认，元典关键词阐释的新景观新气象新收获便在刨"根"中不断呈现和展开。

汉语的性质是表意，意之所随者缘境而异。汉语之"表意"既无时态标识，亦不重空间定位（如前后、内外、出入等所指颇为随意），更有反训、隐喻、假借、转注、谐音之类，使得汉语的言说与解读高度语境化，若脱离语境则"不知所云"。中国文化的元典关键词"话中有话"，故阐释之时先须问"境"，先须返回语义现场，非如此不能释名彰义、敷理举统。

汉语"长寿"的秘诀在于语用，《周易》"鼓天下之动者存乎辞"是宏大之用，《文心雕龙》"'心'哉美矣，故用之焉"是微观之用。经史子集，周秦汉唐，无不因重"用"而致"用"。汉语的致"用"酿成中国文化元典关键词的致"用"，元典关键词的历史意蕴及现代价值在语用中激活，在语用中衍生、再生乃至生生不息。

一、追"根"

作为元典关键词研究的语言学范式，"汉字批评"的学理依据有三。其一，中华元典关键词的根在古文字（殷虚卜辞、商周铭刻、周秦籀篆），故元典关键词阐释须追溯字义根柢及字文化渊源，从形、声、义的不同层面诂训语根，诠释语义，演绎语义之原生、衍生、再生及生生不息，辨析本义与他义（如古代梵语与近现代西语）的博弈或格义。其二，汉语的性质是表意，意之所随者缘境而异，高度语境化决定元典关键词阐释对经典文本的高度重视，故须依据经典文本返回语义现场，于敷陈事理与摄举文统的互通中厘清元典关键词的理论内涵。其三，汉语生命力强盛以及长寿的秘诀在于常用常新，就元典关键词的语用而言，因其"通"而亘古亘今，因其"变"而日新其业，故须在会通适变之际重识元典关键词的语用生命，揭示其历史意蕴及现代价值。元典关键词孳乳于汉字语根、鲜活于语境而通变于语用，元典关键词阐释的语言学范式必然创生并通达于追根、问境和致用之际。

黄侃（1886—1935）论及"清代小学之进步"，赞其"一知求本音，二推求本字，三推求语根"①。这里的"语根"是在声韵和训诂的层面谈文字；若在文字、声韵和训诂的层面谈元典关键词阐释，则应将古文字视为中国文化的语根。张江《阐释的边界》称"文本的能指是文本阐释的出发点和落脚点"②，所谓"文本的能指"即中国文化元典的语言。元典关键词阐释的首务在于"推求语根"，这个意义上的"语根"，实则包括了黄侃所说的"本音""本字"以及最早的形、声、义对字之"本义"的规定和铸造。

文字乃经艺之本，故许慎（约56—147）解"字"说"文"皆重"推求语根"即看重"本义"。③王力（1900—1986）指出："许慎抓住字的本义，这是从根本上解决训诂的问题。本义总是一切引申义的出发点，抓住了本义，引申义也就有条不紊。本义总是代表比较原始的意义，因此，与

---

① 黄侃述，黄焯编：《文字声韵训诂笔记》，武汉大学出版社2003年版，第12页。

② 张江：《阐释的边界》，《学术界》2015年第9期。

③ 参见（清）段玉裁：《说文解字注》，上海古籍出版社1981年版，第763页。

先秦古籍就对得上口径。"① 又称"从本义可以推知许多引申义，以简驭繁，能解决一系列的问题"②。中国文论阐释，用黄侃的话说，需要"推求语根"；用刘勰（约465—521）的话说，需要"原始以表末，释名以章（彰）义"③。对于元典关键词阐释而言，不求语之"根"，不原字之"始"，则无法表其末，更无从释其名、彰其义。

试以"文学"这一汉语关键词为例。汉语文本对"文学"这一关键词的诠释，从高校教材到学术专著，从期刊论文到大众传媒，大体上是袭用20世纪以来的西方文论的定义，强调的是"文学"的审美性、虚构性和意识形态属性，依据的是三分法（现实、理想、象征）和四分法（诗歌、小说、剧本、散文）。④ 用这种从近现代西方文论引进的"文学"概念，向"前（昔）"不能解释古代文学（比如经史子集中的文学文本），向"后（今）"不能解释当下文学（比如互联网上的文学文本），从而导致"文学"这一关键词之"能指"与"所指"的分离，导致文艺学理论与文学史事实的分离。

导致"分离"的原因自然是强制阐释，是强制阐释中对汉语言与西方语言之根本性差异的无视或忽略，是关键词阐释中未能追问汉语的文字之根。"文学"的语根是"文"；那么，"文"的语根又是什么？许慎《说文解字》："文，错画也，象交文，凡文从属皆从文。"段玉裁（1735—1815）在注明"错当作逪"之后，断定"逪画者文之本义"⑤。许说和段注皆强调"文"的符号性、装饰性和结构性，似与西语"文学"的审美

---

① 王力：《中国语言学史》，中华书局2013年版，第35页。

② 王力：《中国语言学史》，中华书局2013年版，第40页。

③ 范文澜《文心雕龙注》下册，人民文学出版社1958年版，第727页。

④ 参见童庆炳主编：《文学理论教程》（第五版），高等教育出版社2015年版，第199—220页。

⑤ （清）段玉裁：《说文解字注》，上海古籍出版社1981年版，第425页。

性相契合。然而,《说文解字》所说的"文",并非"文"的语根,因而亦非"文学"的语根。"文"的语根在殷墟卜辞,而殷墟卜辞出土于19世纪末20世纪初。因而,无论是生活于1至2世纪之交的许慎,还是生活于18至19世纪之交的段玉裁,皆无缘见到甲骨文的��,无缘得知"象正立之人形,胸部有刻画之纹饰,故以文身之纹为文"①的甲骨文释义,无缘寻觅"以文身之纹为文"的"文"之本义。

《说文解字》用的是篆体,篆体的"文"字,看字形已经丢失了甲骨文"文"字上本有的胸部之纹身,因而也丢失了"文"之本义,从而在某种程度上遮蔽了"文"的语根。刨根问底,文,首先是一个动词,因为文身是一种动作,一种行为。《礼记·王制》有"被发文身",郑玄注曰:"文,谓刻其肌,以丹青涅之。"这种动作或行为有艺术味道,有创作性质,故可以说是一种艺术行为(或如今人所谓"行为艺术")。文,同时也是名词,因为文身的结果只能用"胸部有刻画之纹饰"的"文"来裸呈或确证。文,又是一个形容词,意谓文身的、文饰的、有文采的等等,类似于后来加上了"彡"的"彣"②。不同的是,"文"是文身之饰而"彣"则是以毛饰画亦即许慎"彡,毛饰画文也"③。从广义上讲,"文身"可以说是人类最早的"文学"(即"文化"创作);就文身这一文学创作活动的全过程而言,用作动词的"文"是行为或曰文学活动,用作名词的"文"是文本或曰文学作品,而用作形容词的"文"则是属性或曰文学性。由此可见,汉语"文学"的全部义项及特征,都可以在甲骨文的"文"之中寻觅到它的语根。

---

① 徐中舒主编:《甲骨文字典》,四川辞书出版社2006年版,第66页。

② 段玉裁说"彣"的本义是"彣彰",不同于"文"的本义是"遣画"(参见《说文解字注》,上海古籍出版社1981年版,第425页)。但就"文"的甲骨文语根而言,其本义与"彣"有相通之处。

③ (清)段玉裁:《说文解字注》,上海古籍出版社1981年版,第424页。

文身，作为人类最早的文学创作或文化行为，其主体与客体都是人："人"饰画其身；文身饰画于"人"的身体。我们今天常说"文学是人学"，其根柢正在于此。其一，人体与文体集于一身，人体就是文体，文体就是人体。虽然随着书写工具或媒介的进化，"文体"逐渐与"人体"分离，但二者在根柢处依然血肉相连。中国文论经常性地借"人体"来说"文体"，借人体的其异如面来说文体的风貌万千。于是，我们有了"文学文体学"和"文学风格学"。其二，文身刻画于人的胸部，亦即心之表，文乃心画心声，根于心缘于情，文自于人，文心自于人心，文学的历史是人类心灵的历史。于是，我们有了"文学心理学"。其三，文身是原始部落的人类行为，其行为动机不仅仅是装饰，更是对部落图腾的显示，故所"文"之"纹"，有明显的人类学意味。于是，我们有了"文学人类学"。其四，文身是"人为"的，更是"为人"的，既为了个体身体的美饰，亦为了不同部落的辨识，无论是在功利的还是在超功利的层面考量，"为人"的文学都具有深刻的伦理学内涵。于是，我们有了"文学伦理学"。

概言之，"以文身之纹为文"是"文"的语根，因而也是汉语"文学"的语根。无论是从《论语·先进》的"文学，子游，子夏"到《世说新语》的"文学"之门，还是从屈原（约前340—前278）的"青黄杂糅，文章烂兮"到刘勰的"声文、形文、情文"，汉语的"文学"释义从来都是与西语的定义大相径庭的。究其根由，则可以从"文学"的语根处得到合理的解释。即便是到了西方文论话语呈霸权趋势的20世纪初，我们依然能够看到以汉语的"文"为语根的"文学"释义。

章太炎（1869—1936）《国故论衡·文学总略》："文学者，以有文字著于竹帛，故谓之文。论其法式，谓之文学。"[1]"著于竹帛"的是

---

① 章太炎：《国故论衡》，上海古籍出版社2003年版，第49页。

"文"，著于龟甲兽骨和钟鼎铭器当然也是"文"，而且是更早更古更为根柢的"文"。章太炎的这一条关于"文学"的定义，表面似将"文学"与"文字学"等同，实质上是在根柢处找到了"文学"与"文字"的关联，从而部分地寻觅到了汉语"文学"的语根。

黄人（1866—1913）《普通百科新大辞典》收录"文学"词条："【文学】（文，Literature）我国文学之名，始于孔门设科，然意平列，盖以六艺为文，笃行为学。后世虽有文学之科目，然性质与今略殊。汉魏以下，始以工辞赋者为文学家，见于史则称文苑，始与今日世界所称文学者相合。叙艺文者，并容小说传奇（如《水浒》《琵琶》）。兹列欧美各国文学界说于后，以供参考。以广义言，则能以言语表出思想感情者，皆为文学。然注重在动读者之感情，必当使寻常皆可会解，是名纯文学。而欲动人感情，其文词不可不美。故文学虽与人之知意上皆有关系，而大端在美，所以美文学亦为美术之一。"[①] 黄人关于"文学"的定义，虽然受到西方近现代文学观念的影响，但他看到了汉语"文学"的特质，在一定程度上触及到了"文学"这一元典关键词的汉语语根。

二、问"境"

元典关键词的"根"深深地扎在殷墟卜辞、商周铭刻、周秦籀篆等古文字之中，故关键词阐释之首务是追"根"。根深则叶茂，叶茂则华实，中国文化元典关键词的衍生、更生、再生乃至生生不息，必定发生在具体的文本或曰具体的文本语境之中。即以上一节对"文"的刨根问底而言，如果离开了语境（如卜辞铭文、先秦元典、秦汉字书等），是

---

① 黄人：《普通百科新大辞典》子集，国学扶轮社 1911 年版，第 106 页。

根本说不清楚的。是故刘勰《文心雕龙·序志》篇要讲"振叶以寻根，观澜而索源"，不"振叶"无以寻根，不"观澜"无以索源。在某种意义上说，刘勰所讲的"叶"和"澜"是指中国文化及文论之历史的和文本的语境。福柯（1926—1984）指出："要将话语保持在它的确定性中，使话语出现在它特有的复杂中"①，张江亦认为："我们应该在那个时代的背景和语境下阐释文本的意图。超越了那个时间或时代阐释文本，以后来人的理解或感受解读文本，为当下所用，那是一种借题发挥，有明显强制和强加之嫌。"② 元典关键词阐释之语境大体上可分为两类：一是大语境即历史文化语境，二是小语境即具体的文学及文论文本。就前者而言，要追问并探求元典关键词在其演变历程之中与历朝历代之文化的关系，也就是本书前面所谈到的"历史坐标性"；就后者而论，则要追寻并返回文本语义现场。二者交相呼应，相得益彰，共同构成中国文化元典关键词阐释的"问'境'"之途。

先说大语境。创生于轴心时代的元典关键词，其语义演变已历三千余年，它们在不同朝代或时期，或标举时代风貌，或革前代之故，或鼎后代之新，均与特定历史时期的文化语境相关。先秦两汉是中国元典文化的原创和奠基期，其元典关键词的创生与这个时代从诸子争鸣到儒学独尊的文化语境密切相关。儒家元典的"礼""仁""乐""和"，道家元典的"自然""无为""虚静""忘言"，墨家元典的"兼爱""非命""尚贤""节用"，兵家元典的"军""将""攻守""计谋"……无一不是特定文化语境下的产物，故其阐释的有效性取决于历史语境的还原。魏晋南北朝儒学式微，玄学兴盛，元典关键词之新变缘于玄学之新变。从曹丕的"文气"到陆机的"缘情"到刘勰和钟嵘的系列关键词，均须在玄学语境下

---

① ［法］福柯：《知识考古学》，谢强、马月译，生活·读书·新知三联书店2003年版，第52页。

② 张江：《阐释的边界》，《学术界》2015年第9期。

方能作深度解读。唐宋金元是中国文化的多元时代，其文化及文论路径是"载道""取境"和"妙悟"的分途或并进，其文化语境则是该时段儒、道、释的三教合流。明清是中国文化的总结期，其元典关键词阐释的总归性特征是以传统文化之总汇以及经典文本之总备为语境的。近代是中国文化的转型期，此时期的元典关键词阐释带有明显的中西交通和古今交融的特征，而此特征理所当然是由"西学东渐"的时代语境所酿成。概言之，无论是在小时段还是在大时段阐释中国文论，一个别无选择的选择是问"境"。

次说小语境。如果说本章第一节所言"文学"是根本层面的关键词，那么"文体"则是基本层面的关键词，故中国文学批评史上空前绝后的理论巨制《文心雕龙》，被称为"我国的文体论"①。"文学"的语根是"文"，"文体"的语根是體。甲骨文有"身"而无"體"，《说文解字》许说概言为"體，总十二属也"，段注将"十二属"详言为人体的十二个部位，故知"体"的本义是指人的身体。②"体"，作为中国文化的元关键词可独立语用，同时又是诸多关键词的语根，后者如文体、语体、大体、体用、体性、体貌、体要、体目、体植等等。无论是独立成词抑或作为构词元素，"体"之立义皆缘"境"而生，故"体"之释义须问"境"而成。

以《文心雕龙》的诸"体"为例。刘勰在《序志》篇中论及《文心雕龙》的写作动机，先是悲叹他那个时代的文学"去圣久远，文体解散……离本弥甚，将遂讹滥"，然后赞叹"周书论辞，贵乎体要……辞训之异，宜体于要"。这一段文字中，"体"字三见，在不同的上下文（即语境之中），其词义及词性是大不相同的，若忽略其语境则难以辨察其异。"文

---

① 徐复观：《中国文学精神》，上海书店出版社 2006 年版，第 146 页。
② 参见（清）段玉裁：《说文解字注》，上海古籍出版社 1981 年版，第 166 页。

体解散"云云，"解散"的"文体"绝非指文类意义上的某一种（或多种）"体"，而是总体甚至本体意义上的整个时代的文学体统或体制，有"总体""整体""本体"之义。①"贵乎体要"或"宜体于要"，两个"体"皆用作动词，作体察、体会、体悟来讲（另有《征圣》篇四次谈到"体要"）。当然，这两种意义上的"体"均与其语根（身体）相关：前者源于其总体，后者源于其功能。

除了总体性与功能性的"体"，《文心雕龙》的"体"还有多种用法，如《征圣》篇的体用之体（"或明理以立体，或隐义以藏用"），《体性》篇的文学风格之体（"若总其归途，则数穷八体"），以及《谐隐》《丽辞》诸篇的身体之体（"体目文字"，"体植必双"等）。此外，《时序》篇有"体貌英逸"，"体貌"用作动词，有礼敬、敬重、以礼相待之义。后来纪昀（1724—1805）《四库全书总目提要》赞司空图（837—908）《二十四诗品》"各以韵语十二句体貌之"，其"体貌"也是用作动词，意谓体悟之、描绘之，其"体"之义异乎《时序》却同于《序志》。

元典关键词阐释所问之"境"，除了上述宏观之文化历史语境与微观之文本章句（即上下文）语境，还有介于二者之间的文本篇籍语境。以司马迁（前145—约前90）"发愤著书"为例。其微观语境是太史公排比的"古来圣贤，不愤不作"的八个例子；其宏观语境则是太史公所处的帝国政治及社会生活状态，其中包括家境衰败及李陵之祸。而介于二者之间的则是两个文本：《报任安书》和《史记·太史公自序》。同一个"愤"字，在两个不同的文本之中，其语义、语感、语用以及与其语根的关系并不完全相同，甚至有着虽细微却不容忽略的差异。

---

① 《文心雕龙·附会》有"才量学文，宜正体制，必以情志为神明，事义为骨髓，辞采为肌肤，宫商为声气……"，《颜氏家训·文章》有"文章当以理致为心肾，气调为筋骨，事义为皮肤，华丽为冠冕"，均以"身体"为喻，均含有"整体""总体"或"本体"之义。

《太史公自序》作为《史记》的导引性文本，承担着自言其志和自塑其人格的重要使命，故作者用很大的篇幅宣讲圣人的《春秋》大义，于此宏大语境下自谦式地描述自己的著史大业。到《自序》快要结束的时候，太史公才提到"发愤著书"，并将"愤"的内涵归结于"人皆意有所郁结，不得通其道也"。司马迁对"愤"的这种诠释，颇合于"愤"的语根义。《说文解字》有"愤，懑也"，又有"懑，烦也，从心满"，还有"闷，满也。从心，门声"，《说文》所收属于"愤"系列的字还有惆、怅、忔、㦚、怆、怛、惨、悲、恻、惜、愍、殷等等。① 这里的"愤"并非我们后来所理解的"愤怒"甚至"仇恨"，而是"懑"即郁闷、烦闷和憋闷。如果说"愤怒"的心理指向是向外的，其程度是强烈的；那么，"愤懑"的心理指向则是向内的，其程度是亚强烈的。这里的"愤"与《论语》的"不愤不启，发愤忘食"，和《楚辞·九章》的"发愤以抒情"大体相类似。

《报任安书》的"发愤著书"，其文字其例证与《太史公自序》完全相同，但由于文本语境有别，故"愤"之语义及语感大异。《报任安书》是书信体，朋友之间的交谈是坦陈的，无须掩饰或遮蔽。我们看司马迁在好朋友面前，字字血、声声泪地叙述李陵之祸和家世之衰，抒发悲怨之怒和绝望之情。在由怨怒和绝望所酿成的独特语境之下，其"愤"已远离了先秦的词根义而开启了引申义，后者颇类似于李贽的"愤书"说。晚明李卓吾《焚书》标《忠义水浒传》为"愤书"，其"愤"之所指为"愤怒"："施、罗二公身在元，心在宋，虽生元日，实愤宋事也。"显然，在这里"愤"的心理指向是朝外的，所谓"泄其愤"；"愤"的内容则事关朝野，事关古今，所谓"愤二帝之北狩"，"愤南渡之苟安"。②

---

① 参见(清) 段玉裁：《说文解字注》，上海古籍出版社 1981 年版，第 512—513 页。

② 张建业主编：《李贽全集注》第一册，社会科学文献出版社 2010 年版，第 301 页。

"发愤著书"作为中国文化及文论的一个重要命题，不同的文本中，因其语境的差异，其"愤"之语义和语态是有很大差别的，由此可知问"境"之不可或缺，又由此可知元典关键词阐释须返回历史语义现场。陈晓明指出："避免'强制阐释'的方法论途径可能就在于，更为直接地回到作品文本，从作品文本的文学性生成中激发理论要素，概括理论规律，建立理论范式及连接的形式。"①张江在谈到中西文论之差异时亦指出，"中国古代文论，从文本出发，牢牢依靠文本，得出有关文学的各种概念和理论"②。就中国文化及文论而言，其关键词研究若要避免"强制阐释"，需要返回经典文本的语义现场：讲"诗言志"须回到《尚书》和《左传》，讲元白的"讽谕"须回到《与元九书》，讲李贽的"童心"须回到《焚书·续焚书》和《藏书·续藏书》，讲"悲剧"须回到《红楼梦评论》和《人间词话》……

三、致"用"

人类轴心期五大文明（古巴比伦、古埃及、古希腊、古印度、古华夏）在其辉煌之时皆有自己的文字。而这几种古文字，今天仍在使用的唯有汉字。汉字亘古亘今，生生不息，个中缘由非常复杂，其中一个重要的因素是"用"。因其重"用"、致"用"，故方块字既没有被梵化，也没有被拉丁化，在今天更没有被欧美化。许慎《说文解字·叙》："盖文字者，经艺之本，王政之始。"③诠解经艺要用汉字，推行王政要用汉

---

① 陈晓明：《理论批评：回归汉语文学本体》，《文学评论》2015 年第 3 期。

② 李晓华：《关于"强制阐释"的追问和重建文论的思考——张江教授和王齐洲教授对话录》，《江汉论坛》2016 年第 4 期。

③ （清）段玉裁：《说文解字注》，上海古籍出版社 1981 年版，第 763 页。

字，译迻外来佛典要用汉字，元代蒙族和清代满族在得天下之后依然要用汉字……汉字在几千年的使用之中，有通有变，常用常新。陈晓明指出，汉语文学"在传统与现代、汉语言特性与现代意识、民间的原生态与现代主义小说技巧等诸多方面，可发掘的学理问题当是相当丰富复杂"①，汉语文学如此，汉语元典关键词亦然。汉字的致"用"，直接导致了中国文化及文论的致"用"，因而成为我们今天探讨元典关键词阐释之中国路径的重要内容之一。

汉字致"用"早在五经之首《周易》中就有鲜明之显现，《周易·系辞上传》既有"鼓天下之动者存乎辞"，总体上强调文辞的巨大功能和作用；又有"《易》有圣人之道四焉"分列《周易》的四大功用："以言者尚其辞，以动者尚其变，以制器者尚其象，以卜筮者尚其占。"②"尚其辞"者，重其辞也；后面的"尚其变""尚其象"和"尚其占"，实际上是说如何在不同的领域使用《周易》的文辞，故四"尚"实为一"致"：致其"用"也。

《系辞上传》将"四尚"归结为"圣人之道"，本节即以醋为例来讲元典关键词阐释之致"用"。《周易》有"形而上者谓之道"，但"道"的本义（原始义或词根义）其实是"形而下"的，即《说文解字》所释"所行道也"，"一达谓之道"③。"道"这个关键词在漫长的语义演变之中，由"形而下"上升为"形而上"，特别是在经过老庄道家的语用之后，成为一个"寂兮寥兮"具有超越性和本体论特征的元关键词。但是，即便是在老庄那里，"道"的语义演变过程及其结果，依然具有致"用"之特征。

"道"的本义为道路，由此则有三大义项。其一，凡道路皆有起点与终点，从哪里来到哪里去。"道"的此一义项上升为形而上，则为对

① 陈晓明：《理论批评：回归汉语文学本体》，《文学评论》2015 年第 3 期。

② （清）阮元校刻：《十三经注疏》上册，中华书局 1980 年版第 83、81 页。

③ （清）段玉裁：《说文解字注》，上海古籍出版社 1981 年版，第 75 页。

"本源"或"终极"的追问：我是谁，我从哪里来，我到哪里去。这一追问其实是叙事性，或者说是用叙事的方法提出追问，类似于"杨朱泣歧路"，这是关于"道"的叙事之用。其二，凡道路皆有边界与轨迹，在道上行走者不能越"界"或越"轨"，否则轻者伤身重者丧命。所谓"在道上行走"，是喻指"按规律办事"，尊重规律，恪守规则。这是关于"道"的隐喻之用。其三，不同的时代，不同的行走者，有不同的行道之方，或艰难跋涉，或安步当车，或自骋骥騄，或御使轩辕。上升为形而上，则是不同的方法或技艺。方法或技巧是拿来"用"的，用得好就成为某家某派的招牌或标志，用得不好自然是砸牌子坏名声。这是关于"道"的方法之用。

"道"之用，不仅有形下、形上之别，还有名词、动词之分。当"道"在先秦元典由形下"所行道"抽象为形上"天之道"时，就成了各家各派不得不道的关键词。道者，言说也，阐释也。《庄子·天下篇》："《诗》以道志，《书》以道事，《礼》以道行，《乐》以道和，《易》以道阴阳，《春秋》以道名分"，可见儒家是用六经说自家的"道"，正如墨家用《墨子》道自家的"道"，道家用《老子》和《庄子》道自家的道，所谓各道其道是也。

先秦诸子的文化元典，各家各道其道，各家各用其道。孔子（前551—前479）说"朝闻道，夕死可矣"（《论语·里仁》），足见"道"对于儒者是何等重要；孔子又说"吾道一以贯之"（《论语·里仁》），此语实乃中国文化"文以贯道"之元生义。作为先秦儒家文化的总结者，荀子（前313—前238）将孔儒之"道"视为文化的"管""一""归""毕"（《荀子·儒效》篇），从而开中国文化及文论"原道宗经"之先河。老子（约前571—约前471）说"上士闻道，勤而行之"（《老子·四十一章》），讲的也是道之用；而庄子（约前369—约前286）作为先秦道家文化的总结者，大讲审美创造的"神乎技"之道，诸如心斋坐忘、法天贵真、厄言日出、得意忘言等，对后世产生深远影响。

汉魏六朝文化由经学而玄学，由玄学而回归儒学，儒家的"道"始终是"体用"之"体"。两汉的屈原及楚辞批评，由刘安、司马迁的褒扬到扬雄、班固的褒贬参半，再到王逸的只褒不贬，结论不同，路径相似：将"道"用之于文学批评，并完成了"道"对文学批评的制约和规训。①刘勰《文心雕龙》以《原道》开篇，以"道"作文学本源及本体之论，其实质是重道之"用"，因重"用"而致"用"。《原道》篇讲"道沿圣以垂文，圣因文而明道，旁通而无滞，日用而不匮"，实则是两重意义上的"道"之"用"：圣人将"道"垂示为"文"，明道之文成为万世经典，此其一；明道之经典"旁通"且"日用"，既用之于文学，亦用之于军国，亦即《序志》篇所言"唯文章之用，实经典枝条，五礼资之以成，六典因之致用"。而《文心雕龙·原道》引《周易·系辞上传》"鼓天下之动者存乎辞"以终篇，又可见刘勰是将《周易》的致"用"之道一以贯之了。

唐宋两代的文化有诸多差异，但在重"道"这一点上并无二致。以唐代韩愈（768—824）为代表的儒道谱系重建者，摒除"道"的佛老成分而还原儒家先王之道。韩愈从国计民生的层面，实实在在地讨论儒道之利国利民，佛道之害国害民，从而将"文以明道"用作古文运动的理论纲领。柳宗元（773—819）论"道"更重其"用"，《答吴武陵论非国语书》提出"辅时及物之道"，将有用和有益于时代和社会作为文学创作的根本。宋代文化的"道"或"理"当然也是儒家的，北宋新古文运动继承韩柳"文以明道"之传统，如欧阳修（1007—1072）批评那种"弃百事不关心"的文士（《答吴充秀才书》），主张"知古明道而后履之以身，施之以事"（《与张秀才第二书》）。王安石（1021—1086）更是主张"所

---

① 参见黄霖、李青春、李建中主编：《中国文学理论批评史》，高等教育出版社2016年版，第76—78页。

谓文者，务为有补于事而已矣；所谓辞者，犹器之有刻镂绘画也。……要之，以适用为本，以刻镂绘画为之容而已"（《上人书》）。

到了明代，由阳明心学的心性之道，走向王学左派的百姓日用之道，后者尤其看重道之"用"。作为王学异端的代表性人物，李贽（1527—1602）用他的《焚书·续焚书》和《水浒》评点，在明代的文化及文学理论批评中，为"道"这个关键词添加了颇有异端和启蒙色彩的思想内涵。晚明的"百姓日用"之道，向上承接《周易》的忧患之道，向下开启清代三大思想家顾、黄、王的启蒙之道。清季以降，"道"之用有两个新义项值得注意。一是以"道—器（技）"博弈应对外族进攻；二是以"道—logos"对谈应对中西文化冲突。汉语的"道"既可以是名词也可以是动词，这与希腊语的 logos 正好可以互译互释。钱锺书（1910—1998）《管锥编》释《老子王弼注》的"道可道，非常道"，称"古希腊文'道'（logos）兼'理'（ratio）与'言'（oratio）两义，可以相参"①。由此亦可见，不同时代的文化典籍对"道"的不同之"道"（言说）和"用"（贯道），标识着不同时代的文化观念、认知路径和言说方式。

元典关键词阐释的致"用"，还表现在经典文本注重语用实例的列举。以文学批评文本为例，浩若烟海的历代诗话、词话、曲话、文话等批评文体，在某种意义上说是历代文学创作及批评的实例荟萃，是张江所说的"仅仅源于文学的理论"："中国古典文论的许多观点就是仅仅来源于文学，比如众人皆知的各种诗话。"他还指出："没有抽象的文学，只有具体的文本。离开具体的文本，离开对具体文学的具体分析，就没有文学的存在。无感情、无意义的符号必然导致对文学特性的消解，导致理解的神秘化。"②关键词阐释若离开了具体的文本，离开了鲜活灵动

---

① 钱锺书：《管锥编》第二册，中华书局 1979 年版，第 408 页。

② 张江：《强制阐释论》，《文学评论》2014 年第 6 期。

的例证，不仅会导致神秘虚妄，还会导致枯槁死寂。即便是编写辞典或字书也要重语用，也要多举例，"尽可能举出例证。例证是字典的血肉，没有例证的字典只是骷髅"①。同样的道理，元典关键词之阐释如果没有丰富而鲜活的语用之例证，其阐释文字也会成为无血肉无生机的骷髅。

就重视语用而言，元典关键词阐释的致"用"，与其追"根"和问"境"是密切相关且三位一体的。我们以刘勰的"风骨"阐释为例。《文心雕龙·风骨篇》阐释"风骨"，用的是"凤"还有"雉"和"鹜"作喻例。对于"风骨"而言，"凤"既是"语境"，又是"语用"，还是潜在之"语根"；就"语境"而言，以"凤"为主角的三禽，为"风骨"的出场提供了一个充满生机、洋溢诗意的禽系列语义环境；就"语用"而言，"凤"之意象则属于本节前面所归纳的"叙事""隐喻"和"方法"之用；就"语根"而言，"风骨"之语义根柢与"凤"神鸟之"八象"和"五德"相关。《说文解字》解"凤"这个字，许慎用了很长的一段文字来举例："凤，神鸟也。天老曰：'凤之像也，鹿前鹿后，蛇颈鱼尾，龙文龟背，燕颔鸡喙，五色备举。出于东方君子之国，翱翔四海之外。过昆仑，饮砥柱，濯羽弱水，莫（暮）宿风穴，见则天下大安宁。'从鸟，凡声。"②天老是黄帝的臣子，许慎引"天老曰"，将"凤"这种神鸟的外形、来历、特性、功力描述得清清楚楚，既绘形绘色，又申名申义。段注详引郭璞《山海经》说"凤"之"八象其体，五德其文"，不仅绘画其形而且撮举其义。我们今天阐释刘勰关于"风骨"的阐释，似应回到"凤"的语义现场，向前（昔）追溯许慎所引"天王曰"之用例，向后（今）重述段玉裁所引《山海经》之用例，非如此，无法窥见"风骨"之语义根柢。由此可见，追"根"、问"境"和致"用"，三者立体交叉地构成文论阐释的中国路径。

---

① 王力：《中国语言学史》，中华书局 2013 年版，第 97 页。

② （清）段玉裁：《说文解字注》，上海古籍出版社 1981 年版，第 148 页。

"一达谓之道"，行走于斯，何"道"不"达"？这正如"风骨"的阐释和阐释之阐释，寄形寓意于"凤"神鸟，从公元 1 至 2 世纪之交的许慎，到 5 至 6 世纪之交的刘勰，再到 18 至 19 世纪之交的段玉裁，再到 20 至 21 世纪之交的吾辈学人，一路走来，风清骨峻，藻耀高翔。

在论及不能用西方理论强制阐释中国文化及文论的实践及理论缘由时，张江指出了"一个基本事实"："西方语言与汉语言，无论在形式还是表达上都有根本性的差别，用西方语言的经验讨论和解决汉语言问题，在前提和基础上存在一些根本的对立。不能简单照搬，也不能离开汉语的本质特征而用西方语言的经验改造汉语。……实践证明，语言的民族性、汉语言的特殊性，是我们研究汉语、使用汉语的根本出发点，也是我们研究文学、建构中国文论的出发点。离开了这一出发点，任何理论都是妄论。"① 索绪尔（1857—1913）《普通语言学教程》将汉字归入"表意体系"，随后宣称他的研究"只限于表音体系"②；当我们别无选择地要用汉字阐释中国文化元典关键词时，首先需要回答的却是：作为"表意体系"的汉字，其根本性特征是什么？而紧随其后的追问则是：由汉字的特征所决定的元典关键词阐释的路径何在？汉字的语根太深，故须追"根"；汉字的语境太重要，故须问"境"；汉字的语用是其长寿秘诀，故须致"用"。由追"根"而问"境"，由问"境"而致"用"，或可建构起元典关键词研究的语言学范式，而这"共有的范例"实质是元典关键词阐释的中国路径。

---

① 张江：《当代西方文论若干问题的辨识——兼及中国文论重建》，《中国社会科学》2014 年第 5 期。

② ［瑞士］费尔迪南·德·索绪尔：《普通语言学教程》，高名凯译，商务印书馆 1980 年版，第 50—51 页。

第八章　通义批评：元典关键词
研究的阐释学范式

　　阐释学作为一种学术理论是从西方传入的，阐释学（Hermeneutics）的希腊语词根是 Hermes（赫尔墨斯），古希腊神话中赫尔墨斯是诸神的信使，用汉语表述或可说"赫尔墨斯"是"通义"之使者。作为元典关键词研究的一种范式，阐释学与上一章所讨论的语言学密切相关，这是因为，第一，任何一种阐释都是用语言来阐释，无语言则无阐释；第二，"元典关键词研究"这种阐释行为，又是用语言阐释语言。德国语言学家洪堡特（Wilhelm von Humboldt，1767—1835）指出，"民族的语言即民族的精神"①，语言是一种世界观，用不同的语言来阐释不同的对象时，其观念和方法有很大差别。德国阐释学家伽达默尔（Hans-Georg Gadamer，1900—2002）也指出："能被理解的存在就是语言"②，世界只有进入语言才能表现为我们的世界。因此阐释学要从语言讲起，汉语阐释学须从语言层面切入方能建立自己的理论和方法。在这个意义上也可以说，元典关键词研

---

　　① ［德］威廉·冯·洪堡特：《论人类语言结构的差异及其对人类精神发展的影响》，姚小平译，商务印书馆 2009 年版，第 52 页。
　　② ［德］汉斯-格奥尔格·伽达默尔：《真理与方法哲学诠释学的基本特征》上册，洪汉鼎译，上海译文出版社 1999 年版，第 10 页。

究的阐释学范式与语言学范式是你中有我，我中有你的。而这一点，又从一个特定的层面说明，托马斯·库恩所力推的"范式"确乎为"共有的范例"。

西方阐释学的根基在于对《圣经》的阐释，汉语阐释学的根柢在经学和小学，具体表现为古文字学和古典经学学意义上的"通义批评"。何为"通义批评"？会通、变通其义以臻通达、通透之义。细言之又有两层内涵：其一，"通"作为阐释行为可以理解为"会通"和"变通"：汉语阐释学的诸多经典文本如集解、集注、汇校、汇释等，将不同时空的阐释文字汇集一处，此之谓"会通"；而汉语阐释学的另一类文本如匡谬、异同、然否、辨正等，在会通之时又重在指讹证伪，如墨子之非命非乐和荀子之非十二子，此之谓"变通"。其二，"通"作为阐释结果可理解为"通达"和"通透"：前者就广度而言，或苞举宇宙或弥纶群言；后者就深度而言，或擘肌分理或深识鉴奥。

元典关键词阐释古已有之，古典阐释的主体是圣人和君子，圣者通也，君子不器，以道术为己任，见天地之纯、古人之大体。古典阐释的最高境界是六通四辟、弥纶群言、"大著述者必深于博雅"。元典关键词阐释的目标是要跨越文字、文献、语境三重障碍以"通天下之不通"，故阐释路径须通义于词根、通汇于文献、通变于语境。元典关键词之古典阐释的"通义批评"对后世产生了广泛而深刻的影响，就中国传统文论的三大批评文体而言，"评点"批评与圣人平等对话、与作者惺惺相惜和用力之久而豁然贯通，"诗话"批评通于经部之小学、史部之传记和子部之杂家，而"论诗诗"批评则是直通之"赋"、显通之"比"和隐通之"兴"的诗性融合。"通义批评"作为元典关键词研究的阐释学范式，其语言本位、跨界思维和互文方式，可以为全球化时代的文学批评提供重要的启示和借鉴。

一、会通之义大矣哉

汉语阐释的"通义批评"弥漫于经史子集；就史部而言，张舜徽（1911—1992）尤其推崇三部带"通"字的典籍（《史通》《通志》和《文史通义》），三书之中又特重郑樵（1104—1162）《通志》，称"二千年间，论史才之雄伟，继司马迁而起者，则有郑樵"①。郑樵《通志总序》开篇明义：

> 百川异趋，必会于海，然后九州无浸淫之患；万国殊途，必通诸夏，然后八荒无壅滞之忧。会通之义大矣哉！②

郑樵认为，自有书契以来，能识"会通"之义者，孔子为第一人："惟仲尼以天纵之圣，故总《诗》《书》《礼》《乐》而会于一手，然后能同天下之文；贯二帝三王而通为一家，然后能极古今之变。"③如果说汉语阐释之"通义批评"以儒家经典为最早的阐释对象，那么孔子当为最早的阐释主体，或者说是"始祖"级别的阐释大师。在这里，我们看到"通义"（或"会通之义"）与"圣人"的天然联系。

许慎（约58—149）《说文解字》训"圣"为"通"："圣，通也。从耳，呈声。"段玉裁（1735—1815）注亦谓"圣，通而先识"，"一事精通，亦得谓之圣"；《说文》又训"通"为"达"，并称"一达谓之道"。④ 先

---

① 张舜徽：《周秦道论发微 史学三书平议》，华中师范大学出版社2005年版，第485页。

② （宋）郑樵：《通志》第一册，中华书局1987年版，第1页。

③ （宋）郑樵：《通志》第一册，中华书局1987年版，第1页。

④ （清）段玉裁：《说文解字注》，上海古籍出版社1981年版，第592、71、75页。

秦两汉的典籍常将"圣人"与"会通""通"或"道"联系在一起，如《周易·系辞》有"圣人有以见天下之动，而观其会通，以行其典礼"①，《庄子·天下》则称"圣人"是无所不通的："以天为宗，以德为本，以道为门，兆于变化，谓之圣人。"②班固（32—92）《白虎通义》专辟《圣人》篇，对"圣人"的定义颇为周详：

圣人者何？圣者，通也，道也，声也。道无所不通，明无所不照，闻声知情，与天地合德，日月合明，四时合序，鬼神合吉凶。③

班固以"通""道"训"圣"，既续《周易》"观其会通"和《庄子》"以道为门"之脉，又开许慎"圣，通也"、"通，达也"之先。

当然，总会诗书礼乐、贯通二帝三王的孔子从未以"圣人"自居，孔子生前讲得最多的是"君子"。故作为汉语阐释的早期主体，"君子"与"圣人"一样，也是与"通"相通的。《周易·同人·象传》有"唯君子为能通天下之志"④，《庄子·天下》有"以仁为恩，以义为理，以礼为行，以乐为和，薰然慈仁，谓之君子"⑤，而《论语·为政》的"君子不器"更是关于阐释主体之"通"的经典命题，也是汉语阐释学的一个非常普遍的思想。朱熹《论语集注》这样解释"君子不器"：

① （清）阮元校刻：《十三经注疏》上册，中华书局1980年版，第83页。

② （清）郭庆藩撰，王孝鱼点校：《庄子集释》第四册，中华书局1961年版，第1066页。

③ （清）陈立撰，吴则虞点校：《白虎通疏证》上册，中华书局1994年版，第334页。

④ （清）阮元校刻：《十三经注疏》上册，中华书局1980年版，第29页。

⑤ （清）郭庆藩撰，王孝鱼点校：《庄子集释》第四册，中华书局1961年版，第1066页。

器者，各适其用而不能相通。成德之士，体无不具，故用无不周，非特为一才一艺而已。①

可见朱熹对"君子"的界定也明显包含了"通"之内涵。《礼记·学记》也讲"君子大德不官，大道不器"②，大的才德不仅仅是专治一种官务，大的道理不仅仅是涵盖一种事物。圣人和君子都是通者，达者，通达于大德大道者。

《礼记·乐记》论"乐"，除了八篇纯粹的理论性阐释，还有三篇叙事性阐释：《魏文侯问于子夏》《宾牟贾侍坐于孔子》和《子赣见师乙》。三位儒家音乐理论的阐释主体，孔子是"圣人"，子夏和师乙是"君子"；无论是圣人还是君子，三人的共通之处是"通"：既能通义于"声、音、乐"之道，亦能通晓于乐本、乐言、乐象和乐器，更通达于乐礼、乐施和乐化。是故《礼记·乐记》先讲"乐者，通伦理者也"，后讲"唯君子为能知乐"③。

完整的阐释学范式已然包含三大要素：阐释主体，阐释对象，阐释目标（或曰欲臻境界）。在汉语阐释学的"通义批评"之中，这三者无一不与"通"相关，无一不以"通义"为关键词。作为阐释主体的圣人或君子之"通"已如前述；作为阐释对象的"通"，从来就是汉语阐释学的题中之义。在"分科治学"的时代，我们能够很轻松也是很便利地将阐释对象作学科之囿别区分，但在漫长的前学科时代，汉语阐释学的对象是《庄子·天下篇》所标举的"六通四辟"：

古之人其备乎！配神明，醇天地，育万物，和天下，泽及

---

① （宋）朱熹撰：《四书章句集注》，中华书局1983年版，第57页。
② （清）阮元校刻：《十三经注疏》下册，中华书局1980年版，第1525页。
③ （清）阮元校刻：《十三经注疏》下册，中华书局1980年版，第1528页。

百姓，明于本数，系于末度，六通四辟，小大精粗，其运无乎不在。①

成玄英疏"六通四辟"为"通六合以遨游，法四时而变化"②，"六合"乃"上下"加"四方"，"四时"乃春夏秋冬：前者为"空"，后者为"时"，"六通四辟"为时空之通。《庄子·天下篇》这里所描述的是"治方术"之前的"道术"时代，道术时代的阐释对象是整个时空，是"见天地之纯，古人之大体"③；即使是道术裂变为方术之后的诸子百家时代，各家各派在阐释自家学术之时，大体上也是要六通四辟的，如道家之论"道"，名家之论"名"，阴阳家之论"阴阳"。

人在天地之间，而特定的人只能生活于或存在于特定的时空之中，阐释学范式的最大功能或作用之一，是要超越时空对阐释者的限制从而使阐释对象"六通四辟"。刘勰无疑是"方术"时代的阐释主体，他的《文心雕龙》也被《四库总目提要》归于集部之诗文评。但是，"原道"的刘勰，他的阐释对象绝不是仅限于"诗文"，他的阐释对象是"自然之道"，是"弥纶群言"。而正是这一点，使得刘勰超越了他之前和之后的所用文论家，从而成就了《文心雕龙》的体大思精和博观雅识。

郑樵《通志·总序》有"大著述者，必深于博雅"④，将"博雅"视为"会通之义"的最高境界。⑤ 就史学阐释而论，郑樵认为"自《春秋》

----

① （清）郭庆藩撰，王孝鱼点校：《庄子集释》第四册，中华书局1961年版，第1067页。

② （清）郭庆藩撰，王孝鱼点校：《庄子集释》第四册，中华书局1961年版，第1068页。

③ （清）郭庆藩撰，王孝鱼点校：《庄子集释》第四册，中华书局1961年版，第1069页。

④ （宋）郑樵：《通志》第一册，中华书局1987年版，第1页。

⑤ "博雅"也是一个元典关键词，本书第十三章专门阐释"博雅"。

之后，惟《史记》擅制作之规模。不幸班固非其人，遂失会通之旨"。郑樵甚至认为司马迁也未能达到"博雅"境界：因当迁之时，得书之路未广，故"博不足也"；又因迁采前人之书多用旧文，间以俚语，故"雅不足也"。① 失博雅之境界的另一个原因，还可能是阐释主体因长期的专门训练而染上馆阁之习气，用今天的话说是受到"学科"（或"专业"）的"规训"②。比如《史通》的著者刘知几，其著虽名"通"，但"诋诃前贤，语伤刻覈"③，颇失会通之旨趣，颇伤博雅之高致。究其原因，是因为刘知几在唐代的史馆内受了长期的专门的"规训"。刘知几著《史通》是受到刘勰《文心雕龙》的影响，但子玄之论"史"较之彦和之论"文"，博不足也，雅不足也。

刘勰《文心雕龙》论体性风格首标"典雅"，论鉴赏批评尤重"博见"，所谓"春台熙众人，乐饵止过客"实为博雅之境界。与"知音君子"相反，文学的鉴赏与阐释者之中不乏"深废浅售"的"俗监之迷者"。章学诚《文史通义》也谈到君子之通的反面：横通。何为"横通"？章学诚以"贩书老贾"和"琴工碑匠"为例阐释"横通"之人的特征：这一类人因职业的关系，经常与博雅之士打交道，耳濡目染之后也能一知半解甚至看似无所不知；但终究是"胸无智珠，则道听途说，根底之浅陋"，完全不同于通人的"四冲八达，无所不至"；而这种"不可四冲八达，不可达于大道，而亦不得不谓之通，是谓横通"。④ 横通之人，虽有可取或可用之处，然因无通脱之大器，无通畅之心胸，而终失博雅之境界。

---

① （宋）郑樵：《通志》第一册，中华书局 1987 年版，第 1 页。

② "规训"和"学科"在英语里面是同一个单词："discipline"。

③ 张舜徽：《周秦道论发微 史学三书平议》，华中师范大学出版社 2005 年版，第 344 页。

④ （清）章学诚撰，叶瑛校注：《文史通义校注》上册，中华书局 1985 年版，第 389 页。

二、通天下之不通

圣者，通也；通者，达也；一达谓之道。圣人君子，六通四辟，以道为门，以博雅为境，故元典关键词之阐释学范式的主体、对象和境界，统合于"通"，贯义于"通"。"《说文》训通为达，自此之彼之谓也。通者，所以通天下之不通也。"①"自此之彼"既非坦途亦无捷径，而是坎坷曲折，障碍重重（前述"横通"即为障碍之一），因而元典关键词阐释的任务就是"通天下之不通"；换言之，元典关键词之阐释学范式就是要为"通天下之不通"提供独特的方法或路径。

汉语阐释学的历史上，最早有文字记载的"通"之障碍是《尚书·周书·吕刑》的"绝地天通"："乃命重、黎，绝地天通，罔有降格。"孔安国传曰："重即羲，黎即和。尧命羲、和世掌天地四时之官，使人神不扰，各得其序，是谓绝地天通。言天神无有降地，地祇不至于天，明不相干。"②"天神"与"地祇"可视为最早的职业分工，而"人神不扰""明不相干"则是要求各专其门，各司其业，互不相扰，互不相通。诚如章学诚《文史通义》所言：

> 先王惧世有蓻治，于是乎以人官分职，绝不为通，而严畔援之防焉。自六卿分典，五史治书，学专其师，官守其法，是绝地天通之义焉。③

---

① （清）章学诚撰，叶瑛校注：《文史通义校注》上册，中华书局1985年版，第377页。

② （清）阮元校刻：《十三经注疏》上册，中华书局1980年版，第248页。

③ （清）章学诚撰，叶瑛校注：《文史通义校注》上册，中华书局1985年版，第372页。

"人官分职，绝不为通"，无论"为政"还是"问学"皆无例外。在这个意义上说，《庄子·天下》篇所悲叹的"道术将为天下裂"是不可避免的。但是，"绝地天通"式的专业分工毕竟给后世的元典关键词阐释制造了障碍，带来了弊端，从而为阐释学范式提出了"通天下之不通"的课题。伽达默尔指出："根据原先的定义，解释学是一种澄清的艺术，它通过我们的解释努力转达我们在传统中遇到的人们所说的东西。凡在人们所说的东西不能直接被我们理解之处，解释学就开始起作用。"① 所谓"不能直接被我们理解"即为"自此之彼"途中的障碍，即为"通义"途中的阻隔。

以经学和小学为根柢的元典关键词之阐释学范式，其"会通"之障碍有三：文字、文献和语境。三重障碍恰如三座大山，躺在"自此之彼"的途中从而形成种种的"不通"；而"通义批评"作为一种方法，则是帮助阐释者翻越这三座大山，自此之彼，以达通透之义，以臻博雅之境，"通天下之不通"。

黄侃（1886—1935）论及"清代小学之进步"，赞其"一知求本音，二推求本字，三推求语根"②。黄侃的"推求语根"偏重于"本音"和"本字"，是声韵和训诂意义上的。若综合黄侃所言之"三求"，则应将古文字视为汉语阐释的语根，而"通义于语根"则是阐释学范式跨越文字障碍之首务。清代大思想家戴震《与是仲明论学书》指出：

> 经之至者道也，所以明道者词也，所以成词者字也。由字以通其词，由词以通其道，必有渐。③

---

① ［德］汉斯-格奥尔格·伽达默尔：《哲学解释学》，夏镇平、宋建平译，上海译文出版社 2004 年版，第 100 页。

② 黄侃述，黄焯编：《文字声韵训诂笔记》，武汉大学出版社 2003 年版，第 12 页。

③ （清）戴震：《戴震集》，上海古籍出版社 2009 年版，第 183 页。

戴震以儒家元典为阐释对象，以"明道"为阐释目标，以"字以通词，词以通道"为阐释路径或方法，其《孟子字义疏证》择取《孟子》的八个关键字（道、理、才、性等），寻觅其根，疏证其义，通晓其理，彰明其道。如果说道之根在词，词之根在义，而戴震的《孟子字义疏证》则是元典关键词阐释中"通义于词根"之典范或范式。

通义于词根是汉语阐释学范式的传统，早在先秦诸子时代，就有《墨子》的"经"和"经学"，《韩非子》的"解老"和"喻老"开"词以通道"之先。汉学有班固的《白虎通义》，宋学有陈淳的《北溪字义》，通义于词根一以贯之。汉语阐释学以经学为本，而经学又以小学（文字学）为根，若不借助小学则无法通义于词根，义理之阐释亦无从谈起，是故章学诚称"《尔雅》治训诂，小学明六书，通之谓也"①。

汉语的词根很深，深深地扎在殷墟卜辞、商周铭刻、周秦籀篆之中，故汉语阐释学之首务在追溯字义根柢，从形、声、义的不同层面诂训语根，诠释语义，演绎语义之创生、衍生、再生，辨析本义与他义（如古代梵语与近现代西语）的博弈或格义。通义于词根而通变于语用，因其通而亘古亘今，因其变而日新其业，在会通适变之际重识元典关键词之语义的词根性、坐标性、转义性和再生性。

就元典关键词之阐释过程而言，先是借"通义于语根"而进入文本（元典及阐释元典之历代典籍）；就文本的形成而言，无论是元典还是阐释元典的典籍，汉语文献并不是单一的，而是不断累加的，如滚雪球一般，越滚越庞大，越滚越厚重。早期的阐释学（如元典的创制及解读），可资借鉴或征引的文献太少甚至绝无，阐释主体所能面对的只能是宇宙、社会和人生。可以想象，周文王狱中演《周易》时，他能征引

---

① （清）章学诚撰，叶瑛校注：《文史通义校注》上册，中华书局 1985 年版，第 377 页。

何种文献?《诗经》匿名的原创者和采集者,他们能援引何书何辞入诗?所以章学诚要说"读《易》如无《书》,读《书》如无《诗》"①了。唐人李翱《答朱载言书》早已指出:"六经之词也,创意造言,皆不相师。故其读《春秋》也,如未尝有《诗》也;其读《诗》也,如未尝有《易》也;其读《易》也,如未尝有《书》也。"②元典之中,"经"之词虽各不相师,"传"之言却多有互文:《春秋》无《诗》,但《左传》有《诗》;《诗》无《易》,但《毛诗》有《易》;《易》无《书》,但《易传》有《书》。如果说元典的创制尚无须亦不可能通义于文献,而对元典及元典关键词的阐释或阐释之阐释或阐释之阐释之阐释则别无选择地要通义于文献。

阐释学上的文献,既是阐释的对象,又是阐释本身。比如儒家的五经,先秦两汉时期,"经"的部分无疑是阐释对象,而"传"或"记"的部分则是阐释本身。两汉之后,在经学的漫长的阐释过程中,"传"或"记"又成了阐释对象,在此基础之上,又形成了新的阐释文本。这样一直累加下去,越加越多,越累越厚,阐释学的历史形成于斯,阐释学的厚重亦形成于斯。在这样一个不断累加的过程之中,"文献",始终扮演着重要的角色。

作为阐释对象的汉语文献,形成于历朝历代的不断累积,形成于历朝历代阐释者对前人阐释的再阐释。因此,每一个时代的阐释者在进入特定的阐释对象之时,他所面对的必定是层层累积而成的多层次的复杂文本,故"通汇于文献"则为阐释学范式的必由之路。研究庄子关键词,必须进入《庄子》文本;如何进入《庄子》文本?除了"通汇于文献"则别无他途。以中华书局出版的清人郭庆藩撰、今人王孝鱼点校的《庄

---

① (清)章学诚撰,叶瑛校注:《文史通义校注》上册,中华书局 1985 年版,第 377 页。

② (清)董诰等编:《全唐文》第七册,中华书局 1983 年版,第 6411 页。李翱:《答朱载言书》,见《四部丛刊·李文公集·卷六》,商务印书馆 1936 年版,第 8 页。

子集释》为例，其文本构成至少有六个层次：

一是本文。如《庄子·逍遥游》原文："若夫乘天地之正，而御六气之辩，以游无穷者，彼且恶乎待哉！"

二是原注。郭象注："夫唯与物冥而循大变者，为能无待而常通。"

三是成疏。成玄英疏："言无待圣人，虚怀体道，故能乘两仪之正理，顺万物之自然，御六气以逍遥，混群灵以变化。"

四是陆释。陆德明经典释文："'六气'，司马云：阴阳风雨晦明也。"

五是郭按。郭庆藩按："六气之说，聚讼纷如，莫衷一是。愚谓有二说焉：一，《洪范》雨旸燠寒风时为六气也。……一，六气即六情也。"

六是王校。王孝鱼点校："唐写本无'而'字。"①

原文、原注，再加上成疏、陆释、郭按和王校，六个部分既叠加累积为一个层级式结构，又交织错杂成一个网状式框架：后者是逻辑的，以义项重轻为经；前者是历史的，以时代先后为纬。二者立体交叉，既有相生相济的互文性，又有相斥相悖的对抗性。阐释主体如果不能凭借厚实的考据功底、睿智的义理识见和优良的辞章素养而"通义于文献"，则极有可能如《文心雕龙·知音》篇所言"信伪迷真""谬欲论文"，以至"深废浅售""轻言负诮"。

对于阐释者的义理而言，特定的文献构成特定的阐释语境。在这个意义上可以说，文献的累积或叠加也是语境的累积和叠加。只不过"语境"的概念较之"文献"更为复杂一些。首先，汉语是一种高度语境化的文字。汉语的性质是表意，意之所随者缘"境"而异。汉语之"表意"既无时态标识，亦不重空间定位（如前后、内外、出入等所指颇为随意），更有反训、隐喻、假借、转注、谐音之类，使得汉语的言说与

---

① （清）郭庆藩撰，王孝鱼点校：《庄子集释》第一册，中华书局 1961 年版，第 17—21 页。

阐释高度语境化，若脱离语境则"不知所云"。汉语阐释学"话中有话"，故阐释之时先须问"境"，非如此不能释名彰义、敷理举统。其次，汉语阐释学的"语境"既有历史的又有文本的，而"历史语境"又可细分为时代语境、社会语境、师门语境、家族语境等，"文本语境"又可细分为篇体语境、章句语境、修辞语境等。更让人纠结的是，无论是历史语境还是文本语境，都是既有"在场（或现场）"的也有"不在场（或隐藏）"的。凡此种种，构成阐释学的重重障碍，阐释主体若不能"通汇于语境"则举步维艰甚至寸步难行。

如何突破语境的障碍？我们以对《史记》关键词"发愤著书"的阐释为例。"发愤著书"是中国文化元典的一个非常著名关键词，但很少有人注意到这个关键词在司马迁的笔下出现过两次，而这两次的语境是不同的，因而其含义也是有差别的。一次是在《史记·太史公自序》中，司马迁在宣讲《春秋》圣义的宏大语境下自陈述其著史大业和宏远志向；另一次是在《报任少卿书》中，他在写给友朋尺牍的私人语境下发抒悲怨之怒和绝望之情。在《太史公自序》的宏大语境下，"发愤著书"是自强，是弘毅，是经国之大业，是不朽之盛事。而在《报任少卿书》的私人语境下，"发愤著书"是哀怨，是悲泣，是对形秽身残、心碎神伤的咀嚼，是对家族不幸、命运坎懔的陷溺。在私人语境中，我们看到的是司马迁在遭受腐刑之后的自卑、痛苦和难以名状的心理焦虑，我们感受到的是太史公情感的强度和心灵的韧性。而在宏大语境中，我们看到的是一位伟大历史学家对"自卑"的超越，体会到的是超越之后的"究天人之际，通古今之变，成一家之言"。后司马迁时代的阐释者，若不能"通变于语境"（亦即只关注某一种语境），是无法得"发愤著书"之大体和真谛的。

美国汉学家、哈佛大学教授宇文所安（Stephen Owen），在对《文心雕龙》的阐释之中，也注意到语境的复杂和多元。宇文所安认为《文心雕龙》有两个"作者"：刘勰和骈文；而这两个"作者"常常会争吵会打架。比如，关于"情采"问题，生活在南朝的刘勰，对他那个当代文学的"采丽竞繁"和"繁采寡情"是有切肤之痛的，因此他的文学主张是重情的。但是，刘勰是用骈体写作，他必然受制于骈文这一话语机器的"对句"机制，在行文中必须要讲求对仗而不能偏执于一端，这使得他不得不在重"情"的同时也要重"采"，所谓"雕缛成体"，所谓"情经辞纬"。① 宇文所安实际上是注意到了《文心雕龙》的双重语境（历史语境与文本语境），看到了两种语境之间的冲突和矛盾，并在两种语境的张力之间作出了独具创意的阐释。刘勰作为元典关键词的阐释者，他的方法是"擘肌分理，惟务折衷"；而我们作为刘勰《文心雕龙》关键词的阐释者，只有"通变于语境"，才能在历史与文本的互通之中，在敷陈事理与摄举文统的互通之中，厘清刘勰文论思想的语义内涵，透过辞章之语表而得义理之精华。

三、变而通之以尽利

以"通义批评"为核心的元典关键词研究之阐释学范式，其思想与方法是跨越文字、文献、语境三重障碍以"通天下之不通"，故阐释路径须通义于词根、通汇于文献、通变于语境。《周易·系辞》有"变而通之以尽利"②，汉语阐释学范式的"通义批评"，给中国文化元典关键词研究带来了"元、亨、利、贞"，对后世的传统文化研究和传统文学理论批评产生了广泛而深刻的影响。以中国传统文论的三大批评文体为例，"评点"批评与圣人平等对话、与作者惺惺相惜和用力之久而豁然

---

① 参见〔美〕宇文所安：《他山的石头记（宇文所安自选集）》，田晓菲译，江苏人民出版社 2003 年版，第 110—137 页。

② （清）阮元校刻：《十三经注疏》上册，中华书局 1980 年版，第 82 页。

贯通，"诗话"批评通于经部之小学、史部之传记和子部之杂家，而"论诗诗"批评则是"赋"之直通、"比"之显通和"兴"之隐通的诗性融合。汉语阐释学"通义"的语言本位、跨界思维和互文方式，可以为全球化时代的文学批评提供重要的启示和借鉴。

先说"评点"。

广义上的"评点"是汉语阐释学范式"常用"的方法，其"常"历史悠久，其"用"范围宽广。古文《尚书》每篇之前的孔序，可视为仲尼对书经的评点；《周易》的彖传和象传，可视为对六十四经卦（或曰《易》之核心关键词）的评点；《论语》所叙孔子师徒的"因诗及事"和"因事及诗"，则是最早的也是严格意义上的《诗经》评点。而孔门说诗，则是狭义"评点"（亦即诗文评点）之滥觞。中国文学理论批评史上，诗文评点盛于宋代，小说评点盛于明朝，戏曲评点盛于明清之际。而无论是以何种文体为阐释对象的评点，均与早期的经学阐释学范式有相"通"的一面。

评点式的经学阐释学范例，首要特征是对话式。阐释主体对阐释对象并不取仰视姿态，而是平等对话，其具体方式或者是《左传》式的"赋诗言志"，或者是孟子式的"以意逆志"，或者是董仲舒式的"断章取义"。元典时代的阐释者对元典创制者（圣人）的平等态度，成为后来小说戏曲评点者的阐释学资源。李贽以童心真性评点《忠义水浒传》，以为"天下之至文，未有不出于童心焉者也……故吾因是而有感于童心者之自成文也，更说甚么六经，更说甚么《语》《孟》乎！"李贽将《水浒传》视为有童心的天下之至文，而卓吾之评《水浒》是要实现他的一大理想："呜呼！吾又安得真正大圣人童心未曾失者而与之一言文哉！"[1] 评点者

---

① 张建业主编：《李贽全集注》第一册，社会科学文献出版社 2010 年版，第 276—277 页。

之所以能与圣人平等对话，因为在他们心目中，真正大圣人是"童心未曾失者"，因而评点者的心与圣人的心是相通的。

我们看明清时代的小说戏曲评点，快人快语，真情真性，亦庄亦谐，有滋有味，借用李贽评《水浒传》的话说，"若令天地间无此等文字，天地亦寂寞了也。"但这不仅仅是一个"文字"的问题，而是阐释者与阐释对象（原作者）的心心相印，惺惺相惜。金圣叹《读第五才子书法》："大凡读书先要晓得作书之人是何心胸。"你要阐释《史记》，阐释《史记》的关键词"发愤著书"，你先要知道太史公的"一肚皮宿怨"；你要阐释《水浒》，阐释《水浒》评点的关键词"愤书说"，你先要知道施耐庵的"自家许多锦心绣口"，你的心要与原作者的心相通。这也就是孟子所说的"知言"和"知人论世"，刘勰所说的"世远莫见其面，觇文辄见其心"。以一己之文心，体察、体悟原作者之用心，其最佳状态是朱熹所说的"吾心全体无不明"般的通透明晓："至于用力之久，而一旦豁然贯通焉，则众物之表里精粗无不到，而吾心之全体大用无不明矣。"①

次说"诗话"。

诗话（包括词话、曲话、文话等），是中国古代文论中数量最多的阐释对象，也是文论关键词出现最多的原文本。就其"名"而言，"诗话"属于四部中的"集部"（《四库全书总目》将"诗话"归入"集部"的"诗文评"）；而究其"实"而言，诗话又"通"于经、史、子三部。章学诚《文史通义·诗话》：

> 唐人诗话，初本论诗，自孟棨《本事诗》出，乃使人知国史叙诗之意；而好事者踵而广之，则诗话而通于史部之传记矣。间或诠释名物，则诗话而通经部之小学矣。或泛述闻见，

---

① （宋）朱熹：《四书章句集注》，中华书局1983年版，第7页。

则诗话而通于子部之杂家矣。

十三经有《尔雅》，解释经学关键词的字义及名物；而诗话说诗有如注经，诠释名物，多识于鸟兽草木之名，故诗话通于经部之小学。诗话有纪事功能，从孟棨的《本事诗》到历朝历代的"某诗纪事"，其叙事及纪事功能与史部传记类正相符合且经久不衰，故诗话通于史部之传记。诗话即兴而起，随手而录，有话则长，无话则短，庞杂无统，以资闲谈，与子部杂家类的情形正相仿佛，故诗话通于子部之杂家。而且，"话"作为一种文体，属于子部的"小说"类。概言之，"诗话"上通于经，中通于史，旁通于子，下通于集，真可谓以话为体，四部兼通。

末说"论诗诗"。

中国古代文论的"论诗诗"，用极精练极简洁的诗语阐释文学理论，其诗眼或诗句即成为文论关键词。就批评文论而言，"论诗诗"以诗说诗，会通文学文体与批评文体，本身就具有鲜明的"通义批评"之性质：用文学话语来言说理论问题，或者说赋予理论言说以文学性特征。诗歌创作离不开赋比兴，论诗诗同样离不开赋比兴。《文心雕龙》之《诠赋》篇有"赋者，铺也"，其《比兴》篇有"比显兴隐"，故在汉语阐释学范式之"通义批评"的层面论，"赋"为直通，"比"为显通，"兴"为隐通或曲通。我们以署名"唐代司空图"的论诗诗《二十四诗品·典雅》为例：

> 玉壶买春，赏雨茆屋。
>
> 坐中佳士，左右修竹。
>
> 白云初晴，幽鸟相逐。
>
> 眠琴绿阴，上有飞瀑。
>
> 落花无言，人淡如菊。
>
> 书之岁华，其曰可读。

全诗六联十二句，就对关键词"典雅"的诗性阐释而言，只有最后一联是论说，是直言，属于直通式的"赋"；

对于最末一联而言，前面的五联共十句全部属于"先言它物"之起兴，是曲径通幽式的"隐通"或"曲通"；

"隐通"五联十句，则是一连串的"比（喻）"，可谓"比"之集合：玉壶、春酒、细雨、茆屋、佳士、修竹、白云、幽鸟、眠琴、飞瀑……每一个景象或意象都在告诉读者什么是"典雅"，而众多的比喻又构成了一个意象群，显明而丰富地呈现出"典雅"这一关键词的意蕴或内涵。

《典雅》这首论诗诗，以意象珠联的"比"、曲径通幽的"兴"和直揭意旨的"赋"，会通、变通地阐释出关键词"典雅"的通达、通透之义。这是论诗诗的妙处，是中国诗性文论的妙处，更是汉语阐释学范式"通义批评"的妙处。

第九章　道术批评：元典关键词研究的学术史范式

"道"与"术"是贯穿元典关键词研究之学术史的一组关键词，作为评骘术语、思维模型以及价值判断的共同载体，二者的组合及其运用，构成元典关键词研究的学术史范式：道术批评。同为元典关键词研究之理论范式的"局部性"用法或组成部分，第七章所讨论的"汉字批评"着重于文字和语言，第八章所讨论的"通义批评"着重于文本和文献，而本章所讨论的"道术批评"则着重于学术史，着重于学术史之流变以及构成这种流变的各家各派。

学术史上的"道术批评"根植于"古之道术"由"一"至"多"的趋势研判，衍生出先秦两汉诸子见识"明"与"暗"并存的深层省思，并最终凝炼为后继学人力行"诊疗"的有益尝试。面对分科治学局限益显，而跨学科、学科交叉与学科互涉方兴未艾的时代语境，配备"道"与"术"这一组关键词叩门启钥，在重温轴心期思想精华的同时，亦将有助于寻获"前学科"时代学术批评与学术跨界的本土经验。

"道术批评"源起于先秦时期的元典关键词阐释，主要以诸子百家相互征引而又彼此辩难的形式呈现。在百家争鸣的时代语境中，儒道墨法诸家不惟关注自家关键词，关注自家学说之完善，还纷纷将视线外投，致力于参稽诸家关键词而衡鉴天下学术。时至两汉，历经这股潮流的冲刷与激荡，学术史上已积淀成《庄子·天下》、《荀子·非十二子》、《墨子·非儒》、《韩非子·显学》、《尸子·广泽》、《吕氏春秋·不二》、《淮南子·要略》、司马谈《论六家要旨》、班固《汉书·艺文志·诸子略》等一批谈"道"论"术"并建构轴心期"道术批评"的重要文献。

当然，纵论轴心期"道术批评"并非易事，且不说《庄子·天下》高扬庄周与关尹、老聃的旗帜，《荀子·非十二子》自居正统而斥责子张、子夏、子游为"贱儒"，就连时过境迁后司马谈的"六家"排序与班固勾勒的"九流十家"脉络，亦因持论标准而引起后代学者的异议①。不过，倘若暂时搁置先秦两汉"道术批评"的种种门户之见，亦不强求源流派别的清晰无误，通观先秦两汉"道术批评"中的自评与互评，找寻其间批评话语与思维模式的共性，亦不失为整体感知与把握元典关键词研究之学术史范式的另一取径。

具体说来，从《庄子·天下》到《汉书·艺文志·诸子略》，频繁出现的"道"与"术"便是贯穿先秦两汉"道术批评"的一组关键词。②而"道"与"术"的组合，不仅直观显现出下列种种对举：如"道术"与"方术"（《庄子·天下》），如"天下无二道"与"倚其所私，以观异术"（《荀子·解蔽》），又如圣人"言道"与今学者"宿乎昭明之术"（《淮南子·要

---

①　如任继愈提出"先秦哲学无'六家'"，李锐亦主张以"百家"代替"六家""九流"之说，详见林志鹏：《战国诸子评述辑证——以〈庄子·天下〉为主要线索》，复旦大学出版社 2014 年版，第 4—5 页。

②　已有学者尝试以关键词的方法解读《庄子·天下篇》，如陈荣庆《"内圣外王"的实践与可能：从积极有为到自然无为——试析〈庄子·天下篇〉的道术批评思想》（《西北大学学报（哲学社会科学版）》，2006 年第 1 期）便围绕"天下"与"内圣外王"展开分析；在此基础上，唐祉星《论〈庄子·天下〉对诸子的学术批评——以"天下"、"内圣外王"、"道术"为关键词》（《燕山大学学报（哲学社会科学版）》，2015 年第 4 期）又添加了"道术"一词。其实"道"与"术"不仅是解读《庄子·天下》的文本关键词，更是能够串联起先秦两汉学术批评的核心概念。

略》），等等。更为重要的是，"道"与"术"的组合，还内化为先秦两汉学人对道术裂而方术兴的隐忧以及重返"古之道术"的企盼。因此，配备"道"与"术"这一组 key words 叩门启钥，重返学术史上的"道术批评"，将有助于勾连"前学科"与"后现代"的知识视域①，从而为分科治学后涌现的元典关键词研究的跨学科、学科交叉和学科互涉提供一种具有本土经验即局部性用法的"学术史范式"。

一、道术裂变

寻根溯源，"道""术"分歧实已蕴藏在早期文字的形义之中。在古人看来，"道"与"术"本义皆为所行走的大路，进而引申出所奉行的道理。金文"道"多写作 (《貉子卣》）与 (《散盘》），乃" "（行）" "（首）会意而成，或另加" "（止）以强调行走。《说文解字·辵部》释"道"为："所行道也。从辵从首，一达谓之道。"段玉裁进而揭示从"道路"到"道理""引道"的义项演变："道者人所行，故亦谓之行。道之引伸为道理，亦为引道。"②《说文解字·行部》云："术，邑中道也。从行术声。"③"术"字亦与"行"相关，篆文 之形即由" "（行）中夹杂" "（术）字构成；就音韵而言，"术为道之双声转注字。道音定纽，术音床纽，古读归定也"④。

作为"道"与"术"两字皆有的构字符号，"行"在甲骨文中写作

---

① 参见李建中：《前学科与后现代：关键词研究的前世今生》，《长江学术》2015年第4期。

② （清）段玉裁：《说文解字注》，上海古籍出版社1981年版，第75页。

③ （清）段玉裁：《说文解字注》，上海古籍出版社1981年版，第78页。

④ 马叙伦：《说文解字六书疏证》第一册，上海书店出版社1985年版，第496页。

，罗振玉称其为"象四达之衢"①。《尔雅·释宫》有言："一达谓之道路，二达谓之歧旁，三达谓之剧旁，四达谓之衢……九达谓之逵。"细绎造字理据与用字惯例可见，"一达"之于"道"与"邑中道"之于"术"实有指向侧重之别。"一达"意味着"道"的方向，不管是始终如一，还是有所选择，在人（首）行于路（行）的字形叙事之外，它还构成字义中的潜在约束。如果说作为道理、法则乃至形而上学之本原的"道"，皆遵循"一达"的纯粹与专注；那么引申为技术的"术"，便更倾向于"邑中道"与"四达之衢"的多样与分散。此点可引"百家众术"与"术业专攻"等俗语为证。当然，"道"与"术"还往往对应着理论与方法，因而又具有本末大小之别。时至汉代，《新书·道术》对此曾专有论述："道者所道接物也。其本者谓之虚，其末者谓之术。虚者，言其精微也，平素而无设诸也；术也者，所从制物也，动静之数也。凡此皆道也。"在贾谊看来，"术"与"道"是异中有同的两个概念，这也代表了传统文化中的普遍认识。《庄子·大宗师》有言："鱼相忘乎江湖，人相忘乎道术。"析言此句中的"道"与"术"，便如宋人孙奕所论："途之大者谓之道，小者谓之术……庄周以江湖对道术而言，则直指为道路无疑矣。"② 不过，倘若统言之，"道"与"术"又可合并而皆表学说，故《庄子》终篇还有"道术将为天下裂"的喟叹：

> 天下大乱，贤圣不明，道德不一，天下多得一察焉以自好。譬如耳目鼻口，皆有所明，不能相通。犹百家众技也，皆有所长，时有所用。虽然，不该不遍，一曲之士也。判天地之美，析万物之理，察古人之全。寡能备于天地之美，称神明之

---

① 罗振玉：《殷虚书契考释三种》，中华书局2006年版，第140页。
② （宋）孙奕：《履斋示儿编》，中华书局1985年版，第112页。

容。是故内圣外王之道，暗而不明，郁而不发，天下之人各为其所欲焉以自为方。悲夫，百家往而不反，必不合矣。后世之学者，不幸不见天地之纯，古人之大体，道术将为天下裂。

"天下之治方术者多矣，皆以其有为不可加矣"，纵论先秦学术史之概况的《庄子·天下》开篇即有如此感慨。在这篇察觉出"道术将为天下裂"，又以"悲夫"作为结尾的评述看来，先秦时"无乎不在"的"道术"裂变为"时有所用"却又"不该不遍"的"方术"，无疑是绝大多数学者身受却不自知的困厄。

谈及《庄子》于"道术"之外另设的"方术"时，首要明确的应是"方术"何谓且与"道术"有无区别。尽管早在唐代成玄英就依稀提出"方，道也……治道艺术，方法甚多"① 式的等同说，但是近代以来学者仍多持"方""道"相异论。如高晋生以"一方之术"立论："'方术'对下文'道术'言，'道术'者，全体；'方术'者，一部也。方，一方也；方术者，一方之术。"② 陈鼓应亦云"方术"乃"特定的学问，为道术的一部分"，而后者方为"洞悉宇宙人生本原的学问"。③ 于此，借由"方"义的参与强化，"道"与"术"原本的分歧转化为"道术"与"方术"的对举，遂有"道""术"合一，而"方""道"对举。"道"是道家元典关键词，仅在五千言的《老子》中便已出现69次。在老庄的相关描述中，作为本原、规律与准则的"道"，具有独立、无形、弥漫等多种特征。《老子·二十五章》曰："有物混成，先天地生，寂兮寥兮，独立不改，周行而不殆，可以为天下母。吾不知其名，字之曰道。"《庄子·大宗师》亦有言："夫道，有

① （清）郭庆藩撰、王孝鱼点校：《庄子集释》第四册，中华书局1961年版，第1065页。

② 单演义：《庄子天下篇荟释》，西北大学出版社2009年版，第14页。

③ 陈鼓应：《庄子今注今译》下册，中华书局1983年版，第856页。

情有信，无为无形。可传而不可受，可得而不可见。"《淮南子·原道训》更是详细描述了这一状态："夫道者，覆天载地，廓四方，柝八极；高不可际，深不可测；包裹天地，禀授无形；原流泉浡，冲而徐盈；混混滑滑，浊而徐清。"可以说，《天下篇》"无乎不在"而"皆源于一"的"道术"即秉承上述特征，而后世以跨学科甚至无学科为场域的元典关键词研究，其"道术批评"的学术史范式亦赓续了上述特征。

按照《天下篇》的行文线索，既然"方术"源自"道术"之"散于天下而设于中国"，那么，"以自为方"便自然会陷入"一察"之蔽，"不该不遍"者亦终将沦为"一曲之士"。不惟如此，所谓"一则治，异则乱；一则安，异则危"，在《吕氏春秋·不二》的作者看来，"老聃贵柔，孔子贵仁，墨翟贵廉，关尹贵清，子列子贵虚，陈骈贵齐，阳生贵己，孙膑贵势，王廖贵先，儿良贵后"，诸子各有所贵，亦即各有自己的关键词。而诸子学说独具特色的背后还暗藏着动乱危机。同理，"多"的纷争表象下也就隐含着《尸子·广泽》归于"一实"则"无相非"的期待："墨子贵兼，孔子贵公，皇子贵衷，田子贵均，列子贵虚，料子贵别囿。其学之相非也，数世矣而（不）已，皆奔於私也。天、帝、皇、后、辟、公、弘、廓、宏、溥、介、纯、夏、幠、冢、晊、昄，皆大也，十有余名，而实一也。若使兼、公、虚、衷、平易、别囿一实也，则无相非也。"欲将各家各派众多的关键词归于"一"而"无相非"，则显示出"道术批评"的范例性追求。

由此不妨说，"道术批评"的"全""备""纯"皆主于"一"，而"方术批评"的"多"亦表现为"散""寡"与"舛驳"之"不一"。《说文解字》解"一"为"惟初太始，道立于一，造分天地，化成万物"。《庄子》中的"一"与"道"关联密切，其中不乏"道通为一"（《齐物论》）与"泰初有无，无有无名。一之所起，有一而未形"（《天地》）之类的论述。在"道（术）"与"（方）术"，同时也是"一"与"多"的价值比较中，前者的胜出实乃根植于文化积淀，如王宁先生所言："古人把未分的'一'称'元气'。'元'表示最大、最早……这种以'一'为大，分而多之，多而小的观念，和以'一'为小，加而多，多而大的累积观念是反向的，这里面包含着中国古代的世界发生的观念。"① 由"一"至"多"，《庄子·天下篇》中的"古之道术"不断裂变："初裂于墨子对传统礼乐制度之攻击；再裂于彭蒙、田骈、尹文以法理、法术说道；三裂于惠施治术而穷物理，'逐万物而不反'。而田骈与名家、辩者滔滔雄辩'不可穷其口'，论述形式的改变亦加速道术的崩解。"② 在"一"与"多"之间，是无知识疆界、无学科论域的浑沌"道术"向"方术"之攻其一端而不及其余的蜕变。由此而来的，是"道术批评"渐渐地裂变或蜕变为"方术批评"。

二、方术互评

由"天下大乱"至"道术将为天下裂"，道术裂变亦为天下分崩大势的一种表征。对此，《左传·昭公十七年》有"天子失官，学在四夷"的概括，《论语·微子》亦有"大师挚适齐，亚饭干适楚，三饭缭适蔡，四饭缺适秦，鼓方叔入于河，播鼗武入于汉，少师阳、击磬襄入于海"的例证。遭逢世变，诸子"本其所学，以求其病原，拟立方剂"③，初衷相同，但因着眼点相异，所开列的一帖帖药方也就各有针对性。《庄子·天下》篇有云："天下大乱，贤圣不明，道德不一，天下多得一察

---

① 王宁：《训诂学原理》，中国国际广播出版社 1996 年版，第 157 页。

② 林志鹏：《战国诸子评述辑证——以〈庄子·天下〉为主要线索》，复旦大学出版社 2014 年版，第 28 页。

③ 吕思勉：《先秦学术概论》，岳麓书社 2010 年版，第 15 页。

焉以自好。"自其大势观之，这是"道术"之"一"裂变为"方术"之"多"的时代；由每一"方术"而论，各家所持之"一"实乃"道德不一"的产物，因而"方术"之"一"的后面还要补上"察"或"曲"的限定。在权衡诸子"方术"时，《天下篇》还说："其数散于天下而设于中国者，百家之学时或称而道之。"成玄英将此句解释为"百家诸子，依稀五德，时复称说，不能大同也"①。这里的"其数"即为"道术"，而"不能大同"正在于诸子各执一端。

具有"道术批评"之性质的"王官之学"散落为以"方术批评"为特征的"诸子之学"，本就各执一端的诸子又因救世主张不同而各自发挥，此一因缘际会②，遂激荡为百家争鸣的思想盛世。今日观之，诸子百家自言其说而又彼此辩难，对于中国思想文化的开拓之功与沾溉之利可谓大矣。然而，《庄子·天下》却以"俯仰哀吟"与"抑扬含吐"③之笔，为"道术"的远逝写下一曲挽歌：一边是"道术""古之人其备"与"天地之纯"的大美不言；一边是"方术""百家众技"与"闻其风而说之"的沸沸扬扬，评述者笔下已含判断。在庄子抑或是庄子后学看来，可惜者不惟时事之无奈，更兼学人的背道而驰。大道已乖，百家腾跃，墨翟、禽滑厘、宋钘、尹文、彭蒙、田骈、慎到，关尹、老聃，庄周、惠施、桓团、公孙龙等六家纵是各执"方术"有所彰显，却又难逃判析"道术"之弊：墨翟、禽滑厘之学奉行勤俭，而"为之大过，已之大循"，以致"反天下之心，天下不堪"；宋钘、尹文倡导"别宥"而立

---

① （清）郭庆藩撰，王孝鱼点校：《庄子集释》第四册，中华书局1961年版，第1067、1069页。

② 吕思勉认为："先秦诸子之学，当以前此之宗教及哲学思想为其因，东周以后之社会情势为其缘。"又，"诸家之学，《汉志》谓皆出王官，《淮南要略》则以为起于救时之弊，盖一言其因，一言其缘也"（《先秦学术概论》，岳麓书社2010年版，第5、15页）。

③ （清）胡文英：《庄子独见》，华东师范大学出版社2011年版，第277—278页。

意"天下安宁以活民命"，又失之于"其为人太多，其自为太少"；"齐万物"的慎到讲学稷下，却受到豪杰"非生人之行而至死人之理"的致命一击……当然，以上诸家学说及关键词绝非一无是处。除去"其道舛驳，其言也不中"的惠施与辩者一派，在每段评述前，诸如墨学"以绳墨自矫而备世之急"、宋尹"人我之养毕足而止"、老子"澹然独与神明居"等"古之道术有在于是者"的论说，皆表明诸子确乎同尊"古之道术"为立论原点，只是"闻其风而悦之"之后，其关键词创生的观念所指及价值取向有所差异。

同样是纵论先秦学术及各家各派的关键词，《荀子·非十二子》的"学术史范式"不乏"道术批评"之特征。《非十二子》涉及它嚣、魏牟，陈仲、史䲡，墨翟、宋钘，慎到、田骈，惠施、邓析，子思、孟轲等六说十二子。在主张上法尧舜而下从仲尼、子弓的荀子看来，六说十二子实乃"使天下混然不知是非治乱之所存者"，而它们的最大迷惑性正是看似"持之有故"，看似"言之成理"。依王先谦所释，"持之有故"即"妄称古之人亦有如此者"①。如此看来，作为"方术"的十二子即便不是对"道术"的托名捏造，也至少流为拆分后的误读。荀子的灼见还表现在将诸子评述凝炼为"有见／无见"与"蔽于……而不知……"的阐释模式。其书《天论》篇有言："慎子有见于后，无见于先；老子有见于诎，无见于信；墨子有见于齐，无见于畸；宋子有见于少，无见于多。"所谓"一叶障目不见泰山"，执于有见之"彰"便生不见之"障"，故《荀子·解蔽》又曰："墨子蔽于用而不知文，宋子蔽于欲而不知德，慎子蔽于法而不知贤，申子蔽于势而不知知，惠子蔽于辞而不知实，庄子蔽于天而不知人。"与《庄子·天下》相参照，《荀子》评述诸子之标准与措辞虽有不

---

① （清）王先谦，沈啸寰、王星贤点校：《荀子集解》上册，中华书局1988年版，第91页。

同，但得失二分之框架却颇为相似。如果套用《庄子·天下》中"暗而不明，郁而不发"之说，这里的"见"即为"明"，"不见""不知"之"蔽"便是"暗"。由此可见，荀子的学术史范式，已然超越了"方术批评"而进入了"道术批评"。

在争鸣、攻讦与辩难同步交织的轴心期，不惟荀子"非"诸子、言"解蔽"，韩非子亦曾关注老聃与慎到之学，其评说分别见于《六反》与《难势》两篇。更为集中且影响深远的言说出现在《韩非子·显学》，这一评述聚焦儒墨两家，兼及儒家后学雕漆与墨学近亲宋钘①。韩非子批评"世之显学"的精彩处在于，通过两两对举制造核心关键词的交锋，将"东向而望不见西墙"的"方术"困境凸显为学说实质即核心关键词的对立与相悖：

> 墨者之葬也，冬日冬服，夏日夏服，桐棺三寸，服丧三月，世主以为俭而礼之。儒者破家而葬，服丧三年，大毁扶杖，世主以为孝而礼之。夫是墨子之俭，将非孔子之侈也；是孔子之孝，将非墨子之戾也。
>
> 雕漆之议，不色挠，不目逃，行曲则违于臧获，行直则怒于诸侯，世主以为廉而礼之。宋荣子之议，设不斗争，取不随仇，不羞图圄，见侮不辱，世主以为宽而礼之。夫是雕漆之廉，将非宋荣之恕也；是宋荣之宽，将非雕漆之暴也。

韩非子在举证"杂反之学不两立而治"，进而劝诫君主不可"兼听"的过程中，借助逻辑分析彰显了"孔子之孝"与"墨子之俭"、"雕漆之

---

① 依王先慎之见，"宋荣"即宋钘，参见王先慎撰，钟哲点校：《韩非子集解》，中华书局1998年版，第458页。

廉"与"宋荣之宽"这两组关键词的各执一端。"孔子、墨子俱道尧、舜，而取舍不同"，如果说尧舜所代表的"古之道术"是儒墨两家关键词共同的坐标原点，那么"孝/傺"与"俭/戾"之关键词的对立便是由此发散出去的不同射线，取"孝"之方向反观"俭"，则"俭"即成"戾"；以"俭"之标准衡量"孝"，"孝"亦转向"傺"。对于"方术"争端的实质，韩非子的解析可谓鞭辟入里。除了不同学派间的"门户之见"，《韩非子·显学》开篇还提到同一学说内部的分歧：

> 自孔子之死也，有子张之儒，有子思之儒，有颜氏之儒，有孟氏之儒，有雕漆氏之儒，有仲良氏之儒，有孙氏之儒，有乐正氏之儒。自墨子之死也，有相里氏之墨，有相夫氏之墨，有邓陵氏之墨。故孔、墨之后，儒分为八，墨分为三，取舍相反不同，而皆自谓真孔、墨；孔、墨不可复生，将谁使定后世之学乎？

各家关键词"取舍相反不同"看似各有专攻，但这种学说取向上的"提纯"其实违背了《庄子》所言"古之道术"的"天地之纯"。从这种意义讲，他们的"自谓真"皆源于自设疆界后的假象，而自设疆界，甚至画地为牢的源头又可追溯到儒墨两家的开山祖师："孔子、墨子俱道尧、舜，而取舍不同，皆自谓真尧、舜；尧、舜不复生，将谁使定儒、墨之诚乎？"尧舜之道以孔墨为显学，其后儒分为八而墨分为三。其实，韩非子对诸子学术流变的溯源也暗中呼应着《庄子·天下》篇。且看后者批评墨学的内在理路。在"道术"裂变之时，墨子一面取其中"不侈于后世，不靡于万物，不晖于数度，以绳墨自矫而备世之急"而有所发挥，一面又要求弟子厉行勤俭，并声称"不能如此，非禹之道也，不足谓墨"。可以说，在"古之道术"上，先是墨子划明疆界，以此相别于其他诸子；继而在墨家"方术"内部，后学又"俱诵墨经，而倍谲不同，相谓别墨"，两者的分歧路线实乃大同小异。

谈及中国学术史分期，吕思勉先生曾言"历代学术，纯为我所自创者，实止先秦之学耳"①。先秦诸子沿各自"方术批评"之取径而分头掘进，其术业专攻的价值自不容忽视；然而，从"道术批评"之"纯一"散为"方术批评"之"一察"，也必将带来后者的"无见"与"不知"（荀子语）、"是非"与"自谓"（韩非子语）。取《庄子·天下》篇之言以蔽之，可曰："以自为方"则古之道术"暗而不明"。我们从现代学术"分科治学"场域下的元典关键词研究之中，不难看出古典式"方术批评"的负面影响。

三、现代诊疗

"庄荀以下论列诸子，皆对一人或其学风相同之二三人以立言，其囊括一时代学术之全部而综合分析之，用科学的分类法，厘为若干派，而比较评骘，自司马谈始也。"② 时至西汉，司马谈撰有《论六家要旨》一文，被司马迁收入《史记》的《太史公自序》。司马谈论六家之要旨，实为论六家之关键词；而老太史公的元典关键词研究，是典型的"道术批评"，既可视为先秦诸子互评的总结陈词，亦可视为先秦元典关键词研究的学术史范式。尽管司马谈着眼"为治"而倾心道家，却并未影响评判诸家、融会众说之公允与"道术批评"之气魄：

---

① 吕思勉：《先秦学术概论》，岳麓书社 2010 年版，第 3 页。
② 梁启超：《饮冰室专集之八十二·司马谈〈论六家要旨〉书后》，《饮冰室合集》第 7 册，中华书局 1989 年版，第 2 页。

尝窃观阴阳之术，大祥而众忌讳，使人拘而多所畏；然其
序四时之大顺，不可失也。儒者博而寡要，劳而少功，是以
其事难尽从；然其序君臣父子之礼，列夫妇长幼之别，不可易
也。墨者俭而难遵，是以其事不可遍循；然其强本节用，不可
废也。法家严而少恩；然其正君臣上下之分，不可改矣。名家
使人俭而善失真；然其正名实，不可不察也。道家使人精神专
一，动合无形，赡足万物。其为术也，因阴阳之大顺，采儒墨
之善，撮名法之要，与时迁移，应物变化，立俗施事，无所不
宜，指约而易操，事少而功多。

司马谈引《周易·系辞下》"天下一致而百虑，同归而殊涂"[①] 以为
开篇，可谓切中学派争执与众说纷纭的症结。少了些"方术批评"的畛
域自囿，而以"道术批评"的大器和通脱，《论六家要旨》拉开时空距离，
开出"明""暗"并存的诊断意见。在作者看来，阴阳、儒、墨、名、
法、道德六家实为"百虑""殊涂"以及"从言之异路"。因而，作为"术"
的诸子之学既有"多所畏""难尽从""不可遍循""少恩"和"善失真"
之弊，亦有"不可失""不可易""不可废""不可改"和"不可不察"之用。

相较于《庄子·天下》《荀子·解蔽》《韩非子·显学》诸篇，司马
谈的贡献在于开拓了元典关键词阐释的新维度：在《论六家要旨》中，
不仅有利弊得失的两面权衡，还兼具推举道家而兼采众长的方法自省。
按照司马谈的理解，在"一"与"多"的道术分歧中，道家是"术"却
并未局限于一家之"术"，它"因阴阳之大顺，采儒墨之善，撮名法之
要"，可谓博取诸家精华。由此，道家学说及关键词"无所不宜"之功

---

① 《周易·系辞下》原文为"天下同归而殊途，一致而百虑"，与司马谈所引前
后次序有异。

用与"乃和大道，混混冥冥"之境界，也多得益于阴阳家之"时序"、儒家之"礼"、墨家之"强本节用"、法家之"明职分"以及名家之"控名责实"的各家核心关键词之"合力"。

诚然，司马谈论六家要旨即关键词，本出于"为治"诉求，但以"道术批评"之方法观之，破除门户之见与博取众长之术亦可为治学者借鉴。《庄子·天下》云："百家往而不反，必不合矣！"既然道术裂而方术兴已成既定事实，那么，更有建设意义的便不应是严守疆界相互指责，而是博采兼听取长补短。毕竟前者单纯指出问题，只会在争执中渐行渐远；而后者提出可行的补救方案，才不至于陷入一意孤行与背道而驰。

司马谈"道术批评"所开出的疗救药方是由"多"而逼近于"一"的复归。"道术"之"一"裂变为"方术"之"多"，如若"一方之术"能够广泛吸纳众多的"一察"，虽不能重返混沌圆满的"道术"，却至少可以汇聚众"多"来接近裂变后的初始状态。在诸子棱角分明的"方术批评"之后，司马谈"道术批评"的适时总结多了些圆融，而为我所用的态度也在无形之中消融了"方术批评"的诸多畛域与种种隔膜。

无独有偶，钟泰《庄子发微》在辨析"道术"与"方术"差异时亦曾建议："既有方术，即不免拘执，始则'各为其所欲'，终则'以其有为不可加'。'其有'者，其所得者也。所得者一偏，而执偏以为全，是以自满，以为无所复加也。此一语已道尽各家之病。若学虽一偏，而知止于其分，不自满溢，即方术亦何尝与道术相背哉！"[1]沿用司马谈"六家"分类而拓展成"九流十家"之说的班固，在《汉书·艺文志·诸子略》中也一度感慨"方今去圣久远，道术缺废，无所更索"。以六经为框架，班固同样提出了通观九家舍短取长的建议，并相信循此道术批评"可以通万方之略"。

---

① 钟泰：《庄子发微》，上海古籍出版社 1988 年版，第 756 页。

在"道术"裂为"方术"的时代，如何不局限于"一方之术"或"方术批评"是关键的问题。于此道理，古今皆然。古有《论语》所载德行、言语、文学、政事之孔门四科，它与图书分类孕育出的经史子集四部之学以及清代中期戴震等人提出的义理、考据、词章之学，可视作中国传统学术的分类观念与实践。对于占据学术主流的儒家而言，虽然所划分的科目不同，但在分类之外始终存有一个贯通的理想，故"通儒"往往被视作治学的最高境界以及历代学者的人格典范，它也构成了抗拒"一曲之士"的正向力量，从而形成"道术批评"与"方术批评"的对峙与紧张。

晚清以降，受西学冲击而经世之学一度勃兴，其后清廷又借助译介西学、派遣大臣出外考察、变革科举、开办新式学校、选派留学生等举措全面接轨西方学术体制，现代意义上的学科划分遂在古老的中国确立，古典的"方术批评"从此有了现代版本。1901年，接触西学后的梁启超在《长兴学记》中曾构想了一套学科体系，包括学纲（志于道、据于德、依于仁、游于艺）、学科（义理之学、考据之学、经世之学、文字之学）、课外学科（校中之演说、劄记与校外之体操、游历）。此体系虽沿用传统分类名称，其内含项目如义理之学下的泰西哲学，考据之学下的地理学、数学，经世之学下的政治原理学等已开始接轨西学。[1]当东方"通儒"式"道术批评"之传统观念逐渐为西学"专家"式"方术批评"之现代风尚所取代，钱穆曾有如下感慨："西方学术则惟见其相异，不见其大同。天文学、地质学、生物学，界域各异。自然学如此，人文学亦然。政治学、社会学、经济学、法律学，分门别类，莫不皆然。学以致用，而所用之途则各异。学以求真，而无一大同之真理。故西方之为学，可以互不相通，乃无一共尊之对象。"[2]浸淫传统学术而

---

① 参见夏晓红编：《梁启超文选》上册，中国广播电视出版社1992年版，第298页。
② 钱穆：《国史新论》，生活·读书·新知三联书店2001年版，第203页。

又接触西学的这一辈学者已经认识到，面对畛域自囿与专家自命的现代版"方术批评"之阈限，要想成为西方浮士德博士一般的"超人"，或者重返《庄子·天下》篇所追慕的"道术"和"道术批评"，只能是小说或者寓言中遥不可及的幻想。

"生也有涯，而知也无涯"，就现实层面而言，"方术批评"之因或许能用庄子的这句感慨明之。它的无奈与危险在于："人的智力体力有限，而知识无涯，不得已退而求其次，分门别类，缩短战线，使人力足以负担。可是如此一来，本来浑然一体的学问被肢解为彼此独立的系统，久而久之，不仅各个学科之间相互隔绝，每个学科内部也日益细分化。"① 在整个西方哲学史脉络中，分科治学萌芽可以追溯至亚里士多德的《形而上学》。该书于哲学之下的理论科学、实践科学和诗的科学等二级划分正是今日数学、物理学、政治学、伦理学等学科体系的原型。在认识论转向期，经验主义与理性主义的竞争很大程度上推进了分科治学的进程。"经验主义强调客观化的感觉经验的知识学功能，自然现象的多样性要求这种认识按照'物以群聚'的自然原则分解为类型学意义上的知识，知识的学科化便逐步形成。"② 此后，借助大学教育体制的巩固，分科治学已成为学术研究与教学活动所遵循的基本原则。在以现代大学为主的学术场域中，"科学已经进入一个先前所不知道的专业化阶段，并且这种情形将永远保持下去"③。所谓"不该不遍，一曲之士也"（《庄子·天下》），又所谓"曲知之士，观乎道之一隅"（《荀子·解蔽》），

---

① 桑兵：《盲人摸象与成竹在胸：分科治学下学术的细碎化与整体性》，《文史哲》2008年第1期。

② 冯黎明：《学科互涉与文学研究方法论革命》，武汉大学出版社2014年版，第11页。

③ ［德］马克斯·韦伯：《社会科学方法论》，杨富斌译，华夏出版社1999年版，第7页。

143

倘若按照轴心期诸子的定义，现代分科治学体系下的学人亦将难免沦为"一曲之士"。

时至 1925 年，现代学者顾实在《〈庄子·天下篇〉讲疏》开篇曾有如下赞叹："《庄子·天下篇》者，《庄子》书之叙篇，而周末人之学案也。不读《天下篇》，无以明庄子著书之本旨，亦无以明周末人学术之概要也。故凡今之治中国学术者，无不知重视《天下篇》，而认为当急先读破也。"① 所谓"读破"，更应取其警示而引以为戒。学科是与知识相联系的观念，分科治学性质的"方术批评"固然有利于知识的体系化与专业化，但它所造成的知识破碎与隔膜同样是不争的事实。于此病灶，从先秦两汉的诸子会诊，到时下方兴未艾的学科交叉与跨学科研究，皆有明确的认识并力图疗救。"全者谓之'道术'，分者谓之'方术'，故'道术'无乎不在，乃至瓦甓屎溺皆不在道外。"② 就元典关键词研究的学术史范式而言，"道术"无乎不在，"道术批评"亦无乎不在。诚如钟泰先生所言，《庄子·天下》篇中关于"道恶乎在"的设问，亦现于《知北游》所载东郭子问道一节：

> 东郭子问于庄子曰："所谓道，恶乎在？"庄子曰："无所不在。"东郭子曰："期而后可。"庄子曰："在蝼蚁。"曰："何其下邪？"曰："在稊稗。"曰："何其愈下邪？"曰："在瓦甓。"曰："何其愈甚邪？"曰："在屎溺。"东郭子不应。

一般认为，庄子关于"道"这一元关键词"每下愈况"的阐释路径，堪称一套以譬喻开启觉见的精致策略，亦因此被后世禅宗语录所仿

---

① 张丰乾编：《〈庄子·天下篇〉注疏四种》，华东师范大学出版社 2009 年版，第 3 页。

② 钟泰：《庄子发微》，上海古籍出版社 1988 年版，第 756 页。

用。考虑到破除东郭子的执迷后，庄子还向其发出"游乎无何有之宫"与"合同而论"的邀约，亦不妨将此理解为一则关乎求道或曰为学的隐喻："问道"本无不可，但如若东郭子一般"期而后可"，定要将"无所不在"的"道"落实于一处，便只会因执着于"每下愈况"的皮毛之见（或曰"道之文"①）而"不及质"。《天下》篇所论诸子，以及当下学者"多得一察焉以自好"，亦可如是观。

所谓"发其关键，直睹堂奥"②，选用"道"与"术"这一组关键词能够超越先秦两汉学术批评中的门户之见，进而展现元典关键词研究之学术史范式背后更为丰富的思想世界。"道"与"术"的对立或纠缠，很大程度上源于先秦两汉学人在"道""术"离析的现实评判中，又竖起前学科时代"古之道术"的理想，试图由破裂与遮蔽而复返浑圆与澄明。从这种意义上讲，作为关键词的"道"与"术"和作为学术史范式的"道术批评"，既是切入分析的角度，亦内含解决问题的途径。

同样是面对道术裂变或曰知识破碎的问题，英国学者雷蒙·威廉斯在 1975 年预言："学术主题的归类并非永恒。"③通过聚焦于关键词（文化与社会的词汇）的质疑和探寻，他敏锐地觉察到，正是现代学科体制下的所谓专门知识即"方术批评"，割裂了部分词汇本应具有的普遍性意涵。致力于突破"归类"后的跨界，关键词研究与批判理论和后结构主义共同开启了跨学科、学科交叉与学科互涉的"后学科时代"，共同构建出以"道术批评"为思想和方法的"学术史范式"。

如何走出道术裂变或曰知识破碎的困境？于我们而言，除了借鉴后

---

① （清）胡文英：《庄子独见》，华东师范大学出版社 2011 年版，第 167 页。

② 系《河南程氏遗书附录》引范祖禹评程颢语。见（宋）程颢、程颐：《二程集》第一册，中华书局 1981 年版，第 334 页。

③ ［英］雷蒙·威廉斯：《关键词：文化与社会的词汇》，刘建基译，生活·读书·新知三联书店 2005 年版，导言，第 5 页。

现代有关知识反思以及跨界、越界、破界的尝试，由"道"与"术"这组关键词进入中国学术史，亦将有助于从"道术"之传统的激活与复归中寻获"前学科"时代学术批评与学科跨界的本土经验，从而重建元典关键词研究之学术史范式的"道术批评"。

第十章　范畴批评：元典关键词
研究的批评史范式

关键词，既是一种研究对象，又是一种研究方法，就后者而言，可以称之为"范畴批评"。范畴批评，既可以施之于哲学批评和史学批评，也可以施之于文学批评，从而形成元典关键词研究的批评史范式。本章以中国文学批评史为关注重点，探讨"范畴批评"是如何成为元典关键词研究的批评史范式的。

中国文学批评史书写已有近百年历史，先后出现过"选人定篇""知人论世""原始表末"等多种书写模式。在既存诸种模式的沃土上，新近生长出"范畴批评"的研究模式，即以文论关键词（术语、概念、范畴和命题）为经，以历史时序为纬，深度阐释中国文论的核心观念，精心建构中国文论的话语体系。"范畴批评"的批评史范式，追溯字义根柢及历史渊源，演绎文论关键词的语义流变；键闭式释名，开启式彰义，折中式辨析，厘清文论关键词的理论内涵；返回由经典文本所生成的语义现场，重识文论关键词的语用生命；敷陈事理与摄举文统双向互通，揭示文论关键词的历史意蕴及现代价值。"范畴批评"批评史范式，走出"彝伦攸斁"困局而臻"彝伦攸叙"佳境，开辟出一条文论阐释也是关键词阐释的中国路径。

一、三种模式

现代学科意义上的中国文学批评史书写，始于 1920 年代。20 世纪 90 年代有学者指出："如果从 1927 年陈钟凡出版其《中国文学批评史》算起，那么作为一门新兴学科的中国古代文论研究迄今已有近 70 年的历史了。"①陈中凡《中国文学批评史》1927 年 4 月初版②，至今已近百年。1931 年，朱东润在国立武汉大学讲授中国文学批评史，翌年完成《中国文学批评史大纲》初稿（1944 年由开明书店出版）。③1934 年，有三部批评史著述同时问世：郭绍虞《中国文学批评史》上册（商务印书馆）、方孝岳《中国文学批评》（世界书局）和罗根泽《周秦两汉文学批评史》（人文书店）。郭绍虞《中国文学批评史》下册 1944 年出版，罗根泽《魏晋六朝文学批评史》《隋唐文学批评史》和《晚唐五代文学批评史》1943 年出版。上述几部著作均出自学术大师之手，不仅为中国文学批评史学科的创立奠定了坚实的基础，而且为批评史书写提供了理论模式和方法论启迪。

1943 年 2 月，朱东润《中国文学批评史大纲·自序》论及是书特点："第一个不同的地方，是这本书的章目里只见到无数的个人，没有指出这是怎样的一个时代，或者这是怎样的一个宗派。"④全书 76 条章目，有 68 条以文论家的姓氏命名。方孝岳《中国文学批评》亦属此类，方著共有 45 条章目，其中 41 条是以文论家姓氏或其经典著述命名。刘勰《文

---

① 张海明：《回顾与反思：古代文论研究 70 年》，北京师范大学出版社 1997 年版，第 18 页。

② 参见陈玉堂：《中国文学史书目提要》，黄山书社 1986 年版，第 26 页。

③ 朱东润《大纲》自序云："一九三一年，我在国立武汉大学授中国文学批评史，次年夏间，写成中国文学批评史讲义初稿。一九三二年秋间，重加订补，一九三三年完成第二稿。一九三六年再行删正，经过一年的时间完成第三稿。"

④ 朱东润：《中国文学批评史大纲》，上海古籍出版社 1957 年版，自序第 3 页。

心雕龙·序志》篇"论文叙笔"的四项原则①之中有"选文以定篇"，而以"人"为纲目的批评史教材，可称之为"选人以定篇"。《孟子·万章下》："一乡之善士，斯友一乡之善士；一国之善士，斯友一国之善士；天下之善士，斯友天下之善士。以友天下之善士为未足，又尚论古之人。"②如何"尚论古之人"？颂其诗，读其书，知其人也。故朱、方二著的"选人定篇"亦可称之为"尚论古之人"。中国文学批评史的书写过程，是一个"尚论古人""选人定篇"的过程，但为何"知其人"而不"论其世"？朱东润解释说："我认为伟大的批评家不一定属于任何的时代和宗派。他们受时代的支配，同时他们也超越时代……他们的抱负往往是指导宗派而不受宗派的指导。"③诚哉斯言！大凡伟大的文论家（比如南朝的刘勰、锺嵘，南宋的严羽，晚明的李贽，清初的金圣叹，等等）都是超越他那个时代的。

　　1934 年出版的郭绍虞《中国文学批评史》上册，既"选人定篇"又"知人论世"：前者如第二编《周秦——文学观念演进期之一》以孔、墨、庄、荀作"章"之目；后者如全书各"编"之目统一用《文学观念的演进期（或复古期）之一（之二、之三）》来命名，将特定时代的文学观念置于特定时代的历史语境之中，意在强调文学观念的演进或复古与时代风气及学术思想的连带关系。同年出版的罗根泽《周秦两汉文学批评史》，其"知人论世"之特征更加显明：《绪言》部分的目录，既有《文学批评与时代意识》，还有《史家的责任》《历史的隐藏》等。郭、罗二著在"知人论世"

---

① 《文心雕龙·序志篇》讲到四个方面：一是"原始以表末"，即叙述各种体裁的起源和演变；二是"释名以章义"，即诠释各种体裁的名称，并说明其意义；三是"选文以定篇"，即从所论文体之中选出各时期的代表性作品加以评论；四是"敷理以举统"，即总括所论文体的基本法则和根本特征。

② （清）阮元校刻：《十三经注疏》下册，中华书局 1980 年版，第 2746 页。

③ 朱东润：《中国文学批评史大纲》，上海古籍出版社 1957 年版，自序第 3 页。

的同时，还注意到中国文论核心观念的演变，如郭著第三篇《两汉——文学观念演进期之二》，专门辨析"文学"与"文章""文辞"的区别；又如罗著第一篇《周秦文学批评史》有《"文"与"文学"》专章，第二篇《两汉文学批评史》有《"文"与"文章"及其批评》专章，第三篇《魏晋南北朝文学批评》有《文学概论》《文笔之辨》诸章。两位学者对中国文论核心观念的论述，开批评史书写"洪范九畴"模式之先河。

就批评史书写而言，如果说20世纪30、40年代是学科奠基期的"辉煌"，那么从80、90年代至本世纪初则是学科发展期的"繁荣"。参与批评史书写的，有德高望重的学者，如王运熙、顾易生、黄霖、蒋凡、敏泽、张少康、蔡锺翔、郁沅等，也有学生辈的李青春、袁济喜、李建中等。众多的批评史书写，其基本模式是"原始表末"，即在历史的框架内，依时序诠解历朝历代的文论家及其著述，阐释历朝历代的文论思想及核心观念。可见在"原始表末"模式之内，包含了"选人定篇"和"知人论世"。而"原始表末"的代表作应首推王运熙、顾易生主编的七卷本《中国文学批评通史》（上海古籍出版社）。这套书从1989年开始问世，到1996年全部出齐。是书全面清理各历史阶段文学批评发展过程，科学评价历朝历代经典理论家及批评经典，努力发掘新的材料，整体展示中国文学理论批评的丰富多彩和灿烂成就。

"原始表末"框架内的批评史书写，各有不同的理论特色。前面提到七卷本通史，第七卷为《近代卷》（黄霖著，上海古籍出版社1996年版），是书以文体为纲，将传统的诗、文、词论等列于前，将变化显著的小说、戏剧等理论批评置于后，并广泛地联系社会、思想、文化变革的实际，将历史轨迹的探索同理论上的概括和细致的剖析结合起来，深刻地揭示出中国近代文论由古代向现代转型的新变价值；李建中《中国古代文论》（华中师范大学出版社，2002年版），紧扣中国文学批评与儒道释文化的关系，在传统文化的思想背景和精神源流中，阐释古代文学批评的演进脉络和理论精粹，力图在民族文化和民族精神的层面褐橥中国古代文论的当代意义；袁济喜《新编中国文学批评发展史》（中国人民大学出版社，2006年版），注重批评史与思想史、哲学史以及美学等相邻人文学科的联系，着力彰显批评史中深挚博厚的人文精神，实现国学蕴涵与现实人生的深度贯通，以及文献与思辨的有机结合；李春青《中国文学批评史》（高等教育出版社，2014年版），在资料整理和问题意识的双重层面求真，追问古代文论话语的建构过程及其实际的社会功能与意识形态功能，而这一求真路向表现于方法论则是对话的言说立场、跨学科的互文性视野以及语境化的操作方法。在某种意义上说，这几部批评史的书写实践，为后来"范畴批评"式的《中国文学理论批评史》（高等教育出版社，2016年版）撰著准备了理论资源、方法论原则及学术团队。

二、三大序列

《尚书·洪范》："鲧堙洪水，汩陈其五行，帝乃震怒，不畀洪范九畴，彝伦攸斁。鲧则殛死，禹乃嗣兴。天乃赐禹洪范九畴，彝伦攸叙。"[1] 从鲧的"彝伦攸斁"到禹的"彝伦攸叙"，成败关键在于有无"洪范九畴"。中国文学批评史讲"范畴"或者"关键词"[2]，大多要追溯到《尚书》的"洪范九畴"，《洪范》所列举的五行、五事、八政、五纪、三德、五福、六极等等，是夏禹治理国家的基本范畴和范畴体系，亦可视为禹

---

① （清）阮元校刻：《十三经注疏》上册，中华书局1980年版，第187页。

② 关键词喻指核心的、重要的术语、概念、范畴和命题，这个意义上的关键词研究可追溯至五经和诸子的时代，如《周易》的彖传和象传，《墨子》的经和经说，《韩非子》的解老和喻老。

的核心观念。夏禹在治水之后用这些范畴或观念治国，取得了极大的成功，故《文心雕龙·原道》篇在讲述上古文明史时对此事大加赞美："夏后氏兴，业峻鸿绩，九序惟歌，勋德弥缛。"

如果我们跳出单一的历史叙事，在一个多元的层面作隐喻式言说，则可将《尚书》的"天乃赐禹洪范九畴"理解为：上天为圣贤恩赐兼具规律性和可操作性的基本范畴和范畴体系，以助其成功。鲧未能得到范畴，他失败了；禹得到了范畴，他成功了。治国如此，论文亦然，就后者而言，刘勰的成功，是构建并诠解"范畴"的成功，是折中并运用"范畴"的成功。我们看《文心雕龙》五十篇的篇名，大多是中国古代文学理论批评的核心范畴，如"神思""体性""风骨""通变""情采""声律""比兴""隐秀"等等。批评史书写，若将这些范畴论述清楚了，则将《文心雕龙》论述清楚了，也将中国文学批评史论述清楚了。在这个意义上我们可以说，中国文学批评史书写，一个提纲挈领且能事半功倍的方法，就是"洪范九畴"法。作为研究中国文学批评史的学者，真的要感谢"天乃赐禹洪范九畴"，有了"范畴"，我们才能避免"彝伦攸斁"，因而才有可能"彝伦攸叙"，甚至可能"勋德弥缛"。参古定法，望今制奇，高屋建瓴，弥纶群言——这应该是《中国文学理论批评史》推出"洪范九畴"新范式的理论缘由。

《中国文学理论批评史》主编黄霖先生在《绪论》中指出："中国古代文论的一些术语、概念、范畴和命题等，用极其精练、生动、准确的语词总结文学的本质特征和基本规律"，这些文论关键词（即术语、概念、范畴和命题等），"体现出某种程度的普遍性，因而在新的时代是可以沿用的。"① 这就揭示出中国文论关键词的历史意蕴与当代价值。毋庸

---

① 黄霖、李春青、李建中主编：《中国文学理论批评史》，高等教育出版社 2016年版，第 16 页。

讳言，中国文学批评史的经典文本之中，像《文心雕龙》这样有着自觉理论意识和整严范畴体系的巨制并不多见。陈中凡《中国文学批评史》称，除了《文心》和《诗品》这两部"论文之专著"外，其他的"论文之书，如历代诗话，词话，及诸家曲话，率零星破碎，概无统系可寻"①。百年之后重检此论，不难看出其偏颇之处。黄霖在引述陈中凡观点后指出："但实际上，多数著作是形散而神完，外杂而内整，有一个核心的见解或理论包容在里面，或重格调，或标性灵，或倡神韵，一丝不乱。"② 以《第五才子书水浒传》为例，金圣叹就小说中的人物、叙事、写景，乃至一字一句的点评，看似信手拈来，随意点到，却是围绕其小说理论关键词"性格""文法""亲动心""因文生事""因缘生法"展开，如草蛇灰线，拽之通体俱动。

无论是体大思精的《文心》、品第有序的《诗品》，还是妙趣横生的才子书、灿若繁星的诗话词话曲话文话，中国古代文论都是可以作"洪范九畴"式建构和解读的。几千年的中国文学理论批评，先后出现诸多的文论关键词，如何基于批评史之史实，建构出文论关键词之谱系，这是"洪范九畴"式书写的成败之关键。正如"洪范九畴"的最高境界是"彝伦攸叙"，文论关键词的遴选和阐释亦须"彝伦攸叙"。那么，中国文论关键词的"彝伦"何在？其"攸叙"又何以可能？

《中国文学理论批评史》以文论关键词结撰全书，除《绪论》外，是书分五章依次阐释各个历史时期的文论术语、概念、范畴和命题，每章之内，节和小节的标题全部用文论关键词命名。大体上说，节的标题是这个时期的核心关键词，小节的标题则是重点关键词。比如"魏晋南北朝文学理论批评"一章，以核心关键词"文气""文心""缘情""通变"

---

① 陈中凡：《中国文学批评史》，江苏文艺出版社 2008 年版，第 8 页。

② 黄霖、李春青、李建中主编：《中国文学理论批评史》，高等教育出版社 2016 年版，第 14 页。

分节。①"文气"一节下面，以重点关键词"体气""体性""风骨""养气"分列小节；而"文心"一节，又以"感物""神思""直寻""镕裁"分列小节，等等。

作为节之目的"核心关键词"与作为小节之目的"重点关键词"，还只是"彝伦"的第二序列和第三序列；中国文论之"彝伦"的第一序列，是《绪论》在讨论中国文论之理论特征时所深度阐释的三个"元关键词"：人，文，体。"元关键词—核心关键词—重点关键词"三大序列，构成中国文学理论批评的"彝伦攸叙"。

元者，原始也，原本也，美善之长也。中国文论的元关键词，标志着中国文论的起源、本原和美善之元。《绪论》指出，中国文论的核心精神以"人"为原点，将"人"视为"文"的本原，认为"人"是论文的出发点和中心点。《文心雕龙·原道》篇对"文学"的释名彰义是"心生而言立，言立而文明，自然之道也"，这里的"心"即谓"人（天地之心）"。文自人，文似人，文为人，这是《中国文学理论批评史》对"人"这一元关键词的意义以及"人"与"文"之关系的经典表述。"自人"之"文"，心声心画，言志缘情，沿圣以垂，明道为用；"似人"之"文"，近取诸身，以文拟人，有神有魂，有骨有髓；"为人"之"文"，兴观群怨，温柔敦厚，文以载道，文以怡情。"人"为文原，"文"为本体，"体"为文本。"体"作为元关键词，既指文学之大体又指文学之体用，既指创作之体要又指批评之体悟，既指作品之体类又指作家之体貌。中国文学的理论和批评，落到文学活动和作家作品的实处，是对"体"的研究。

《中国文学理论批评史》第二序列的关键词（核心关键词），用"节"的标题列举出来，先秦两汉时期有"诗言志""道法自然""风教"和"知

---

① 此时期的文学理论批评出现了"文以气为主""为文之用心""诗缘情而绮靡""通变"与"时序"等重要的理论命题和理论范畴。

人论世"，魏晋南北朝时期有"文气""文心""诗缘情"和"通变"，唐宋时期有"风雅比兴""兴象""诗法"和"妙悟"，元明清时期有"格调""神韵""义法""辨体""叙事""意趣神色"等，近代则有"文学界革命""纯文学""杂文学""境界""悲剧"等。第三系列关键词（即重点关键词），在"节"（即核心关键词）之下用"小节"的标题列出。比如第一章第一节《诗言志》之下，就有"修辞立诚""文质彬彬""温柔敦厚"和"赋比兴"等小节(即重点关键词)。第三系列的关键词数量很多，此不赘述。同"节"中的若干重点关键词，是从不同的层面来诠释此节的那个核心关键词；而同"章"中几个核心关键词，则整体地建构出那个历史时期的理论体系、特征、要义及地位。

三、四项原则

刘勰《文心雕龙·序志篇》为其文学理论批评自订四项原则："原始以表末，释名以章义，选文以定篇，敷理以举统。"前述中国文学批评史书写的几种模式就有"原始表末"式，他如"选人定篇"式和"知人论世"式，颇类似于刘勰的"选文以定篇"，而"洪范九畴"式则是"释名以彰义"加上"敷理以举统"。《中国文学理论批评史》的"洪范九畴"，不仅表现在理论建构层面的"彝伦攸叙"，而且表现在方法论层面对刘勰四项原则的会通适变。

当年刘勰撰著《文心雕龙》，概述"本课题研究现状"时，认为"近代之论文者"的通病是"并未能振叶以寻根，观澜而索源。不述先哲之诰，无益后生之虑"，故刘勰四项原则的第一条就是"原始以表末"。《中国文学理论批评史》的"原始以表末"，分别在三个不同的层面展开：一是在中国文论关键词的整个谱系之中确定"元关键词"，二是在阐释某一时代的文论关键词之前追溯其历史文化渊源，三是在阐释某一个关键词时追溯其语义根柢。第一点上节已经谈到，这里着重讨论二、三两点。《中国文学理论批评史》每一章的第一节均为对本时期历史文化背景的概述，全书五章的概述依次为：先秦两汉《儒、道文化背景下的文论创生》、魏晋南北朝《玄学思潮与文论新变》、唐宋《三教融合与文论多元》、元明清《文化总结时期的文论繁荣》和近代《西学东渐与文论转型》。各章"概述"对历史文化渊源的"原始表末"为接下来的关键词诠释提供了背景和前提。《中国文学理论批评史》在阐释文论关键词时，要追溯字义根柢并演绎文论关键词的语义流变。比如第一章诠解"诗言志"这一命题，充分利用传世文书（如《说文解字》）和出土文物（如上博楚简《孔子诗论》）①，讲清"诗"和"志"的原始意蕴，理清"诗言志"的三重内涵：一是"诗"与"志"或"识"通，是指"记忆"或"记录"；二是"赋诗"意义上的"诗以言志"，即对诗歌在特定时期独特功能的认定；三是后人通常所理解的对诗歌创作普遍原理的概括。

二是释名以彰义。所谓"关键词"是对英语 key words 的汉译，汉语"关键"的本义是内关门户、外键鼎耳，以键闭关锁喻指器物之宝贵，而英语 key 则意指用钥匙开启。键闭与开启，既构成"关键词"的语义张力，又铸就"关键词阐释"的方法论密匙，文论关键词的"释名以彰义"正在键闭与开启之间。《中国文学理论批评史》对文论关键词的阐释，既有逻辑层面的键闭式释名，亦有历史层面的开启式彰义。比如"文"

---

① 参见马承源编：《上海博物馆藏战国楚竹书》第一册，上海古籍出版社 2001 年版，第 121—122 页。《孔子诗论》存简 29 支，完简 1 支，约 1006 字。内容可分四类：第一类不见评论诗的具体内容，概论《颂》《大夏》《少夏》和《邦风》。第二类是论各篇诗的具体内容，通常是就固定的数篇诗为一组一论再论或多次论述。第三类为单简上篇名纯粹是《邦风》的。第四类是单支简文属于《邦风》《大夏》《颂》《少夏》等并存的。

这一元关键词，首先是《绪论》部分在"人—文"关系的逻辑层面作键闭式释名："文，心学也。"然后在各个相关章节作开启式彰义：如第二章有对"文学""文章"与"文笔"的辨析，第三章有"文以明道"与"作文害道"的对举，第五章有"纯文学"与"杂文学"的中西古今之比较。键闭与开启是一对矛盾，合起来使用是折中式辨析，即《文心雕龙·序志》篇所言"擘肌分理，惟务折衷"。比如关于"文学"一语的释名彰义，学界流行的观点是将汉语的"杂文学"与西文的"纯文学"作二元式对立，而《中国文学理论批评史》第五章则在对语义材料"擘肌分理"的基础上作出"折衷"式辨析。《论语·先进》的"文学：子游、子夏"是"杂文学"，四部分类中的"经史子集"是"杂文学"；但是，中国文学的演变过程是在逐步走着与今日世界所称文学者相合的道路，也就是说，不待西方浪漫主义运动后提倡"纯文学"，在中国固有的文学长河中，已经汩汩不断地流淌着"纯文学"的思想。事实上，一部中国文学史，留下了大量的"纯文学"作品，人们在解读这些作品或对"文""文章""文学"，乃至"诗""赋""词""曲""古文""小说"等特性作解说时，往往都注意到了它们的审美特性。他如第一章"无知音"与"有知音"，第二章"会通"与"适变"，第三章"明道"与"害道"，第四章"格调"与"性灵"、"写形"与"传神"等，均充满着折中和辩证的色彩。文论关键词在今天的使用，也讲究辩证：既有"沿用"与"改造"的辩证，也有"通变"与"借镜"的辩证，而其"借镜"之中又有"顺借"与"逆借"的辩证，亦即纪昀所说"考证旧闻，触发新意"。

三是选文以定篇。前面谈到，早期批评史书写的"选人定篇"和"知人论世"模式，主要是以文论专书或专篇为纲目，一本一本或者一篇一篇地讨论。后来被普遍采用的"原始表末"模式，也是在时空框架内论述各时期的文论经典。而"洪范九畴"式的《中国文学理论批评史》以文论关键词为纲目，在诠解一个一个术语、概念、范畴和命题时如何

"选文以定篇"？这是必须面对和解决的一大难题。中国文论关键词是从大量文献中总结、归纳、概括、提炼或抽象出来，这些文献既包括严格意义上的文学理论批评专书或专篇，也包括各体文学作品，还包括传世的经史子集和出土的简帛碑铭。更为复杂的是，某一个文论关键词，并不仅仅出自某一篇文献；而先后（或同时）出现于不同文献的同一个关键词，因其文本不同而释义有别。遇到这种情况，《中国文学理论批评史》首先是选定最具代表性的篇章，充分利用此篇章中的语义材料和思想资源，然后分"原始"和"表末"两个方向，论及相关的篇籍。比如第二章讨论"文气"，首先是选定曹丕《典论·论文》作重点解读，然后在《管子》《孟子》和《荀子》中"原始"，在《文心雕龙·养气》篇和韩愈《答李翊书》中"表末"。历朝历代的文论关键词生于并活在特定的文本之中，故文论关键词诠释的必由之路是返回文本现场：讲"诗言志"要回到《尚书》《左传》，讲"发愤著书"要回到《史记》《报任安书》，讲"讽谕"要回到《与元九书》，讲"童心"要回到《焚书·续焚书》，讲"悲剧"要回到《人间词话》《红楼梦评论》。黄霖在《绪论》中强调，只有回到历史文化语境，才不会轻率地用现代或西方的一套去硬套中国古代的文论范畴，将"风骨"解释为"风格"，将《文心雕龙·情采》篇的"要约"解释为"典型化"，也不会简单地用"现实主义与反现实主义""进步与反动"的公式来总结整个中国古代文论的演变"规律"。足见文论关键词阐释的"选文定篇"之事，绝不可以轻心掉之。

四是敷理以举统。就文论关键词的阐释而言，"敷理"与"举统"是两个不同的方向：敷者铺也，敷理谓铺叙、展开、排列、拓进等等；举者取也，举统谓撮取、提炼、抽象、归纳等等。对批评史教材的"洪范九畴"模式而言，"敷理以举统"具有双重意义：首先，文论关键词的产生，说到底是历代文论家"敷理举统"的结果；其次，文论关键词的阐释，一个重要的路径或方法就是"敷理举统"。《中国文学理论批评史》在"敷理举统"之时，"敷理"与"举统"这两个阐释方向或先或后，依阐释对象而定。比如讲"知音"是先举后敷，说"妙悟"则是先敷后举。知音其难哉！这是先撮举"知音"之要义；"知"者三弊、"音"者四谬、"（知与音）之间"者四偏，此乃后敷叙"（知音）难"之种种义项。"妙悟"则相反。参诗之路头、参禅之层级以及诗禅之相通，这是"先敷"；由"熟参"而"妙悟"，此乃"后举"。或先或后，要在层次分明，路径通畅，步步深入，渐趋佳境，至矣，尽矣，蔑以加矣！

下 编

第十一章　人：中华元典第一关键词

就元典关键词研究而言，本书上编是"理论范式"的总体建构与学术框架，下编则是"理论范式"的具体运用与个案分析。如果说上编回答"何谓'理论范式'"，那么下篇则回答"'理论范式'何为"。细绎之，上编之范式建构，又有"总体的"（理论模型、实践路径、学术前史、语义根柢）与"局部的"（三大路径、四大范式）之别；下编之个案分析，则有中华人文之"大词"（人、天、道、文、博雅、趣味、大学、文章）与文化—心理之"中词"（观、怨、力、雷）之分。

轴心期的中华元典（先秦五经及诸子），首创、标举并阐扬出诸多文化关键词，其中最重要最根本的是"人"：关于"人"的多元定义，关于"人"的语言性存在，关于"人"的天命与使命——此三项可依次概述为"人"义、"人"言和"人"命。

首先，先秦元典关于"人"的定义是多元的，《论语》《孟子》《礼记》等儒家元典将"人"与"仁"互训，强调"人"的仁义及慈爱；《老子》《庄子》等道家元典主张"人法自然"，强调人的天性及逍遥。他如《墨子》崇尚"人"的非乐与节欲，《列子》宽容"人"的感性与放纵，《韩非子》规训"人"的法、权、势等等，均构成先秦"人"论之另类和多元。概言之，儒墨诸家的"人"是在世的，道家的"人"是超越的。

其次，倮虫三千，人为之长。"人"长于何处？语言。关于"人"

的语言性存在，先秦元典有着丰富的语义资源。孔儒有立言、文言、慎言之诉求，庄子有寓言、重言、厄言之策略。同为儒家元典，《尚书》是训诰，《论语》是对话，《孟子》是辩难；同为道家元典，《老子》是诗体，《庄子》是谐体。综合儒道，可将先秦元典"人"的语言性存在表述为训诰与对话、辩难与独白、诗言与谐言的悖立与整合。

再次，《易》以"乾"为首，"乾"以"人"为天地之心。三才之心，不仅是"人"的定位，更是"人"的使命和运命。天，人之巅顶也，既超越式地标举人的位阶甚至永恒，亦宿命般地规定人的顺从甚至仆伏。而先秦元典中几个与"人"相关的汉字，既修辞性地赞颂"人"命的伟大（如"健"与自强之人，"圣"与大通之人，"道"与求索之人），又形象化地泣诉"人"命的悲怆（如"民"与为奴之人，"臣"与屈服之人，"刖"与刑余之人）。在先秦元典中重新发现"人"，或可除本土人"义"歧出、人"言"悖立和人"命"乖谬之障，去异域近现代哲学从尼采到福柯的"人之死"之弊，从而为汉语阐释学"人"的重释提供新的思路及方法。

据统计，《全唐诗》收录诗作 48 900 余首，出现频率最高的字是"人"：共出现 39 195 次。汉字的六书，象形为首；象形字之中，"人"字为要。姜亮夫指出："整个汉字的精神，是从人（更确切一点说，是人的身体全部）出发的。"①今天所能见到的甲骨文，表人的占 1/5 以上。从殷商甲骨文到唐代诗歌，中国文化及文学之重"人"是有目共睹的。问题是，汉语文化及文学的"人"，其"义"何在？其"言"何在？其"命"又何在？这些问题，在古典时期已因三教分殊、诸子杂陈而其异如面。五四之后，由于西学东渐尤其是人本主义思潮的进入，使得汉语的"人"面目不清：其"义"歧出，其"言"悖立，其"命"乖谬。西方近现代哲学，从尼采的"上帝之死"到福柯的"人之死"，在消解先验主体论传统的

---

① 姜亮夫：《古文字学》，浙江人民出版社 1984 年版，第 69 页。

同时企图否定自轴心期以来的人学传统。因此，如何拨开历史与现实的迷雾，返回语义现场，重新发现"人"，似为当下之要务，学术之使命。

一、"人"义多"方"

卡西尔（1874—1945）《人论》在谈到学界关于"人"的定义歧出时指出："我们近代关于人的理论失去了它的理智中心。我们所得到的只是思想的完全无政府状态。……一个可为人求助的公认的权威不再存在了。神学家，科学家，政治家，社会学家，生物学家，心理学家，人种学家，经济学家们都从他们自己的角度来探讨这个问题。……著作家个人的气质开始起到决定性的作用。欲望人人有之，每一位作者似乎归根到底都是被他自己关于人类生活的概念和评价所引导的。"[①]在卡西尔看来，关于"人"的定义之所以歧义百出，一是因为学科化，二是因为个人化：二者合起来酿成同一个结果：不同学科的"人"或不同气质的"人"或不同学科（气质）的"人"互不通气，各自得出关于"人"的不同界定和阐释。卡西尔《人论》出版于1944年，讲的是近现代关于"人"的定义。实际上，"人"之定义歧出，早在轴心时代就开始了。

轴心时代的柏拉图在讨论"美"之定义时曾感叹：美是难的。关于"人"，我们可以说同样的话。从逻辑上讲，"人"之定义的困难在于这一"定义行为"（或曰"阐释行为"）所必然具有的悖论性质，颇似罗素那个家喻户晓的"理发师悖论"。人给自己下定义，有点像理发师给自己理发。当然，理发师可以为自己理发，人也可以为自己下定义。问题是，

---

① ［德］恩斯特·卡西尔：《人论》，甘阳译，上海译文出版社1985年版，第28—29页。

当"人"（作为阐释主体）为"人"（作为阐释对象）下定义时，"人"的因素会影响到定义的真实性、客观性和准确性。刘勰《文心雕龙·知音》篇在感叹"知音其难"时，列举了"知音者"常犯的三种错误：文人相亲，贵远（古）贱近（今），信伪迷真。刘勰谈的是文学阐释，我以为也适用于"人"的阐释。"会己则嗟讽，异我则沮弃，各执一隅之解，欲拟万端之变"，结果自然是"东向而望，不见西墙也"（《文心雕龙·知音》）。

刘勰这里所讲的"会己"和"异我"，大体上属于个人气质性格或者胸襟识见等主体性缘由；而"一隅之解"与"万端之变"的对举，则与阐释者所属之学术门户和所持之学术见解相关。《庄子·天下》篇讨论上古学术史，有"道术"与"方术"的分别。道术是解决整体性甚至本体性问题的，是要拟"万端之变"的；而方术则为一方之术，一得之见，也就是刘勰所讲的"一隅之解"。正如"方术"不能解决"道术"的问题，站在某一门户的立场或者囿于某一学派成见，是很难给"人"下定义的。

高尔基说"文学是人学"；岂止是"文学"？在宽泛的意义上讲，人文社会科学之中，任何一门学科都可以说是"人学"。从轴心期时代到互联网时代，研究"人"的"学"（学科）越来越多，研究"人"的人（学者）也越来越多，但离"人"的真谛、真义和真相则越来越远。即使是专门研究"人"的学科也是如此，比如人类学。既有科学的人类学，又有哲学的人类学，也有神学的人类学，后来还有文学的人类学，心理学的人类学，历史的和文化的人类学……"它们彼此之间都毫不通气。因此我们不再具有任何清晰而连贯的关于人的观念。从事研究人的各种特殊科学的不断增长的复杂性，与其说是阐明我们关于人的概念，不如说是使这种概念更加混乱不堪。"①

---

① ［德］恩斯特·卡西尔：《人论》，甘阳译，上海译文出版社1985年版，第29页。

就汉语学界关于"人"的阐释而言，有没有一个"清晰而连贯的关于人的观念"？关于人的概念是否"更加混乱不堪"？这些都是值得我们深入探究的问题。可以确定的是，汉语阐释界关于"人"的定义是模糊不清的，是变动不居的，是因时因世因人因势而异的。究其缘由，除了前述"人"之自身所具有的种种局限和现代学术分科治学的种种弊端，还有一个重要而特殊的原因：近代西学东渐之后，西方种种关于"人"的定义对汉语"人"义的冲击。"人"是什么？古希腊先哲说人是爱智者，中世纪神父说人是上帝的恩赐，16—17世纪之交莎士比亚说人是万物之灵长、宇宙之精华，18世纪卢梭说人生而自由而又无往不在枷锁之中，19世纪达尔文说人是生物进化、自然选择的结果，20世纪卡西尔说人是符号的动物，21世纪赫拉利说人是算法的动物①……近代以来，西方学界关于"人"的种种定义，关于"人"之阐释的种种思路及方法，深度地影响了汉语学界。"茫茫往代，既沉予闻；眇眇来世，倘尘彼观"（《文心雕龙·序志》），汉语学界如何在"人"的阐释领域解决"沉予闻""尘彼观"的问题？回到轴心时代，回到华夏元典，在中华元典中重新发现"人"，重新阐释"人"，既与西方人本主义和先验主体论传统平等对话，亦与20世纪以来关于"人"的解构主义思潮平等对话。

按照冯天瑜先生的说法，中华元典主要指先秦两汉的五经和诸子书。先秦元典关于"人"的定义是多元的，《说文解字》："人，天地之性最贵者也。此籀文，象臂胫之形。凡人之属皆从人。"②关于"人"之字义（天地之性最贵者也），段注曰："禽兽草木皆天地所生，而不得为天地之心。惟人为天地之心，故天地之生此为极贵。"关于"人"之字形（象臂胫之形），段注曰："人以纵生，贵于横生，故象其上臂下

167

---

① 这还不包括前述从19世纪到20世纪的尼采（上帝之死）和福柯（人之死）。
② （清）段玉裁：《说文解字注》，上海古籍出版社1981年版，第365页。

胫。""纵生"贵于"横生",直立行走之人贵于仆伏爬行之兽。段玉裁说"人"形,其实还是在说"人"义。许慎和段玉裁都没能见到甲骨文,但他们对籀文之"人"的解释却与甲骨文之"人"的本义暗合。徐中舒主编《甲骨文字典》,对"人"的解释是"象人侧立之形",并引《说文》"(人)象臂胫之形"而称"《说文》说形近是"①。

段玉裁注许慎"人"说,大量征引《礼记·礼运》篇之"子曰":"人者,其天地之德,阴阳之交,鬼神之会,五行之秀气也。"② 又:"人者,天地之心也,五行之端也,食味、别声、被色而生者也。"③ 段注所引《礼运》之"子曰",还讲到了何为"人情"(喜怒哀惧爱恶欲),何为"人义"(父慈子孝兄良弟弟夫义妇听长惠幼顺君仁臣忠),何为"人利"(讲信修睦),何为"人患"(争夺相杀)④,等等。

凡人之属皆从人,原始儒学的关键词"仁"是"人之属",故"从人"。而儒学之"人"义,其核心之处在于"人"与"仁"互训。孔子多次讲"仁者人也"⑤,孟子也讲"仁也者人也"。《说文》许慎说"仁":"仁,亲也,从人二。从人,刃声。"段玉裁认为"仁"是一个会意字,会"人耦(偶)"之意。何为"人耦"?段注曰:"人耦犹言尔我亲密之辞,独则无耦,耦则相亲,故其字从人二。"段注还引了《中庸》"(子曰)仁者人也"和《孟子》"仁也者人也"来证明他的"仁"与"人耦"之关联。

先秦两汉诸子说"人",儒家的"人"是在世的,道家的"人"是超越的。《老子》《庄子》等道家元典主张"人法自然",强调人的天性

---

① 徐中舒主编:《甲骨文字典》,四川辞书出版社 2006 年版,第 875 页。

② (清)阮元校刻:《十三经注疏》下册,中华书局 1980 年版,第 1423 页。

③ (清)阮元校刻:《十三经注疏》下册,中华书局 1980 年版,第 1424 页。

④ (清)阮元校刻:《十三经注疏》下册,中华书局 1980 年版,第 1422 页。

⑤ 除了上引《礼记·礼运》篇,《礼记·表记》篇亦有子曰:"仁者人也。"(参见(清)阮元校刻:《十三经注疏》下册,中华书局 1980 年版,第 1639 页)

及逍遥。后来荀子批评庄子"蔽于天而不知人"①，是说在"天"与"人"二者之中，庄子重"天"而不重"人"，所以其《解蔽》篇欲解庄子"人"义之蔽。他如《墨子》崇尚"人"的非乐与节欲，《列子》宽容"人"的感性与放纵，《韩非子》规训"人"的法、权、势等等，既酿成先秦"人"论之另类，又构成中华元典"人"义多元之景观。从观念的层面论，有"人"的仁性（儒家）、天性（道家）与悟性（佛家）；从经验的层面论，有"人"的生命（管子"人者身之本也"）、劳作（孟子"劳力者治于人"）和语言（庄子"言隐于荣华"）。前者是人的超越与无限，后者是人的在世与有限：二者共同构成大写而真实的人，立体而多元的人。

二、"人"言在"我"

中华元典中，《尔雅》被称为"五经之训诂"，《释诂》《释言》《释训》三篇释"词"（普遍词语），余下诸篇释"物"（百科名词）。《尔雅·释诂》关于"我"的训诂共有九个同义词："卬、吾、台、予、朕、身、甫、余、言，我也。"②《诗经》的毛传和郑笺亦训"言"为"我"。《淮南子·泰族训》称："言者，所以通己于人也。"如果说，《淮南子》的"通己于人"还只是强调"言"对于"人"（人际交往）的功能性或工具性价值；那么，《尔雅》的"言，我也"则是关于"人"的本体性和本质性规定。《大戴礼记·易本命篇》有"倮之虫三百六十，而圣人为之长"③，王充《论衡·商

---

① （清）王先谦撰，沈啸寰、王星贤点校：《荀子集解》下册，中华书局1988年版，第393页。

② （清）阮元校刻：《十三经注疏》下册，中华书局1980年版，第2573页。

③ （清）王聘珍撰，王文锦点校：《大戴礼记解诂》，中华书局1983年版，第259—260页。

虫》篇约言为"倮虫三百，人为之长"①。较之于"虫"，"人"长于何处？言也。借用前述许慎的话来设问：天地之生（性），人何以极贵？言也。

易有八卦，乾居其首；乾之三爻，人居其心。在会意的层面上说，"乾"卦或可读作"人"字：一位立地顶天之人，一位性灵所钟之人。《周易·系辞上》列举《易》有圣人之道四焉"而首标"以言者尚其辞"。《系辞上》又称"鼓天下之动者存乎辞"，人之言辞何以能鼓天下之动？千年之后，刘勰答曰："辞之能鼓天下之动者，道之文也。"《文心雕龙·原道篇》在追溯了从伏羲画卦到仲尼翼易的华夏文明史之后，总括出关于"文学"的定义："心生而言立，言立而文明，自然之道也。"

刘勰关于"文学"的定义有两个关键词："人"与"言"。刘勰的"人"来自《周易》乾卦所呈现的宇宙结构，"人"为天地之心、三才之魂，是为"心生"；天地宇宙之中，唯"人"能"言"，唯"人"有"辞"，是为"言立"；当人开始言说之时，是为"因文以明道"，人类文明方始彰明，方始灿烂，方始文明以止，是为"文明"。从"心生"到"言立"，从"言立"到"文明"，既是人类文明生生不息的过程，也是"人"的身份和价值得到确证的过程，而在这样一个过程之中，"言"扮演着极其重要的角色。

中华元典"人"义多"方"，关于"言"的言说亦因人（言说者）因方（学派）而异。这种差异性主要表现为两个方面：一是关于"言"之本（本体、本质），二是关于"言"之体（体类、体貌）。就前者而言，有孔子的"慎辞"与庄子的"忘言"之别；就后者而论，则有诸子之言的才性异区、其异如面。而这两大方面的差异性，又可归源于一个共同的缘由："言"者在"我"。

前面提到，《尔雅·训诂》列举出"我"的同义词共有 9 个，加上

---

① 黄晖：《论衡校释（附刘盼遂集解）》第三册，中华书局 1990 年版，第 716 页。

紧随其后所列举的"身"和"予"的同义词，《尔雅》用来表现"人"之自分定位即自我确证的汉字共有 12 个！"言"者在"我"，不同的"我"有不同的"言"，不同的"我们"更是有不同的"言"。就"人"言在"我（们）"而论，中华元典中最大的差异当然是儒、道之异。孔儒有立言、文言和慎言之说，立言者，求之不朽也；文言者，传说经典也；慎言者，宝重其言者也。三言所指，指向"言"对"人"的三重意义：不朽之因、经典之翼和交通之要。道家也有"三言"，即庄子的寓言、重言和卮言。从表现上看，庄子的三言属于言说方式，属于言之体；但溯其根源，则"三言"之本根，在于道家对"言"者在"我"的本体性认知。寓言是借外而言之，重言是借他人而言之，卮言则是随其俯仰、任其自然而言之。察其共性，究其根本，"三言"论者对"言"持一种无可而无不可、无为而无不为的态度，这种态度是必然要通向"忘言"或"无言"的。言之本有两家之别，言之体则有百家之异。不仅是不同的"我们"（即各家各派）有不同体貌不同风格的言，即便是同一类"我们"，也会因"我"之不同而"言"各有体。比如，同为儒家元典，《尚书》是训诰式，《论语》是对话式，《孟子》是辩难式；同为道家元典，《老子》是诗体式独白，《庄子》是谐体式卮言，《淮南子》是百科全书。综合儒道，可将先秦元典"人"的语言性存在表述为训诰与对话、辩难与独白、诗言与谐言的悖立与整合。总体上说，中华元典中的"人"之"言"，无论是"人"言在"我"还是"人"言在"我们"，其核心精神都是相通的：就表层而论，是孔子说的"不言，谁知其志"；其深层意蕴则可引申为：不言，谁识其"我"。言者，我也。

西方哲学和文学理论，在 20 世纪有一次语言学转向。就中西比较的层面而论，这种有后现代意味的转向，其实是转向了前现代即人类的轴心期。卡西尔《人论》有一章专论"语言"；关于"人"言在"我"，卡西尔的主要观点有五，而每一个观点都与中华元典的语言观有可通约之处：其一，人类世界，语言占有中心地位，要理解宇宙，必须理解人的语言（不言，谁知其世）；其二，语言就其本性、本质而言，是隐喻的（寓言十九）；其三，语言是一种能（energy）而非一种功（work）（鼓天下之动者存乎辞）；其四，语言有共时性（规律和规则）、历史性（个人和个性）和创造（创生）性等功能（字者，孳乳也）；其五，人类语言因上帝的巴比塔（The Tower of Babel）而交通其难哉（绝地天通）。①21世纪问世的《人类简史》，在一个更为宏大的时空领域讨论"智人"的语言问题，将"河边有狮子"、"八卦"和"虚构"这些"言"之功能，作为"智人"的根本性特征。② 从卡西尔到赫拉利，我们看到"人"言在"我"的（中西）可通约性。

三、"人"命关"天"

前面谈到，《易》之"乾"卦可视为"人"，视为天地之心的"人"。《易》以"乾"为首，"乾"以"人"为心，三才之心不仅是"人"的定位，更是"人"的使命和运命。《说文》："天，颠也。至高无上，从一大。"段注曰："颠，人之顶也，以为凡高之称。"③ 天既从人又从大，《说文》释"大"，称"天大，地大，人亦大焉，象人形"④。故就字形、字义而论，"天"与"人"是一体的："天"字出生伊始，便与"人"字浑然

---

① 参见［德］恩斯特·卡西尔：《人论》，甘阳译，上海译文出版社1985年版，第140—174页。

② 参见［以］尤瓦尔·赫拉利：《人类简史：从动物到上帝》，林俊宏译，中信出版社2014年版，第25页。

③ （清）段玉裁：《说文解字注》，上海古籍出版社1981年版，第1页。

④ （清）段玉裁：《说文解字注》，上海古籍出版社1981年版，第492页。

一体，须臾不离。"天"在"人"的头顶（"仰以观于天文"①）也在人的心中（君子心"畏天命"②），既是人的法则（"人法地，地法天，天法道，道法自然"③）亦是人的疑窦（"天何所沓？十二焉分？"④）……作为"人"之巅顶的"天"，既超越式地标举人的位阶甚至永恒，亦宿命般地规定人的顺从甚至仆伏。

"人"命关"天"。《说文》许慎说"命"："命，使也。从口从令。"段注曰："令者，发号也，君事也。非君而口使之，是亦令也。故曰命者天之令也。"⑤命从口，故与"言"相关；命从令，又与"天"相关。"令"既可以来自"君"亦可以来自"非君"，而无论来自何处，既曰"命"则为"天之令也"。命，使也；使命，天之令也。故《礼记·中庸》开篇便曰："天命之谓性，率性之谓道，修道之谓教。道也者，不可须臾离也，可离非道也。"郑玄注曰："天命，谓天所命生人者也。是谓性命，木神则仁，金神则义，火神则礼，水神则信，土神则知。"⑥郑玄将"天"之五行（木金火水土）与"人"之五性（仁义礼信智）一一对应，既是建立华夏文明"天人合一"的语义学根基，更是为了强调"天命"在宇宙论意义上的合法性和权威性。在从郑玄到段玉裁的汉语阐释史中，"人"之"命"有着两个层面的语义内涵：一是生物学意义上的，一是哲学意义上的。就前者而论，性命亦为生命，故"天命之谓性"方可解释为"天所命生人者也"；就后者而论，性命又是道之命亦即形而上之命，故"天命"亦可解释为非君和非非君的"天之令也"。

① （清）阮元校刻：《十三经注疏》上册，中华书局1980年版，第77页。

② 程树德撰，程俊英、蒋见元点校：《论语集释》第四册，中华书局1990年版，第1156页。

③ 楼宇烈：《老子道德经注校释》，中华书局2008年版，第64页。

④ 董楚平：《楚辞译注》，上海古籍出版社1986年版，第84页。

⑤ （清）段玉裁：《说文解字注》，上海古籍出版社1981年版，第57页。

⑥ （清）阮元校刻：《十三经注疏》下册，中华书局1980年版，第1625页。

"人"命关"天"，儒道皆然；不同的是，道家主张法天，儒家则是畏天。《老子》第二十五章："人法地，地法天，天法道，道法自然。"在老子那里，道即自然，故这段话可约言为"人法自然"。老子讲"上善若水"，主张人法水道，不争而无尤；老子又讲"天地不仁""圣人不仁"，是说圣人应该如天地一般无所偏爱，顺其自然。道家的庄子，接着老子讲天钧、天籁、天德、天人。庄子最推崇的"道术"其根本特征便是"见天地之纯，古人之大体"（《庄子·天下》）。被誉为儒家"五经"之首的《周易》其实也有"法天"之内涵。八卦起首两卦，乾义为健，坤义为顺，故乾卦的《象传》有"天行健，君子以自强不息"，坤卦的《象传》有"地道坤，君子以厚德载物"。这种"天如何，地如何，人如何"的法天式思维及言说，可谓贯穿《周易》之始末。

当然，儒家的"人"命关"天"，最为核心的理念是孔子的三畏之首："畏天命"。如果说，"天"在老庄那里，还是自然的，素朴的，虽不可说却是可知可感的。在孔子这里，"天"反而是神秘的、主宰的、宿命的，"巍巍乎！唯天为大"（《论语·泰伯》）。《论语》中，"天命"出现 3 次；"天"字出现 19 次，其中有 16 次是讲"天帝、天神或者天理"①。上天是不能得罪或欺骗的，"获罪于天，无所祷也"（《八佾》），"予所否者，天厌之，天厌之"（《雍也》）。上天主宰着人的运命与死生，故颜渊殂而孔子悲叹："天丧予！天丧予！"（《先进》）故畏于匡而孔子不惧："天之未丧斯文也，匡人其如予何？"（《子罕》）说到底，天是不言而成的："天何言哉？四时行焉，百物生焉，天何言哉？"（《阳货》）

老子的法天与孔子的畏天，路径虽异，旨趣却是相通的，所谓殊途同归是也。归于何处？命也。法天或者畏天，就消极的层面论是人的宿命，就积极的层面论则是人的使命，合起来讲则是人的命运。而就人的

---

① 杨伯峻：《论语译注》，中华书局 1980 年版，第 223 页。

命运而言，先秦元典中几个与"人"相关的汉字，既修辞性地赞颂"人"命的伟大（如"健"与自强之人，"圣"与大通之人，"道"与求索之人），又形象化地泣诉"人"命的悲怆（如"民"与为奴之人，"臣"与屈服之人，"刖"与刑余之人）。正是在这种复杂的历史语境之下，我们才可能理解，为什么继北方的老子"法天"、孔子"畏天"之后，南方的屈原要发出疑"天"之"问"："鲧何所营？禹何所成？康回冯怒，地何故以东南倾？"屈原的《天问》是文学作品，兼有诗人之哲思与哲人之诗性；与老庄孔孟同处人类轴心时代，屈原之问"天"，其对人之命运的质疑和对人生道路的求索，是既关乎天道亦关乎人事的。卡西尔《人论》指出："为了研究人类事务的秩序，我们就必须从研究宇宙的秩序开始。"① 在西方有哥白尼的日心说，在东方有刘勰《文心雕龙》的"原道"：后者追源"文明之元"，从"天"开始说起：所谓"玄黄色杂，方圆体分"，所谓"日月迭璧，以垂丽天之象"。在刘勰的文学理论之中，既有"人"命在"天"（从天之文到人之文），亦有"人"言在"我"（心生—言立—文明），二者皆指向"人"义多"方"（才性异区，其异如面）。于是，我们看到中华元典的"人"义、"人"言和"人"命对后轴心时代文化及文学的巨大影响。

① ［德］恩斯特·卡西尔：《人论》，甘阳译，上海译文出版社 1985 年版，第 18 页。

第十二章　天、道、人、文：元典关键词
与中华审美文化

中华审美文化与创生、记载并传播这一文化的汉语关键词有着密切关系，在某种意义上说，没有汉字，没有汉语关键词，就没有中华审美文化。关于汉字与中华审美文化之关系，学界的认知和探讨尚停留于对鲁迅"意美以感心，音美以感耳，形美以感目"之结论的阐释，而未能"振叶以寻根，观澜而索源"，未能从根源处追问并验明汉字与审美文化的血缘关系从而揭示中华审美文化的字生性特征。中华审美文化的孕育、诞生、成长乃至生生不息，与四个汉字（我们称之为"元关键词"）密切相关：可法可畏之"天"彰显审美境界，亦行亦止之"道"褐橥审美规律，心物一体之"人"建构审美主客体，心生言立之"文"诠解审美言说。"关键词"是英语 key words 的汉译，key words 者，words'key 也。审美文化是华夏文明的宝中之宝，而中华审美文化的这四个元关键词则是开启宝库的金钥匙。

提及"元关键词"一语，先须清楚"元"字的内涵。"元"有三义：第一是"开始"。比如每年的第一个月为"元月"，元月的第一天为"元旦"，就是开始、起初的意思；"元"的第二个含义是"根本""本来"之意。在明代朱元璋之前，"元"与"原"是互通的，而为了避朱元璋讳，明代以后便用"原"取代了"元"的"根本""本来"之意；而第三个含义则是

"美"的意思，汉魏之际的大哲学家王弼为《周易》作注，将坤卦爻辞的"元"释为："以文在中，美之至也。"①诸如"元妃""元配""美善之元"等，皆有美的含义在内。中国审美文化的四个关键词"人""文""天""道"，既是最早的汉字，又是最根本的汉字，还是蕴含着美感的汉字，因此，笔者将这四个汉字定义为中国审美文化的元关键词。

爱美之心，人皆有之，人既是"美"的创造主体，又是"美"本身。可以说"人"既创造了美，又欣赏了美，同时也是被欣赏的对象。"人"在创造美的过程中，与"天"产生了各种意义上的联系。俗话说"人在做，天在看"，"天"，既是人在审美创造时所效法的对象，同时也是人所追求的审美境界。而"文"是人类审美创造的呈现方式，"上知天文，下知人文"体现了人类对审美创造的追求。人之"文"的创造过程，须遵循一定的规律，这个规律就是"道"。老子《道德经》云："人法地，地法天，天法道，道法自然。"②由此可见，中华审美文化的四个元关键词"天""道""人""文"之间，有着内在的密切的联系。

一、可法可畏之"天"

"天"字的甲骨文和金文分别如下：

甲骨文"天"　金文"天"

---

① （清）阮元校刻：《十三经注疏》上册，中华书局1980年版，第18页。

② 楼宇烈：《老子道德经注校释》，中华书局2008年版，第64页。

这是一个张开双臂的人，头上顶着一片天。许慎《说文解字》："天，巅也。至高无上，从一、大。"①许慎虽然没有见到过甲骨文的"天"，但他对"天"的解释，第一句话"天，巅顶也"与甲骨文义相合，而第二句"从一、大"却说不通：因为"大"是人的正面形象，头上所顶着的并非是"一"，而是我们今天所说的一片"天空"——这一点，甲骨文和金文的字形表现得很清楚。

现代自然科学范畴里的"天"有严格的定义，它属于独立于人之外的宇宙，是自然科学研究的对象。然而，从甲骨文和金文的"天"之构形可以看出，古人眼中的"天"和"人"是一体，这也是中国审美文化"天人合一"的字源学基础。冯友兰《中国哲学史》一书中对中国古代"天"的含义做了总结，提出了"五种天"，它们是：一、物质之天，就是与地相对的天，即天空，高处；二、主宰之天，即所谓皇天上帝，有人格的天、帝。这种理解，在史书中常见，神话传说中也很多；三、命运之天，这种理解揭示了天有着人所无法抗拒的力量；四、自然之天，自然之天和物质之天不一样，它侧重于指自然的运行，并具有自己的运行规律，比如天性；五、义理之天，这里说的天是指哲学意义上形而上学的天，即天理，是宇宙的最高原则，这种原则超过了自然之天。②中国汉字的"天"有多重含义，冯友兰把天的理解细化、分类，使天的概念不再神秘、混乱。笔者考察"天"的五种含义，发现冯友兰对"天"的这五种解释都与"人"息息相关，没有哪一种"天"是脱离了人的意义而独立存在的。

以老子和庄子为代表的道家思想主张"法天"，即以"天"作为准则或者说人要效法天。老子《道德经》第二十五章："人法地，地

---

① （清）段玉裁：《说文解字注》，上海古籍出版社1981年版，第1页。

② 参见冯友兰：《中国哲学史新编》上卷，人民出版社1998年版，第103页。

法天，天法道，道法自然"①，老子认为天地是自然的，自然是最美好的，而人为的事物则破坏了这种美，因此人不能胡作妄为，而要效法自然。这是老庄道家哲学的重要思想。为什么人要效法自然呢？《道德经》第五章指出："天地不仁，以万物为刍狗"②，这里的"不仁"不是指不仁慈，而是指不偏不倚，无所偏爱，没有私心。"刍狗"就是指祭祀用的用草扎成的狗，当人们把刍狗当贡品祭祀天地时，将其恭敬地供上，待祭祀完成以后，就将刍狗丢弃在田间地头，任其风吹雨打自生自灭。无论是先前的祭祀，还是祭祀后的丢弃，这一切的过程都是在祭祀者无所偏爱的状态下自然而然发生的，而天地对待万物就如同祭祀者对待刍狗一样，这就叫"天地不仁"。

道家人法自然的另一个美学命题是"上善若水"，这句话出现在《道德经》第八章。老子认为最高的"善"就像水一样。因为水往下流，往最低最脏的地方流，并能化肮脏为洁净。同时，水是最柔弱的物体，然而它却能够击穿最坚硬的物质，"水滴石穿"。老子认为看似最柔弱的事物其实是最坚强的，看似最坚硬的事物实际是最软弱的。老子甚至认为活着的生命都是柔软的，只有死去的生命才会变得坚硬，故他说："人之生也柔弱，其死也坚强。万物草木之生也柔脆，其死也枯槁。故坚强者死之徒，柔弱者生之徒。是以兵强则不胜，木强则兵。强大处下，柔弱处上。"③ 作为自然界的一个最常见元素之一，水对人维持生命起到非常重要的作用，同时它也是最具有牺牲精神的事物，因此老子认为"上善若水"。从这两个事例可以看出，道家的美学观是"法天地、法自然"的。

"乾卦"是《周易》的第一卦，象征"天"。纵观乾卦的爻辞，描述的是龙的六种状态：

---

① 楼宇烈：《老子道德经注校释》，中华书局 2008 年版，第 64 页。

② 楼宇烈：《老子道德经注校释》，中华书局 2008 年版，第 13 页。

③ 楼宇烈：《老子道德经注校释》，中华书局 2008 年版，第 185 页。

初九：潜龙，勿用。

九二：见龙在田，利见大人。

九三：君子终日乾乾，夕惕若厉，无咎。

九四：或跃在渊，无咎。

九五：飞龙在天，利见大人。

上九：亢龙有悔。①

乾卦的爻辞表面上说的是龙，实际上也是叙述了人一生的六种状态。人的一生往往如爻辞描述的那样，经历着初始——成长——壮大——鼎盛——衰落的过程。而在乾卦和坤卦的象传中，有这样的两句话："天行健，君子以自强不息。地势坤，君子以厚德载物。"这两句话的逻辑是：天如何，地如何，人如何。可见，《周易》也是一部讲"法天"的书，可"法"之"天"成为中华审美文化的最高境界。

道家"法天"，儒家则是"畏天"。孔子曰："君子有三畏：畏天命，畏大人，畏圣人之言。"②孔子认为人必须有所敬畏，才能够被称之为君子。当孔子最爱的大弟子颜回去世之后，孔子非常痛苦，说："天丧予！天丧予！"认为这是上天对自己的惩罚。孔子还说过："天何言哉？四时行焉，百物生焉，天何言哉？"③他认为上天虽然并不说话，但是春夏秋冬照样交替轮回，自然万物依然蓬勃生长。这就是天的神秘力量之所在，因而儒家主张"敬畏天地"。

而在南方，以屈原为代表的楚国文化则是在"问天"。屈原在《天问》中提出："鲧何所营？禹何所成？康回冯怒，地何故以东南倾？"④屈原的

---

① （清）阮元校刻：《十三经注疏》上册，中华书局1980年版，第13—14页。

② （清）阮元校刻：《十三经注疏》下册，中华书局1980年版，第2522页。

③ （清）阮元校刻：《十三经注疏》下册，中华书局1980年版，第2498、2526页。

④ 董楚平：《楚辞译注》，上海古籍出版社1986年版，第88页。

问天，体现了他追求真理的探索精神，彰显了一种人文境界。而在中国的民间，老百姓也发出了自己的"天问"。正如西方人在情绪激动时说出"My God"一样，中国人在激动时会情不自禁地说"我的天啦！"杜甫《新安吏》有："眼枯即见骨，天地终无情！"① 杜甫在这里劝慰离别的人不要再哭泣，以"天地无情"来抨击最高统治者，体现了他忧国忧民的思想。关汉卿《窦娥冤》那段著名的台词："地也，你不分好歹何为地？天也，你错勘贤愚枉做天！"也是一种民间的"问天"。可见，中国民间的"问天"表面是在质问天地，实际上是通过对"天"的质疑来反抗专制统治，抨击统治者的昏聩和无法无天，这体现了中国传统文化中浓厚的民本思想。通过"问天"来"问人"，也是中国审美文化的一个传统，它给天赋予了新的含义。

二、亦行亦止之"道"

"道"的金文图形画作🈫，其形象是一个十字路口，旁边有一个人头，还有一个脚趾。展示了一个人站在十字路口给人指路，因而"道"最早的含义就是"指导"。后来由"指导"进一步引申，又有了"说话"的意思。"道"的小篆体写作🈳，左上角是一个双人旁，表示"行动"，左下角为"止"，表示脚趾，也有"停止"的意思，右边则是一个人的形象。这个图形传达了这样的一个信息：在道上有两种行动方式，一种是行走，另一种是停止。纵观中国古代的哲学思想，儒家偏重于"行走"，主张"立德、立功、立言"三不朽，忧国忧民，知其不可为而为之；道家则主张"停止"，道法自然，因而要通过"无为"而顺应自然。可

---

① （清）杨伦笺注：《杜诗镜铨》上册，上海古籍出版社1980年版，第220页。

见"道"字的形象蕴含了一种张力，这种力量潜移默化地影响了中国古代的两大主要哲学，成为了其思想的重要来源。

《说文解字》云："道，所行道也。一达谓之道。"[①] 可见"道"之本义实为形而下之"道路"。而审美意义上的"道"则更多地具有形而上的哲学内涵。作为"道路"的道，具有三层含义：第一，起点与终点，即从哪里出发，到哪里去。而它的引申义则为本源与终极。所有哲学和美学的思想理论，都不能回避如下命题：世界的本源是什么？我从哪里来，我到哪里去？人活着的终极意义是什么？第二，凡道路皆有边界和轨迹，而引申到哲学和美学层面，则是"规律和规则"，任何一种事物都有其运行规律，任何一种文化活动都有其规则。这就好比要在道上行走，不要逾越道路的约束，不要违反规则。第三，在道上行走有各种方式，即行道之方。而从审美主体的层面来讲，所行之"道"可引申为"作为审美创造的方法和技巧"。而好的方法和技巧，也在某种程度上揭示了一定的审美规律，因此"方法和技巧"与"规律和规则"之间有着密切的联系。

中国传统的太极图，由白眼黑身的阴鱼和黑眼白身的阳鱼组成。阴阳鱼此消彼长，相互做着永恒的游动。而这就是中国审美文化"道"的最根本规律："反者，道之动。"[②] 这句话出自《道德经》第四十章，其意为：循环往复的运动变化，是道的运行规律。这句话既是老子哲学的主要论点之一，也是儒家解读《易经》的主要论点之一。当然，"道"的规律不止于此，正如《道德经》第一章所言："道可道，非常道。"最高的道，最高的技巧，最微妙的事物，实际上是不能说的，一被说破就不再是真正的"道"了，这也是中国人对于审美之道的最高明的体悟。

中国传统美术讲究"无画处皆成妙境"，中国传统书法的"计白当

---

① （清）段玉裁：《说文解字注》，上海古籍出版社 1981 年版，第 75 页。

② 楼宇烈：《老子道德经注校释》，中华书局 2008 年版，第 110 页。

黑"，也是"大音希声，大道无形"的体现。而中国传统文学也注重这种"留白"，讲究"空白之美"或"无言之美"，《红楼梦》中林黛玉临死前的一句"宝玉，你好……"，留给读者以无尽的遐想。然而，即便是老子和庄子，一边说"不可道"，一边却也洋洋洒洒地留下了五千字的《道德经》和七万字的《庄子》，不能不说是一种悖论。如果庄子和老子"不道"的话，他们的思想也无法传递绵延至今了。而且，庄子的"道"成就了先秦时期最美的散文，即《庄子》三十三篇。《庄子》中以寓言的形式提到了许多审美创造的技法，包括解牛之技："观知止而神欲行"；捕蝉之道："用志不分乃凝于神"；斫轮之术："不徐不疾，得手应心"和制琴之法："心斋坐忘，以天合天"等等。从庄子的这些寓言可以看出，审美的创造还是有其自身的规律的，而审美主体必须通过一定的修炼才能掌握这种规律。

三、心物一体之"人"

人的甲骨文图形是↗，一个揖让之人的侧影，象征着礼让之美，孔子云："文质彬彬，然后君子。"而"人"的意象本身就是一种美。"美"字的甲骨文如图：🧍，这个图形的上部为羊，下部为人，取"羊人为美"之意象。而"羊人"的形象则来自于上古时期人们的祭祀活动。在祭祀活动上，人们戴着羊的头具载歌载舞，表达他们对神灵的崇拜之情。在当时的人们看来，这是一种充满艺术气息的神圣造型。也有学者认为"美"的图形是"人"头上装饰着羽毛[1]，而无论是"羊人为美"，还是

---

[1]　刘旭光：《"美"的字源学研究批判——兼论中国古典美学研究的方法论选择》，《学术月刊》2013年第9期。

"羽人为美"，其形象都标志着宗教和艺术活动中人作为客体（即对象）的美。现实生活中的"人"作为审美客体，同样具有其审美价值，《诗经·卫风·硕人》中赞美卫庄公夫人庄姜的诗句："巧笑倩兮，美目盼兮"①，应该是汉语文学中最早的以现实生活中的"人"为鉴赏对象的诗性语言。此外，《周易》中乾卦的三根阳爻，其中上面的一根爻线象征天，下面的一根爻线象征地，而中间一根爻线则是人的象征。作为顶天立地的人，乾卦"刚健"的意象顿时凸显于前。古人有一种比喻，谓人是"天地之心"。因此，从祭祀时神圣的"羊人"或"羽人"，到"巧笑倩兮，美目盼兮"的形象生动的"硕人"，再到作为"天地之心"的"三才"意义上的"人"，"人"作为审美客体，在中华审美文化中扮演着极其重要的作用。

如果说，"天""人""美"等古文字展示了人作为审美客体的正面形象，那么，还有一些古文字（如"民""臣""妾"等）则展现了人的痛苦、悲剧的形象。从美学的角度来看，"丑"作为"美"的对立面，同样具有审美内涵和审美价值，从中我们可以窥探其悲剧层面的美。现代汉语中，"人"和"民"的概念接近，但是在上古社会，"民"却是指没有人身自由的奴隶，"民"的甲骨文形象是 𤔨，描绘的是将尖锥刺向眼睛的画面，奴隶主将奴隶的眼睛刺瞎一只，以标记其为自己的私有物，这就是"民"最早的含义。之后经过漫长的演化，"人"和"民"的含义才逐渐接近，现在则泛指人民群众。"臣"的甲骨文写作 𦥑，其左边的括号象征着弯腰，许慎《说文解字》有："臣，牵也"，"象屈服之形"②。在古代，一场战争后，胜利的一方用绳索捆绑敌方俘虏，使其弯腰而被牵拉，这是臣最早的释义。"妾"和"臣"的原始义接近，"妾"

---

① （清）阮元校刻：《十三经注疏》上册，中华书局 1980 年版，第 322 页。

② （清）段玉裁：《说文解字注》，上海古籍出版社 1981 年版，第 118 页。

在甲骨文中写作 ：女性双膝跪地，头上还戴着木枷。可见"臣"与"妾"分别指正在服刑的男性和女性奴隶。通过对"民""臣""妾"这三个汉字之原始义的解析，我们可以看到远古社会底层人民的悲惨命运，从而获得一种悲剧性的美感。

人，既是审美的客体或对象，同时也是审美文化的创造者或审美的主体。《礼记·礼运》："故人者，天地之心也，五行之端也，食味、别声、被色而生者也。"① 人不仅仅是在品尝美味、鉴别美音和欣赏美服，更重要的是在创造着"美味""美音"和"美服"。除了自然界客观存在的"美"，比如山川河流，日月星辰以外，作为审美主体的人所创造出来的美，占据了审美文化的重要层面。

"人"作为审美主体的美具有三个层面的含义：首先，人是审美言说的主体。《尔雅》有："言，我也。"② 言说本身就是审美创造，因此，人作为言说者，自然也是审美创造的主体；第二，人是具有独立人格之美的主体。据《世说新语·品藻》，殷浩说："我与我周旋久，宁作我！"③ 这句话成为魏晋人"人格独立"的宣言；第三，人是道德美的主体。《中庸》记载："子曰：'仁者，人也。'"④ 这里的"人"和"仁"发音相同，因此，古代的儒家学者便通过音训，将"人"与"仁"画上了等号，认为只有具备仁爱的人才是真正的人。而将人作为道德主体的儒家思想，贯穿着中国古代社会的始终。由此可见，作为言说的主体，作为人格的主体和作为道德的主体，三者共同塑造了作为审美主体的人。

中国文化很看重作为审美主体的"我"的身份，不同身份的人，对"我"的称呼也不一样，在《尔雅·释诂》中，表示"我"的词语非常丰富：

---

① （清）阮元校刻：《十三经注疏》下册，中华书局1980年版，第1424页。

② （清）阮元校刻：《十三经注疏》下册，中华书局1980年版，第2573页。

③ 余嘉锡：《世说新语笺疏》，中华书局1983年版，第521页。

④ （清）阮元校刻：《十三经注疏》下册，中华书局1980年版，第1629页。

"卬、吾、台、予、朕、身、甫、余、言，我也。朕、余、躬，身也。台、朕、赍、畀、卜、阳，予也。"①体现了作为人格主体的"我"的重要性。孔子关于"人格"也具有一系列的论述，冯友兰先生认为儒家哲学就是人格哲学。孔子把人格分为了四个等级：最高级为圣人，孔子认为尧舜禹汤一直到周文王周公，都属于圣人的行列；第二级是君子，也是孔子在《论语》中提及最多的词语之一。孔子以君子自居，并以见不到圣人为憾；第三级是狂狷，《论语·子路》："子曰：不得中行而与之，必也狂狷乎。狂者进取，狷者有所不为也。"②孔子认为自己如果找不到奉行中庸之道的圣人交朋友，那就找狂狷的人交朋友，因为狂者敢作敢为，而狷者有所为有所不为。最下一个等级是乡愿，在《论语·阳货》中，孔子说："乡愿，德之贼也。"③乡愿就是特指当时社会上那种不分是非，同于流俗，言行不一，伪善欺世，处处讨好，以"谨厚老实"著称的"老好人"。孔子尖锐地指出：这种"乡愿"，言行不符，实际上是似德非德而乱乎德的人，乃德之"贼"，世人对之不可不辨。而后，孟子更清楚地说明这种人乃是"同乎流俗，合乎污世"的人。关于审美文化的人格理论，儒家给后人留下的最丰厚的精神遗产是孔子对"君子"和"小人"的定义，两千多年来一直是中国审美文化之中"人格美"的重要内容。

　　人既是审美的客体，又是审美的主体，故作为审美的对象和创造者的人，同时具备"心物一体"的特征。"体"，繁体字写作"體"，这个字形很形象地表现了审美主客体相互统一的"人"的特征。段玉裁《说文解字注》："体，总十二属也。十二属许未详言，今以人体及许书核之。首之属有三，曰顶，曰面，曰颐。身之属三，曰肩，曰脊，曰尻。

---

① （清）阮元校刻：《十三经注疏》下册，中华书局 1980 年版，第 2573 页。
② （清）阮元校刻：《十三经注疏》下册，中华书局 1980 年版，第 2508 页。
③ （清）阮元校刻：《十三经注疏》下册，中华书局 1980 年版，第 2525 页。

手之属三，曰肱，曰臂，曰手。足之属三，曰股，曰胫，曰足。合说文全书求之，以十二者统之，皆此十二者所分属也。"① 段玉裁把"体"分为了四大类十二个部分，而后人从"体"的这些属性中找到了其美学意义上的价值，发散出了"肱股之臣""手足之情"颇具象征意味的词汇。而由"体"作词根引申出合成词"体貌"，而"体貌"一词则兼具动词和名词两种词性：作为名词，是指人的外在形貌和由此所构成的人格形象，这里的"体貌"表现的是作为审美客体的美；用作动词时，"体"就具有了"体会""体悟"或"体察"的意思，而"貌"的意思则是指把体会或体悟出来的东西形象地描述出来，而这种描述可以使用文字、绘画及书法等多种方式。因此，当"体貌"用为动词时，描述的是作为审美主体的美。刘勰在《文心雕龙·附会》里说："夫才量学文，宜正体制，必以情志为神明，事义为骨髓，辞采为肌肤，宫商为声气。"② 刘勰用人的身体各个部分来比喻文章的美，这正说明了人既是审美的主体，又是审美的客体。当人作为主体创造审美作品的同时，他和自然万物也就融为了一体。"写气图貌，既随物以宛转；属采附声，亦与心而徘徊"③，就是"心物一体"的最好写照。刘勰用"情往似赠，兴来如答"④来表述人与自然的一体关系。人们把自己的情感寄寓于自然，便是"移情于物"，比如杜甫的"感时花溅泪，恨别鸟惊心"⑤，就是"移情于物"的典范。

"人"，作为一个最古老的汉字，以其直观的形象和丰富的意蕴，非常精确也非常深刻地阐述了中华审美文化中关于美的产生、美的创造、

---

① （清）段玉裁：《说文解字注》，上海古籍出版社 1981 年版，第 166 页。
② 范文澜：《文心雕龙注》下册，人民文学出版社 1958 年版，第 650 页。
③ 范文澜：《文心雕龙注》下册，人民文学出版社 1958 年版，第 693 页。
④ 范文澜：《文心雕龙注》上册，人民文学出版社 1958 年版，第 695 页。
⑤ （清）杨伦笺注：《杜诗镜铨》上册，上海古籍出版社 1980 年版，第 128 页。

美的鉴赏等要义。因此，心物一体的"人"，成为构建中国审美文化主客体的第一关键词。

四、心生言立之"文"

文的甲骨文是✦，这个图形描绘的是一个张开双臂的人，胸前有文身，所谓"象正立之人形，胸部有刻画之纹饰，故以文身之纹为文"[①]在某种意义上说，文身是人类最早的审美创造。在没有笔和纸的远古时代，人们通过在自己身体上刺上花纹的方式，发表自己的审美作品，故"以文身之纹为文"是"文"的最早含义。作为"文身"的"文"字，因而也具备了三大特征：第一，"文"是可以被感知的符号或图画，我们今天称之为"文本"；第二，"文"是人所创造出来，并且发表在他自己的身上的；第三，这种发表的符号或图像具有规律性，也具有一定的审美感。通过这三个特点，"文"的含义逐渐地发散，成为了我们今天所说的"文学"之"文"的词根。

今天的"文学"分成了多学科多门类，比如文学心理学、文学文体学等等，而这种分类看似为现代学术分科的结果，若追根溯源却与"文"的词根义（文身之纹为文）有某种程度的关联。文是人创造出来的，文来自于人，来自于人的心灵，因"文自人"我们有了"文学心理学"；人有人体，文有文体，"人体"在前，"文体"在后，"文体"因与"人体"有相似之处故可相互类比，因"文似人"我们有了"文学文体学"；天下之性人为贵，文的价值和意义是表现人和歌颂人，以人为最尊贵，故文学是人学，因"文贵人"我们有了"文学人类学"；文学要以人为本，

---

① 徐中舒主编：《甲骨文字典》，四川辞书出版社 2006 年版，第 996 页。

为人服务，因"文为人"我们有了"文学伦理学"。由此可见，我们今天所进行的文学研究，若要追根溯源，均与"文身之纹为文"相关。

在从"文身"之"纹"到"文化"之"文"的演变过程中，《周易·贲》起到了很大的作用。贲卦由象征山的艮卦和象征火的离卦组成，形成"山下有火"的意象。而中国审美文化之根就在"贲卦"的卦辞中："刚柔交错，天文也。文明以止，人文也。观乎天文，以察时变。观乎人文，以化成天下。"①"刚柔交错，天文也。"是说天地万物始终处在刚柔交错的变化之中；"文明"在这里不是一个名词，而是一个主谓结构的词组，"文"是主语，以火的意象指代"文明""文化"，"明"是谓语，即"光明""灿烂"，合起来的意思就是"文是非常灿烂鲜明的"；而"止"的表面意思是指"停止"，引申为"最高的标准"，意为"达到最高标准为止"，"文明以止"的意思是"人类文化的灿烂要有一个崇高的标准"，而这个标准就是艮卦的形象：高山；"观乎天文，以察时变"，观察天的规律，以明察时令的变化；"观乎人文，以化成天下"，观察人类的文化，其目的是为了改变天下，使天下更加文明。而"文化"一词的出处，就来自"人文化成"。文化的使命就是用人类自己所创造的包括审美产品在内的文明来化成天下，这是中华审美文化的重要内涵。

许慎的《说文解字》对"文"的注解如下："文，错画也，象交文。"②即相互交错的花纹，而"花纹"也是许慎所处的东汉的人们对"文"的解释。屈原《桔颂》："青黄杂糅，文章烂兮。"③屈原赞美桔子的颜色一半青一半黄，杂糅在一起，花纹灿烂无比。而我们今天所言"文章"写得漂亮，其词义之源头可追溯至屈原的诗句：虽然《桔颂》的"文章"并非我们今天所说的"文章"，但"美（漂亮）"之本义是相同或相通

---

① （清）阮元校刻：《十三经注疏》上册，中华书局 1980 年版，第 37 页。
② （清）段玉裁：《说文解字注》，上海古籍出版社 1981 年版，第 425 页。
③ 董楚平：《楚辞译注》，上海古籍出版社 1986 年版，第 179 页。

的。刘勰《文心雕龙·情采》："故立文之道，其理有三：一曰形文，五色是也；二曰声文，五音是也；三曰情文，五性是也。"① 说明文章需要形、声、情兼备，才能够顶天立地。刘勰又在《风骨》篇云："若风骨乏采，则鸷集翰林；采乏风骨，则雉窜文囿。唯藻耀而高翔，固文笔之鸣凤也。"② 认为只有文采和风骨兼具的文章，才能如凤凰一样，"藻耀而高翔"。可见，到了刘勰所处的时代，"文"的含义已经从"花纹"延伸到了"文章"的范畴。而刘勰的《文心雕龙》也给"文"下了定义："心生而言立，言立而文明，自然之道也。"③ 作为天地之心的人诞生了，语言就被创立了；而语言出现以后，文章、文学就被彰明了，这一切都是非常自然的。而刘勰这句话，则包含中国审美文化的三个关键词："人""文"和"道"，不可谓不高明。

当作为文章的"文"出现以后，中国古代文学便得到了突飞猛进的发展。中国古代文学的文体众多，且不说我们熟悉的汉赋、唐诗、宋词、元曲和明清小说，仅仅列述魏晋南北朝时期的文学理论作品体裁即批评文体，就包括了以曹丕《典论·论文》为代表的论说体，以曹植《与杨德祖书》为代表的书信体，以陆机《文赋》为代表的辞赋体，以刘勰《文心雕龙》为代表的骈俪体，以钟嵘《诗品》为代表的诗话体，以萧统《文选序》为代表的序跋体等等，真可谓是"文备众体"，也是"文"这个元关键词字对于中国文学理论及中华审美文化的贡献。

中华审美文化中，"人"作为审美主体和客体的统一，是"心物一体"的；"天"作为最高的审美境界，既是可效法的亦是可敬畏的；"文"则是人"心生言立"的审美创造，是对审美文化的创生、记录和传播；而"道"的亦行亦止的特性，揭示了审美规律和艺术技巧。四个汉字共

---

① 范文澜：《文心雕龙注》下册，人民文学出版社 1958 年版，第 537 页。
② 范文澜：《文心雕龙注》下册，人民文学出版社 1958 年版，第 514 页。
③ 范文澜：《文心雕龙注》上册，人民文学出版社 1958 年版，第 1 页。

同构成中华审美文化的核心观念，成为中华审美文化的元关键词。元典时代的汉字具有全息的特性，往往一个汉字就蕴含了中国文化的全部信息，因此，这四个元关键词也是你中有我，我中有你，相互联系，相互影响的，这正如太极图中的阴阳鱼，在永恒的游动中整体性地呈现出中华审美文化的运行规律及普遍价值。

第十三章　博雅：中华美育关键词

"博雅"是中华美育的核心关键词，博者大通，雅者正也。博雅，博通雅正是也。

谈到"博雅"这个关键词，我们就不得不谈到"博雅教育"。对于"博雅教育"，学界一般认为这是一个西方概念，源头可追溯至古希腊的术语 eleutherion epistemon 和古罗马术语 artes liberales 以及 liberaliter educatione，其意义是面向自由人阶层的教育。中世纪时，博雅教育的观念被概念化为"七艺"，到 16 世纪时，英文形式的 liberal education 开始出现，并逐渐成为一种具有影响力的教育观念。至 20 世纪，其语义更偏向"自由教育"。

中华美育即通过中华民族的审美与艺术传统，培养具有完整人格的人，这与西方的博雅教育有共通之处。当我们回头审视中国古代美育思想时，不难发现，"博雅"作为中华美育的关键词，一直存在其中，并逐渐成为中华审美教育的传统。中华美育的重要目标在于"成人"，那么，"何以成人"与"以何成人"的问题，是值得我们思考的。其实，无论是儒家的"依仁游艺"，抑或是道家的"乘物游心"，其核心均指向"博雅"。

中华美育的"博雅"观，集中体现于《文心雕龙》一书。充分认知和理解《文心雕龙》中的博雅思想，发挥其在中华美育中的独特功用，对当下的博雅教育无疑具有借鉴意义。刘勰提出"圆照之象，务先博观"，通过"六观"之法，建立起对文学文本全面客观的认识。其思想对同时期的书画理论及艺术审美产生深远影响，也为当下培养通识型人才提供了思想资源。刘勰以具有"雅正"特点的儒家经典作为"博观"的对象，将"悦读"经典的理念贯穿其中，在情、智、行三个方面对阅读者产生影响。通过"博观"和"悦读"经典，培养具有君子人格和自由精神的大通之才，这是中华美育的目标和追求，与西方博雅教育理念亦有契合之处。

一、博观三界

《文心雕龙》记载了魏武帝对"寡闻"的看法："故魏武称张子之文为拙，然学问肤浅，所见不博，专拾掇崔杜小文，所作不可悉难，难便不知所出。斯则寡闻之病也。"[①] 所见不博，则所写之文经不起考证，那么就无法创作出高质量的文学作品，由此可见文学创作中"博"之重要。对于"博"的含义，《说文解字》曰："博，大通也。从十尃。尃，布也。亦声。"[②]《庄子·逍遥游》曰："且夫水之积也不厚，则其负大舟也无力。"[③] 没有厚积之水，大舟只能独自倾覆沉沦。无独有偶，在进行审美活动时，倘若我们对审美对象没有清晰的认识，就会陷入认知的偏差和错谬。为避免上述情况的发生，刘勰提出了"博观"之法："凡操千曲而后晓声，观千剑而后识器；故圆照之象，务先博观。"[④] 对于审美

---

① 范文澜：《文心雕龙注》下册，人民文学出版社 1958 年版，第 615 页。

② （清）段玉裁：《说文解字注》，上海古籍出版社 1981 年版，第 89 页。

③ （清）郭庆藩撰，王孝鱼点校：《庄子集释》第一册，中华书局 1961 年版，第 7 页。

④ 范文澜：《文心雕龙注》下册，人民文学出版社 1958 年版，第 714 页。

对象，只有通过不断地观察和学习，阅尽千帆，方可知解其中深意。刘勰在《神思》篇中说："人之禀才，迟速异分；文之制体，大小殊功。"① 造成文思迟缓或敏捷的一个重要原因，就在于是否"博观"。没有深厚的积累，就无法形成迅捷的文思，也写不出深入人心的作品，因此，刘勰认为，"积学以储宝，酌理以富才"②，才能认识事物的本来面貌。博雅之士，在进行文学创作时才会"藻溢于辞，辞盈乎气，苑囿文情，故日新殊致"③。

为了达到客观认知文学文本的目的，刘勰又提出了"六观"的方法："是以将阅文情，先标六观：一观位体，二观置辞，三观通变，四观奇正，五观事义，六观宫商。斯术既行，则优劣见矣。"④ 刘勰认为，通过对文体、文辞、文学的继承与发展、表现手法的运用、事类的运用和音律六个方面的全面考察，读者就能洞悉文章的意义之所在。

刘勰的博雅观不仅仅体现在其文学批评和文学理论中，还体现在其思维方式上。刘勰在进行文学批评时，采用的是"擘肌分理，惟务折衷"（《文心雕龙·序志》）的思维方式。采用这种思维方式的原因，在于前人的思维方式大多存在"各照隅隙，鲜观衢路"（《文心雕龙·序志》）、"东向而望，不见西墙"（《文心雕龙·知音》）的弊端，因而无法对文学史进行整体观照。有鉴于此，刘勰认为文学批评应当"振叶以寻根，观澜而索源"（《文心雕龙·序志》），在体系和逻辑上要"敷理以举统"，"笼圈条贯"（《文心雕龙·序志》），以"圆照之象，务先博观"（《文心雕龙·知音》）为方法，以"弥纶群言，研精一理"（《文心雕龙·论说》）为目标，对文学文本做细致全面的考察，同时还要"统其关键"，"管

---

① 范文澜：《文心雕龙注》下册，人民文学出版社 1958 年版，第 494 页。

② 范文澜：《文心雕龙注》下册，人民文学出版社 1958 年版，第 493 页。

③ 范文澜：《文心雕龙注》上册，人民文学出版社 1958 年版，第 254 页。

④ 范文澜：《文心雕龙注》下册，人民文学出版社 1958 年版，第 715 页。

其枢机"(《文心雕龙·神思》)，做到"乘一总万，举要治繁"(《文心雕龙·总术》)，从而把捉文学理论的根本规律。

刘勰的"博观"理论也一定程度上影响到当时与后来的绘画创作。与刘勰同时代的谢赫，在绘画领域中提出了"六法"理论："虽画有六法，罕能尽该；而自古及今，各善一节。六法者何？一气韵生动是也，二骨法用笔是也，三应物象形是也，四随类赋彩是也，五经营置位是也，六传移模写是也。"① 可以说，谢赫的"六法"理论，是中国绘画理论上较为全面、详尽的创作准则。李泽厚、刘纲纪先生认为，《文心雕龙》影响了谢赫的"六法"。②"六观"与"六法"均强调博览典籍，充实自我，学以致用，在此基础之上，才能创作出打动人心的作品。唐代王维的《山水诀》也受到了刘勰的影响："夫画道之中，水墨最为上，肇自然之性，成造化之功。或咫尺之图，写百千里之景。东西南北，宛尔目前；春夏秋冬，生于笔下。"③ 要在"咫尺之图"上呈现百千里的景象，唯有"博观"。只有切身体验大自然，才能于方寸间绘大故事。北宋的郭熙则是一位深切贯彻"圆照博观"思想的绘画理论家，他说："欲夺其造化，则莫神于好，莫精于勤，莫大于饱游饫看，历历罗列于胸中，而目不见绢素，手不知笔墨，磊磊磕磕，杳杳漠漠，莫非吾画……"④"饱游饫看"即"博观"，只有遍历山川草木，才能成竹于胸，达到"神与物游"的境界，从而真正领悟到绘画的奥义所在。在"博观"的基础之上，才能达到"圆照"的状态，郭熙说："山有三远，自山下而仰山巅，谓之高远；自山前而窥山后，谓之深远；自近山而望远山，谓之平远。高远

---

① 俞剑华：《中国画论类编》上册，人民美术出版社 1986 年版，第 355 页。

② 参见李泽厚，刘纲纪：《中国美学史：魏晋南北朝编》下册，安徽文艺出版社 1999 年版，第 775—777 页。

③ 俞剑华：《中国画论类编》上册，人民美术出版社 1986 年版，第 592 页。

④ （宋）郭思：《林泉高致》，中华书局 2010 年版，第 51 页。

之色清明，深远之色重晦，平远之色有明有晦。高远之势突兀，深远之意重叠，平远之意冲融而缥缈。"① 只有通过对无数山川做细致的观察，才能得出对高远之山、深远之山和平远之山的普遍认识，从而达到一种"圆照之象"，获得"江山之助"，创造出细腻而富有感染力的作品。清代学人廖景文在《罨画楼诗话》中说道："我辈才识远逊古人，若踞蹐一隅，何处觅佳句来？"② 想要获得刘勰所说的"江山之助"，不遍历风景、饱览群书，是无法达到的。

文学创作需要"博见"，成人亦是如此。想要成为"大通之才"，"博观"是不可或缺的一环。孔子可谓是最早实践"圆照博观"思想的教育家，他从不限制学生学习的内容，而任其自由发展，如《礼记·中庸》所云："天命之谓性，率性之谓道，修道之谓教。"③孔子办学，通过"礼、乐、射、御、书、数"的六艺之学来促进学生的全面成长与进步，以礼教化，以乐冶情，以射强身，以御健体，以书明史，以数明智，从而建构起完备的教育体系与内容，促进学生的全面发展。在《庄子·天下》篇中，庄子认为"道术"裂变为"方术"是一件十分可悲的事情。"道术"是体察宇宙万物之理的大道，"方术"则"多得一察焉以自好。譬如耳目鼻口，皆有所明，不能相通"、"各为其所欲焉以自为方"④。然而，在现代学术"分科治学"的现状下，知识分子成为了《庄子·天下》篇所说的道术裂变为方术之后的"一曲之士"，学生也受到分科思维的影响。当下，大学教育对于培养通识型人才提出了具体要求，不仅重视智育，同时更加重视美育的功用，一改往昔只注重培养专业型人才的观念。为

---

① （宋）郭思：《林泉高致》，中华书局 2010 年版，第 69 页。

② 里克：《历代诗论选释》，昆仑出版社 2006 年版，第 222 页。

③ （清）阮元校刻：《十三经注疏》下册，中华书局 1980 年版，第 1625 页。

④ （清）郭庆藩撰，王孝鱼点校：《庄子集释》第四册，中华书局 1961 年版，第 1069 页。

此，广泛涉猎、进行跨学科研究是必由之路，刘勰的"圆照博观"思想给我们提供了一个很好的借鉴，对通识型人才的培养模式指明了方向。

二、熔式经诰

"博观"是刘勰所推崇的方法，那么，观什么，就显得尤为重要。对于"观什么"这个问题，刘勰提出"宗经"的观点："三极彝训，其书言经。经也者，恒久之至道，不刊之鸿教也。"① 只有从经书中学习，才能明事理，体万物，获得永恒的道："是以子政论文，必征于圣；稚圭劝学，必宗于经。"② 这些经书所表现出的一个集中特点，就是"雅"。《毛诗序》中说："雅者，正也。言王政之所由废兴也。"③ 所以，《诗经》中周王朝的正声雅乐便被称为"雅"，具有教化人心、宣讲王政的作用。刘勰说："典雅者，熔式经诰，方轨儒门者也。"④ 在刘勰看来，符合儒家经典思想的文字，可以称其为"典雅"，值得去阅读和效仿。雅正的语言也是文章无穷无尽的来源："若禀经以制式，酌雅以富言，是仰山而铸铜，煮海而为盐也。"⑤ 刘勰提倡阅读具有"雅正"特点的儒家经典，同时也提出了他所反对的文章风格与特点，可以分为以下三个方面：其一是反对新奇诡异。他在《序志》篇中说："辞人爱奇，言贵浮诡，饰羽尚画，文绣鞶帨，离本弥甚，将遂讹滥。"⑥ 一味求新，反而无法将经

① 范文澜：《文心雕龙注》上册，人民文学出版社1958年版，第21页。
② 范文澜：《文心雕龙注》上册，人民文学出版社1958年版，第16页。
③ （清）阮元校刻：《十三经注疏》上册，中华书局1980年版，第272页。
④ 范文澜：《文心雕龙注》下册，人民文学出版社1958年版，第505页。
⑤ 范文澜：《文心雕龙注》上册，人民文学出版社1958年版，第23页。
⑥ 范文澜：《文心雕龙注》下册，人民文学出版社1958年版，第726页。

典中的思想正确表达，从而破坏文章的体制，从而对读者产生误导。以诗歌为例，刘勰强调"乐心在诗，君子宜正其文"（《文心雕龙·乐府》）。但是，刘勰不是完全反对文章求奇，他反对的是"摈古竞今，危侧趣诡"①的新奇；其二是反对"为文造情"。《情采》篇云："盖风雅之兴，志思蓄愤，而吟咏情性，以讽其上，此为情而造文也；诸子之徒，心非郁陶，苟驰夸饰，鬻声钓世，此为文而造情也。"②刘勰推崇"为情造文"，提倡吟咏情志的率真文章："是以在心为志，发言为诗……人禀七情，应物斯感，感物吟志，莫非自然。"③所以，《诗经》的文风为刘勰所推崇，就在于其有性情而讽其上。如若"为文造情"，则会"繁采寡情，味之必厌"④；其三是反对缺乏"风骨"。刘勰认为："练于骨者，析辞必精，深乎风者，述情必显。"⑤我们常说"建安风骨"，是因其诗歌中语言明朗骏爽，遒劲有力，感情充沛。如曹孟德《龟虽寿》一诗，表现其老当益壮、胸有大志、惜时奋发的雄壮之情，具有极强的感染力。文章若缺乏风骨，则会"振采失鲜，负声无力"⑥。在明确刘勰反对文章风格的三个方面后，我们会发现他强调"雅正"的意义之所在。对于审美教育而言，经典阅读是一个十分重要的环节。从经典中，明白事理，练达人情，才能成为一个具有健全人格的人。如果文本选择出现偏差，则会对阅读者的价值观念产生错误的引导，从而影响其一生的价值判断与价值选择。因此，倡导经典阅读，在任何时代都不会过时，都具有明理教养的重要作用。

---

① 范文澜：《文心雕龙注》下册，人民文学出版社 1958 年版，第 505 页。
② 范文澜：《文心雕龙注》下册，人民文学出版社 1958 年版，第 538 页。
③ 范文澜：《文心雕龙注》上册，人民文学出版社 1958 年版，第 65 页。
④ 范文澜：《文心雕龙注》下册，人民文学出版社 1958 年版，第 539 页。
⑤ 范文澜：《文心雕龙注》下册，人民文学出版社 1958 年版，第 513 页。
⑥ 范文澜：《文心雕龙注》下册，人民文学出版社 1958 年版，第 513 页。

所以，要培养具有完整人格的人，必须满足三个要求：一是"博观"，此为馈贫之粮。二是阅读经典，且需要从小进行训练："童子雕琢，必先雅制，沿根讨叶，思转自圆。"① 然而，审美教育不仅要做到阅读经典，更需要"悦读"经典，这也是中华美育的第三个要求。如果说"阅读"经典是一个被动接受的行为，那么"悦读"经典则是一个主动探索的行为。从"阅读"到"悦读"，化被动为主动，在某种程度上也体现了博雅教育的内涵，即所谓的自由的、自足的教育。"悦"读经典也将在情、智、行三个方面对读者产生深刻的影响。第一是"情"，带着情感去阅读经典，体悟作者的意图，从而更好地领悟和体会古代圣贤"为天地立志，为生民立道，为去圣继绝学，为万世开太平"② 的远大理想和抱负。与此同时，阅读经典的过程中，以经典陶冶性情，逐渐向"文雅"的君子形象靠拢。第二是"智"，在经典阅读的过程中，深化对文本的认知和思考，从《论语》中学习"仁义"思想，从《老子》中体味"无为而治"，从《孟子》中感悟"民贵君轻"。经典中的智慧，不仅适用于作者们所处的时代，更适用于当下，有助于我们更好地思考人与人、人与社会、人与自然的关系，从而在纷繁复杂的现代社会里，找到心灵的栖居之处。第三是"行"，"纸上得来终觉浅，绝知此事要躬行"③。阅读经典后，不能只有感悟，还需要在生活实践中身体力行，做到"知行合一"。例如，对待伤害自己的人，不应"以怨报怨"，而应"以直报怨"④，才能做到"谦谦君子，温文尔雅"，这与博雅教育所提倡的培养绅士的宗旨相吻合，也是当下博雅教育所要达到的目标之一。

因此，"雅正"是经典作品中所体现的风格特征，同时也是悦读经

---

① 范文澜：《文心雕龙注》下册，人民文学出版社 1958 年版，第 506 页。

② （宋）张载、章锡琛点校：《张载集》，中华书局 1978 年版，第 320 页。

③ 钱仲联：《剑南诗稿校注》第五册，上海古籍出版社 1985 年版，第 2630 页。

④ （清）阮元校刻：《十三经注疏》下册，中华书局 1980 年版，第 2513 页。

典之后所应该达到的目标。通过主动地广博地阅读经典作品，才能体现审美教育的功用之所在。

三、垂意国华

"人"这个关键词，自古以来就受到人们的重视。刘勰在《文心雕龙》中充分肯定人之为人的重要地位："惟人参之，性灵所钟，是谓三才；为五行之秀，实天地之心。"①如果我们观照整部《文心雕龙》，会发现其对于文学理论的阐发，很多都是借助文学创作者来实现的，其核心关键词也是"人"。刘勰《文心雕龙·知音》篇在感叹"知音其难"时，列举了"知音者"常犯的三种错误：文人相轻，贵远（古）贱近（今），信伪迷真。这些都不是刘勰所推崇的"人"，他所推崇的"人"是"君子"。而中华美育的目标，就在于培养具有君子人格的人。

如果我们阅读先秦以来的典籍，会发现君子的人格内涵，主要体现在"博"和"雅"两个方面。中国古代对于"君子"的首要标准，就是博学。《礼记·中庸》云："博学之，审问之，慎思之，明辨之，笃行之。"②《论语·雍也》曰："君子博学于文，约之以礼，亦可以弗畔矣夫！"③《礼记·儒行》云："丘闻之也，君子之学也博，其服也乡，丘不知儒服。"④《礼记·曲礼上》记载："博闻强识而让，敦善行而不怠，谓之君子。"⑤拥有广博的学识，对事物都有所认知和了解，是君子必备的

---

① 范文澜：《文心雕龙注》上册，人民文学出版社 1958 年版，第 1 页。
② （清）阮元校刻：《十三经注疏》下册，中华书局 1980 年版，第 1632 页。
③ （清）阮元校刻：《十三经注疏》下册，中华书局 1980 年版，第 2479 页。
④ （清）阮元校刻：《十三经注疏》下册，中华书局 1980 年版，第 1668 页。
⑤ （清）阮元校刻：《十三经注疏》上册，中华书局 1980 年版，第 1248 页。

能力。同时，君子也应当具备"雅"的特质。在这里，"雅"具有两层内涵。一是君子应当表现出仪表端庄、行事严正的威仪。《论语·学而》曰："君子不重，则不威。"① 《史记·孔子世家》云："闻君子祸至不惧，福至不喜。"② 二是君子应当具有"文雅"的特质，《诗经·小戎》中说："言念君子，温其如玉。"③ 《论语·里仁》云："君子怀德，小人怀土。"④ 谦谦君子，温润如玉；重德重仁，端庄威严。君子的形象在儒家典籍中十分具体，对当下审美教育培养具有君子人格的人也有着十分重要的借鉴意义。

《文心雕龙》作为一部文学理论著作，认为博雅之士才能创作出富有新意的文学作品："智术之子，博雅之人，藻溢于辞，辞盈乎气，苑囿文情，故日新殊致。"⑤ 具有"博雅"特质的君子，是刘勰所推崇的。与此同时，他在《程器篇》中提出了对君子的具体要求："是以君子藏器，待时而动，发挥事业，固宜蓄素以弸中，散采以彪外，楩楠其质，豫章其干；摛文必在纬军国，负重必在任栋梁，穷则独善以垂文，达则奉时以骋绩：若此文人，应梓材之士矣。"⑥ 他认为，君子应该内修道德，外修文采，穷时以文立志，达时驰骋疆场。君子不仅应当注重自身的品德修为，同时也需要通晓军政大事，成为文武兼备的大通之才。刘勰反对文人的"务华弃实"，他在《程器篇》中列举16位文人的事迹，指出这些文人只注重文采的锤炼而不注重道德的修养，其文与其人毫不相符，即元好问所说"心画心声总失真，文章宁复见为人"⑦。刘勰也反对当时

---

① （清）阮元校刻：《十三经注疏》下册，中华书局1980年版，第2458页。

② （汉）司马迁撰：《史记》第六册，中华书局1959年版，第1917页。

③ （清）阮元校刻：《十三经注疏》上册，中华书局1980年版，第370页。

④ （清）阮元校刻：《十三经注疏》下册，中华书局1980年版，第2471页。

⑤ 范文澜：《文心雕龙注》上册，人民文学出版社1958年版，第254页。

⑥ 范文澜：《文心雕龙注》下册，人民文学出版社1958年版，第720页。

⑦ 胡传志：《金代诗论辑存校注》上册，人民文学出版社2017年版，第413页。

重武轻文的思想，倡导文武双修："文武之术，左右惟宜，却毂敦书，故举为元帅，岂以好文而不练武哉？孙武兵经，辞如珠玉，岂以习武而不晓文也？"① 刘勰的这些思想，与西方的"博雅"思想不谋而合，对当下重智育而轻美育、强调专业教育而忽视通识教育的现状，无疑具有强烈的启发意义。

在十七八世纪的英国，liberal education，指的是绅士教育（gentleman's education，gentlemanly education），liberal 一词是对绅士品格的描述，将 liberal 一词和知识、教育联系在一起时，liberal 最基本的含义是"适合于绅士的"（becoming a gentleman）。② 如果说十七八世纪的英国的博雅教育的目标是为了培养绅士的话，那么今天我们推行博雅教育的目的，就在于培养具有君子人格的人。20 世纪以来，对于 liberal education 的理解，更多偏向"自由主义中的教育"（哈佛红皮书，1945）。自由，也是我们目前教育中的一个重要问题。早在春秋战国时期，孔子就率先开展了自由教育的实验。孔子认为"君子不器"（《论语·为政》）③，即君子不应当成为具有某种特定功用的器物，不应当成为我们今天所说的具有某一特定专业知识的专才，不能被束缚于一个具体的专业和具体的领域，而应该博采众长，具有"雅"的特质，全面且自由地发展，成为明大道的通达之才。《论语·述而》云："志于道，据于德，依于仁，游于艺。"④ 以上四点是孔子认为的君子所应达到的行为准则，其中的"游于艺"，不仅是游于六艺之学，掌握丰富全面的知识，同时也是游于经典当中，理解其中的思想文化精髓，收获"雅正"的气质。如果把游于

---

① 范文澜：《文心雕龙注》下册，人民文学出版社 1958 年版，第 720 页。

② 参见沈文钦：《西方博雅教育思想的起源、发展和现代转型：概念史的视角》，广东高等教育出版社 2011 年版，第 143 页。

③ （清）阮元校刻：《十三经注疏》下册，中华书局 1980 年版，第 2462 页。

④ （清）阮元校刻：《十三经注疏》下册，中华书局 1980 年版，第 2481 页。

六艺视为"博"，那么游于经典可以视为"雅"，若君子既"游于博"又"游于雅"，就能达到真正自由的状态。与此同时，孔子提倡有教无类，提倡课堂上的自由讨论，使得中国教育进入了一个新的发展阶段。这些都为今天博雅教育的实践提供了方法和路径，也为培养具有自由精神的人打下了坚实的基础。如《论语·先进》篇中记载孔子与子路、曾皙、冉有、公西华四位弟子畅谈人生志向之事，曾皙如此作答："莫春者，春服既成，冠者五六人，童子六七人，浴乎沂，风乎舞雩，咏而归。"① 为何只有曾皙的答案让孔子发出"吾与点也"的赞叹，就在于他的沂雩之乐，不仅游于天地之间，同时也游于礼乐之间，获得了身与心的双重自由。刘勰也十分强调文学创作中应具有自由的状态："故寂然凝虑，思接千载；悄焉动容，视通万里；吟咏之间，吐纳珠玉之声；眉睫之前，卷舒风云之色。"② 只有达到"神与物游"的状态，摆脱形体对于文思的限制，才能创作出优秀的文学作品。

不仅儒家强调培养自由的人格，道家也崇尚主体的精神的自由，强调"法天贵真"。例如，《庄子·逍遥游》中就体现了自由的思想，这也是庄子的核心思想之一。庄子在探讨生命如何获得绝对自由时，认为人只要做到"乘天地之正，而御六气之辩"③，达到"无己""无功""无名"的状态，便可游于无穷，使灵魂达到绝对的无待的自由。其实，儒家提倡的"游于艺"和道家强调的"逍遥游"，在本质上有共通之处，其目的都在于使人获得主体的精神的自由，从而在面对纷扰的"人间世"时，做出正确的价值选择与价值判断。

我们在中华美育中强调"博"与"雅"，就在于二者能够使我们摆

---

① （清）阮元校刻：《十三经注疏》下册，中华书局1980年版，第2500页。
② 范文澜：《文心雕龙注》下册，人民文学出版社1958年版，第493页。
③ （清）郭庆藩撰，王孝鱼点校：《庄子集释》第一册，中华书局1961年版，第17页。

脱外在的束缚，让我们获得真正的自由。同时，值得我们注意的是，如果将刘勰所处的时代与我们当下所处的时代相比较，竟是非常相似。刘勰所处的魏晋南北朝时期，正是儒释道三种思想相互碰撞交融的时代。面对佛教的盛行以及玄学的兴起，刘勰在《文心雕龙》这部著作中融合了儒释道三家的思想，并多次强调了"博雅"的重要性。反观今日，我们也处于一个外来文化强势来袭的时代，如何博取各种思想、各种文化的精髓，为我所用，就显得尤为重要。因此，博雅教育是全面、客观认识事物及培育君子人格的必由之径。通过阅读经典，使受教者具有渊博的学识、卓越的见识，并逐渐形成"雅正"的气质。通过"博观"，使受教者达到"圆照"的境界。今天，我们需要培养一批通天地、通古今、通文理、通知行的大通之才，从而打破学科间的界限和壁垒，给学生以自由，给老师以自由，给知识以自由，给人性以自由。

第十四章　趣味：大学教育关键词

　　"趣味"是中国文人乃至文化的一个关键词，诠解进而阐释"趣味"者①，大多要引用饮冰室主人的两篇文章：一是《趣味教育与教育趣味》②，二是《学问之趣味》③。这实际上是梁启超 1922 年的两次演讲：前者是 4 月 10 日在直隶教育联合研究会，向教育界的从业人员演讲教育的趣味；后者是 8 月 6 日在南京中南大学，向暑期学校的学员演讲如何从学问中尝到人生的趣味。这两篇文章再加上《教育家的自家园地》④，梁启超专论"趣味"的三次演讲均从"教育"层面切入，或者说梁启超的三篇文章均将"趣味"视为教育的关键词。

　　本书第一章，谈到元典关键词研究之理论范式的方法论四原则，其中一条是关键词阐释的"高度语境化"。关键词之阐释，需要回到历史的或文

---

　　①　比如李春青先生讨论文人趣味的系列学术文章以及即将刊行的学术专著《趣味的历史：从两周贵族到汉魏文人》，生活·读书·新知三联书店 2014 年版。

　　②　梁启超：《饮冰室文集之三十八·趣味教育与教育趣味》，《饮冰室合集》第 3 册，中华书局 1989 年版，第 12—17 页。

　　③　梁启超：《饮冰室文集之三十九·学问之趣味》，《饮冰室合集》第 3 册，中华书局 1989 年版，第 15—18 页。

　　④　梁启超：《饮冰室文集之三十九·教育家的自家田地》，《饮冰室合集》第 3 册，中华书局 1989 年版，第 9—15 页。亦讨论教育（家）的趣味和快乐。本章所引梁启超语，均出自这三篇讲演，恕不另注。

本的语境，需要返回语义现场：梁启超论"趣味"，其语义现场是"教育"。是故本章尝试在"教育"的特定语境下，重新解读"趣味"这一中国文人及文化关键词；而章目标题中的"大学"之限定，既是现代"学段"义（相对于中小学而言），亦是古典"四书章句"义（古之大学所以教人之法也）。

一、寡味三写

趣味的反面是干瘪，是萧条，文雅的说法是"此树婆娑，生意尽矣"，通俗的说法是"没兴一起来"。梁启超演讲"教育（家）"之"趣味"的1920年代，旧式教育（科举考试）的流弊尚存，而新式教育（现代西方分科授学）的新弊已现。旧弊与新弊，其共通之处是远离趣味甚至摧残趣味。梁启超将当时学校教育的"摧残趣味"归结为三：一是注射式教育，二是课目太多，三是拿教育做敲门砖。一、三两条是科举教育的流弊，第二条是西式教育的新弊。科举教育的主要方式，在授者是强行灌输，在受者则是死记硬背，梁启超将二者的关系比喻为大人嚼饭给小孩子吃，小孩子吃大人嚼过的饭，还有什么滋味？还会生出丝毫的趣味？科举教育的根本目的，是要拿八股文去敲魏阙之门，门一旦敲开，敲门砖便弃若敝帚。一位敲门者会与敲门砖发生恋情？会从敲门砖中感受到趣味？

从现代文理分科的层面讲，旧时八股文属于文科，或者说属于文科之中的议论文写作。因而科举教育"课目单一"的弊端是非常明显的。20世纪初，梁启超的老师康有为等人，"远法德国，近采日本，以定学制"①，以新式大学教育取代旧式科举教育，其中课程设制以"多门"取

① 康有为：《请开学校折》（一八九八年），汤志钧编：《康有为政论集》上册，中华书局1981年版，第306页。

代"单一"。1902 年《钦定高等学堂章程》中的"政科课程"，一个星期的课程类别多达 17 门，授课时间高达 36 学时。[①] 当然，从教育的通识性及多样性层面而言，现代教育课程设制的"多门"，可以救科举教育的"单一"之弊；但就教育的"趣味"而言，课目太多又会生出新的弊端。趣味的培养是要往深处引，知之愈深，趣味愈真。一个学生，一周上 36 节课，而且是在 17 个不同的类别中穿梭转换，既是走马观花，更是疲于奔命。这就像《围城》中的方鸿渐，"兴趣广泛，心得全无"，而"心得全无"之后，自然是"趣味萧条"了。

梁启超关于"趣味"的演讲，距今已近百年。相较于梁启超的那个时代，今天的大学教育当然有很大的变化；但就"趣味"这一关键词而言，梁启超当年所针砭的三大病症今天依然存在，只是说法稍有不同。比如，"注射式教育"今天称之为"满堂灌"，"课目太多"即为"学生负担过重"，"拿教育做敲门砖"则是"学校教育的急功近利"。笔者在大学生活了 40 年(前 10 年当学生，后 30 年当教师)，对大学教育的"趣味"问题真正是"如鱼在水，冷暖自知"。

念本科时，每学期的期末考试必定是闭卷。动笔之前，先将试题浏览一遍，便可预知这门考试我会得多少分：题目摆在那里，自己准备过的，将已经背熟的答案默写在试卷上即可；自己没有准备的，只好硬着头皮胡诌，最后的分数可"算"而知。默写完毕，走出考场，马上将试题连同答案忘得一干二净。待自己十年媳妇熬成婆，又用同样的方法去考学生，虽觉得很没有趣味，却也无法改变，无趣又加上无奈。我将这种教育模式概括为"三写"式教学：先是上课"听写"，教师在台上讲，学生在下面记；然后是课外"抄写"，整理课堂笔记，到期末总复习时

---

① 参见舒新城编：《中国近代教育史资料》中册，人民教育出版社 1981 年版，第 537 页。

还要做各种模拟题，甚至一遍遍抄写标答以加强记忆；最后，就剩下走进考场"默写"一通了事。

上课"听写"，复习"抄写"，考试"默写"——如此"寡味三写"，居然一代一代传承至今。如果说今天大学里的"寡味三写"，与笔者当年做学生时有什么区别的话，那就是高科技的引入。比如，用手机拍照替代"听写"，用复印机拷贝替代"抄写"，而应该"默写"的时候却在"抄写"或者"听写"（你懂的）。有一次监考，学生退场后，教室里一片狼藉，各种写满标答的纸片和用过的教材散落在桌面、椅面和地面。作为教师，面对此情此景，不仅无趣，无奈，甚至（欲哭）无泪。

这还不是最高级别的"摧残趣味"。试以大学本科教育的最后一道程序——撰写毕业论文为例。梁启超说教育的最大趣味，就在于能将学问与职业统一；对学生而言，则是将学问与学业统一：学问是一件最有趣味的事，因此到了做毕业论文的时候，应该是大学生活最有趣味的阶段，至少比"寡味三写"有趣味。

其实不然。先看毕业论文的生产程序：第一步，教师提供题目，越准确越具体越好，准确、具体到学生拿到题目就可以直接动笔；第二步，学校提供统一的论文制作模板，学生用教师的题目，用学校的模板，在上面填充文字即可；第三步，学生参加论文答辩，包括学生陈述、教师提问、学生回答，教师评分，整个过程五到十分钟（一位）；第四步，结果是预知的：没有不通过的答辩，没有不合格的论文，因为不能影响学生就业，而就业是大学的头等大事。学生拿着用毕业论文换来的学位证书，走上就业之路。再看学生撰写毕业论文时的生态和心态：毕业论文的撰写在大学四年的最后一个学期，而这个时段，就业问题已经迫在眉睫，搜索信息，赶赴招聘会，投递求职书，应付笔试和面试，等待结果……然后开始下一个轮回。身体在不同的城市之间移动，心情在沮丧与兴奋之间煎熬，可怜的学生，哪里还有做学问的兴致，更何谈学问的趣味？在此种生态与心态之下写出来的"毕业论文"，其质量可想而知。无怪乎，这些年一直有高校教师在疾呼"取消本科生毕业论文"的制度设计。

孔子说："知之者不如好之者，好之者不如乐之者。"（《论语·雍也》）从表面上看，大学生在校学习的过程是一个"知之"的过程；而就深层动机而言，"知之"的后面是"好之"，"好之"的后面是"乐之"，即"以……为乐"，"以……为趣味"。若无深之又深的"乐之（即趣味）"作内在的支撑，"知之"与"好之"是难以持久，难以见效的。我们站在大学生的角度而设身处地的想一想：从平时课堂学习的"寡味三写"，到毕业论文撰写的"程序四步"，何来"好之"？更何谈"乐之"或"趣味"？明白了这一点，我们就不难看出梁启超在"大学教育"语境下倡导"趣味"的良苦用心；也只有从这这一点出发，我们才能揭示出"趣味"作为"大学教育关键词"的内在意蕴及现代价值。

二、趣味三全

梁启超认为，"教育"作为一种职业，其"趣味"应该是最真最长的。就职业这一层面而言，所谓"最真最长"的趣味，又必须满足三个条件：一是全日制、全天候的，上班与下班，职业生涯与业余生活，涵泳于、笼圈于"趣味"；二是全过程的，手段与目的，过程与结果，弥纶于、整合于"趣味"；三是良性循环的，问学与诲人，利己与利他，条贯于、赠答于"趣味"，可称之为"全循环"式的趣味。全日制、全过程与全循环，共同整合成"趣味三全"。

福柯说"人受制于劳动、生命和语言：他的具体存在在它们之中发现了自己的确定性"①，人首先要活着，然后要工作，要说话（包括书写），人只有在这三项活动或状态中，方能确认自己的存在，并进而确证自己的存在价值和生命乐趣。然而，对于大多数职业来讲，这三项活动并不是统一的，至少不能统一于"趣味"。上班时间不得不做一些没有趣味的事，只能等到下班后去寻找趣味，所谓业内无趣业外补。或者反过来，本职工作太有趣味了，下班后反觉得无趣，但又不能 24 小时上班。而教育这种职业（比如大学教师）大多不用坐班：就时间而论，没有上班与下班之分；就空间而论，只有到教室上课与在书房做学问之别，而按照梁启超的说法，教书与问学，其实都是做学问；而"学问"是人生最有趣味的四件事之一。②

梁启超给"趣味"下的定义很有趣味："凡一件事做下去不会生出和趣味相反的结果的，这件事便可以为趣味的主体。"他排比出的三个例子更有趣味：赌钱趣味吗，输了怎么样？吃酒趣味吗，病了怎么样？做官趣味吗，没有官做的时候怎么样？③ 梁启超是做过大官的大学问家，他当然知道"做官"与"做学问"哪件事更有趣味。有官做的时候，梁启超只能在下班后做学问，趣味是不连贯的，是业余性质的。1920年代，不做官了的梁启超，一心一意、一以贯之地做自己的学问，全天候、全日制地享受学问的趣味，只嫌 24 点钟不能扩充到 48 点；不光是自己享受，还要"野人献曝"，让别人也享受。晚年的梁启超，除了做清华的专职导师，还到全国各地巡回演讲，大谈学问和教育的趣味。品

---

① ［法］米歇尔·福柯：《词与物——人文科学考古学》，莫伟民译，上海三联书店 2001 年版，第 408 页。

② 另外三件是：劳作，游戏，艺术。

③ 这三个例子的"趣味"还在于它们是吊诡的：人人都知道赌博、酗酒、做官的结果是无趣味的，但从古至今痴迷者代不乏人；文学艺术作品对这三件事的描写也是见仁见知的，比如同为赌博，在周润发或周星驰的以"赌"为关键词的诸多影片中是趣味之源泉，而在严歌苓的长篇小说《妈阁是座城》中则为万恶之渊薮。

味当年梁启超关于趣味的文字，目睹当下一些迷恋于做官，忙碌于做官，或者蹉跎于做官，甚至萎顿于做官的学者，真不知是何滋味。

当然，学者想做官也很正常，因为中国的文化向来有"学而优则仕"的传统，"仕"是最终或最高目标，"学"只是必要的过程或手段。问题是，学问一旦成为手段，趣味便可能丢失甚至被杀死。因此，梁启超提出趣味主义的第一条件是"无所为而为"。梁启超承认，有所为去做学问也可以引起趣味，比如学生为了学位证书，学者为了著作版权；但到了趣味真正发生的时候，必定是无所为的。学问是趣味的主体，趣味是学问的目的，趣味之于学问，恰如康德关于"美"的定义：无目的的合目的性。因此，真正的学问是有趣味的，有趣味的学问是美的。梁启超的那个时代，以及梁启超之前的八股文时代，学而优则仕，"学"的目的其实很单一："仕"。已仕或未仕之后，依然可以做学问，而且是无所为而为地做学问，比如1920年代的梁启超，比如梁启超之前历朝历代灿若群星的大学问家。与之相比，当下的学问之远离趣味与美是有过之而无不及。

今天的学者，做学问的目的太多太杂，冠冕堂皇的不说，名利俱收的就包括学位、职称、项目、奖励、荣誉称号、学术头衔、行政级别、社会兼职等等。为了这么多的目的去做学问，这学问还有趣味吗？这学问还是学问吗？前引"子曰"之"知之者不如好之者，好之者不如乐之者"，"知"是基础是出发点，"好"是过程是缘由，"乐"才是目的是原动力。按梁启超的说法，学问这件事，从"知之"到"好之"，从"好之"到"乐之"，其"本体"和"对境"只能是学问本身而不是别的什么东西，非如此则无趣味可言。而我们这个时代名利俱收的学问，其问学者或"好"或"乐"的大多是与学问不相干的各种目的，或者说是非学问的"本体"和"对境"，何来趣味？有何趣味？

梁启超说"生命是活动，活动是生命"，而生命这种活动，无外乎两件事：所做与所说。所做与所说的完美统一，是"趣味"的真谛之所在，故稚童是有趣味的，童心是有趣味的，有童心的文章是有趣味，故卓吾先生要喟叹"天下之至文未有不出于童心焉者也"（李贽《焚书·童心说》）！人世间有一些职业，所做与所说是不能统一的，比如官宦，比如商贾。而教育这种职业，所做与所说是应该也可以统一的。借用孔子的话，教师的所做是"学而不厌"，所说是"诲人不倦"；"学"是利己，"诲人"是利他。"学"与"诲"，"利己"与"利他"，又是互为因果、互为赠答的。而教育的趣味，正在于学与诲、利己与利他的相互赠答之间。

本书第一章在讨论"元典关键词的理论模型与实践路径"时，曾提到大学教师如何处理好"科研"与"教学"的关系，如何让自己的研究成果使学生在课堂上受惠。教师拿到课堂上"诲人"的，应该是自己做学问的心得和收获。就大学的专业课教学而言，一位不好好做学问或者学问做得不好的教师，肯定不是一位好教师，至少在学生眼中不是一位有趣味的教师。梁启超曾讽刺不做学问的教师，"拿着几年前商务印书馆编的教科书上堂背诵一遍完事"，甚至长期使用"几年前在师范学校里听的几本陈腐讲义"。

百年前的喜剧，仍在今天的课堂上重演：教师拿着商务印书馆甚至是某个不入流的出版社的教材，在课堂上背诵甚至朗读；考上本校研究生的学生，惊讶地发现导师新开的研究生课程与几年前本科生的旧课并无多大区别……不"学"的教师，"诲人"时除了照本宣科和炒炒剩饭并无他途，日日讲，月月讲，年年讲，教师自然是既"厌"且"倦"；年年听，月月听，日日听，学生自然是既"倦"且"厌"了。梁启超说"厌倦是人生的第一件罪恶"，故不学而诲人的教师是有罪的了。反过来讲，"学而不厌，诲人不倦"的教师是有趣味的，而且这种趣味因着自己的既"学"且"诲"而成倍增长，即如老子所言"既以为人己愈有，既以与人己愈多"，亦如梁启超所说"教学生是只有赚钱不会蚀本的买卖"。反过来说，教师的课堂教学如果使得自己的学生既"倦"且"厌"，这类教师则是双重的"亏欠"了：既亏欠了自己的职业道德和良心，又亏欠了学生对教师的尊重和爱戴。

三、师者三乐

趣味，作为大学教育的关键词，其语义非常复杂；换言之，大学教育的"趣味"问题非常复杂，牵涉到方方面面，自然应该引起全社会的关注；而最应该关注此问题的，是作为"趣味"施授者或创制者的教师。细绎梁启超专论教育之"趣味"的三篇文章，似可见出任公的问题意识聚焦于"教育者的趣味"，其良苦用心则是期冀能以"教育者的趣味"来改变干瘪而萧条的现状，从而为大学教育创生或滋乳真的趣味。

梁启超认为教育者的趣味，从消极的方面说是"不厌不倦"，从积极的方面说则是"乐"：教育家的财产就是"教育的快活林"，这片林子是最广最大最丰富的，因为教育的快乐是持续的彻底的圆满的。或许，做教育的不如做生意或做官的有钱有权，不能吃山珍海味，不能穿绫罗绸缎。可是，"山珍海味"的快乐仅仅是舌尖上的，"绫罗绸缎"的快乐是给别人看的，与最真最长、自体自足的趣味并无关联。而学问和教育的快乐，大到一项崭新的学术创获，小到一句独出心裁的课堂妙语，都是无穷的，"南面王无以易也"。

所谓"快乐"，是由"趣味"所产生的心理效应。孔子讲"益者三乐"："乐节礼乐，乐道人之善，乐多贤友"，其实也是教育（包括授者与受者）的快乐；孟子讲"君子三乐"，其中有"得天下英才而教育之"。苏轼《上梅直讲书》，感叹孔门师徒之乐，虽周公之富贵、召公之贤，均不能与之相比："天下虽不能容，而其徒自足以相乐如此……而夫子之所与共贫贱者，皆天下之贤才，则亦足以乐乎此矣。"苏轼坦陈"不可以苟富贵，亦不可以徒贫贱"，但师者的趣味及其快乐，与或富贵或贫贱并无因果关系。师者之乐，"意其飘然脱去世俗之乐而自乐其乐也"，这是一种以趣味为目的的趣味，一种自足的快乐，一种"乐乎斯道"的快乐："苟其侥一时之幸，从车骑数十人，使闾巷小民聚观而赞叹之，亦何以易此乐也！"

多年以前，笔者在给自己一位学生的新著作序时，套用孔子"益者三乐"和孟子"君子三乐"的话语方式，提出"师者三乐"。人生在世，荏苒百年，免不了会衰老，会独孤，会烦忧，这些都是没有趣味也没有办法的事情。但是，生活在"教育的快活林"，体会着持续的彻底的圆满的趣味，享受着最广最大最丰富的快乐，日复一日，年复一年，没有趣味的事情也会神奇般地变得有趣味，结果是：衰而不老，独而不孤，烦而不忧——此乃"师者三乐"是也。

笔者属马，甲午耳顺，他人体貌之，皆曰"看不出"，并询问"有何健身之法"，答曰：只缘身在快活林。"教育的快活林"是铁打的校园，流水的学生，莘莘学子，豆蔻年华，一拨一拨地进来，一拨一拨地离去……永远是青春作伴，永远是青春的校园。笔者特别喜爱给本科生上课，本科生活泼，新锐，有朝气，有才情。我讲的课都是带"古"字的：古代文论，古代美学，古代文化，而问学并诲人于青春的校园，几十年来形成自己独特的教学理念："师生同创青春版"。何谓"青春版"？就诲人之道而言，是指带"古"字的课目中蕴藏着现代价值和生活智慧，做教师的要将之讲出来，使古树绽放新花；就诲人之方而言，是如何用议论、叙事加抒情的方式，用诗性与理思相融通的方式，将传统文论及文化的趣味和真谛传授给青年学子，并使之进入青年学子的日常生活，融入他们的青春和性情。师生同创，授受相长，做教师的自然会"老而不衰"了。

像笔者这种年龄的教师，大多是独生子女的家长，一对夫妻一个孩子。孩子大了，远走高飞，留下双亲相依为命。我自己，以及近处的同事、远处的同行，虽然早已"空巢"，却也并不孤独。原因很简单，身边总是有学生：本科生课堂的学生多达三位数，研究生课堂也有两位数；老生尚未毕业，新生早已进校；已经离校的学生，返回母校纪念毕业N周年时，总忘不了看望老师……独而不孤的趣味，更深一层的内涵是教学相长。孔子说"三人行，必有我师焉"，如此多的学生与我同行，能做"我师"的该有多少。我曾让两位本科生同学编辑我的散文集，窃以为是给她们一次学习的机会；后来我无比惊讶也无比惭愧地发现：她们的散文比我写得好多了。我的普通话说不标准，尤其是四声混淆不清，每次上课，我总要发动学生纠正我的四声，做我的语音老师。梁启超将趣味比方为发电，越摩擦越出，所以需要朋友，需要朋友之间的相互砥砺，相互切磋。否则，趣味就会变弱，甚至停摆。常说亦师亦友，学生是忘年交，而且是无功利的。年年岁岁，这么多这么好的学生，"足以相乐如此"，自然是"独而不孤"的了。

教师也是凡尘中人，也有各自的烦恼人生，也要去应对一些没有趣味的琐屑之事。进教室之前，你还在为一些琐事烦心；可是，你一旦走上讲台，面对那些略显稚气却是充满渴望的目光，你用自己的睿智和幽默，一步步，一层层，建构起迷人的学术空间，你和你的学生一并陶醉于斯，你原先的烦恼，早已烟消云散……梁启超讲教育的趣味，反复强调教师的导引作用。做教师的，有责任引导学生到高等趣味的路上来，否则，他们到校外找趣味，结果弄得人生无趣味。主张趣味教育的人，要有做"太子太傅"的使命感，要趁儿童或青年趣味正浓而方向未决时，给他们一种终身受用的趣味。这种导引或唤起趣味的工作，非常重要，当然也非常复杂，非常困难。"教然后知困"，非拼命求新学问对付不来了，故教师要用心去做。不学新知，何以诲人？只有学不厌，方能诲不倦。反过来说，将海人当作一件正经事，拿出良心去干（今天叫"职业道德"），怎会厌倦？故只有海不倦，方能学不厌。日日学，自然不厌；日日晦人，自然不倦。趣味这东西，是愈引愈深，一旦尝到甜头便不可自已，便成为嗜好，便会上瘾，所谓如痴如醉。到了这种境界，哪里还会有忧愁？此乃"烦而不忧"也。

　　梁启超自称"信仰趣味主义"，自己的人生观"拿趣味做根柢"，进而主张"在教育界立身的人，应该以教育为唯一的趣味"。梁启超又是"趣味主义"的践行者，我们听他关于"趣味"的讲演，看他对"趣味"这一关键词的诠释，实在是很有趣味的。梁实秋认为任公是一位难得的好教授，他有丰富的学识，流利的口才，动人的表情，凡是做过他的学生的人，莫不深受其影响。[①] 梁实秋感叹："有学问，有文采，有热心肠的学者，求之当世能有几人？"[②] 从梁启超身上不难看出，以教育为唯一趣味的师者，他们的人生必定会上升到一个很高的境界，一个既有根柢更有趣味的境界。在某种意义上甚至可以说，作为教育家的梁启超，终其一生都是在用自己的所作所言，生动而又深刻地阐释着"趣味"这一大学教育的第一关键词。

---

　　① 参见张朋园：《梁启超与民国政治》，吉林出版集团有限责任公司2007年版，第151页。

　　② 梁实秋：《记梁任公先生的一次演讲》，《槐园梦忆》，海南出版社1994年版，第186页。

第十五章　大学：中西通识与古今通义

　　笔者的"元典关键词研究范式"，其较为显著的特征之一，是"理论模型"与"实践路径"的融合与统一。本书第一章已经在"总论"（或范式之"综合的"用法）的层面，阐述了笔者的元典关键词研究是如何施之于通识教育总体设计、教材编撰及课堂教学的；第十五章，笔者将以"大学"这一中国文化和教育的元关键词为阐释对象，在个案即"范例"的层面，深度剖析元典关键词与大学通识教育的内在关联。

　　从 2016 年开始，笔者在从事元典关键词研究的同时，亦深度介入武汉大学的通识教育。就后者而言，笔者与"武汉大学通识教育中心"的同仁一道，从观念之凝炼到体系之设计，从团队之组建到师资之培训，从教材之编撰到教法之试验，从传统实体课堂的革新到网络在线课堂的起航，从新媒体平台的精心打造到通识文化的海内外传播……逐渐使得"武大通识"成为中国大学教育的一个关键词，从而与"大学"这个元关键词发生了跨越时空、跨越语义的深度关联。

　　大学，首先是中国文化及教育的元关键词。作为元关键词，"大学"之义有三：经典义（《礼记》篇名）、学校义（相对于"小学"而言）和方法义（教人之法）。当"大学"与"university"对译之时，其三项原生义在中西通识的层面依次衍为三项再生义：元典精神、博雅精神和会通精神。"大学"从原生义到再生义的通变，铸成中国通识教育的古今通义：一是制度层面的"书院模式"，二是目标层面的"君子人格"。诠解"大学"的中西通识及古今通义，不仅可以揭示"大学"观念的"大道"之达、"大人"之旨及"大纲"之要，亦可发现"大学"实践在通识教育领域如何"通天下之不通"。

一、"大学"三义

朱熹《四书章句集注》以《大学章句》冠首，其《大学章句序》开篇即言：

> 大学之书，古之大学所以教人之法也。①

朱子此言是对"大学"三义的标举："大学之书"，"大学"之经典义也；"古之大学"，"大学"之学校义也；"教人之法"，"大学"之方法义也。

1."大学"之"经典义"

"大学"是《礼记》的篇名，在《小戴礼记》四十九篇中，《大学》排在第四十二篇。但是，郑玄所见到的"大学"，其篇名并不称《大学》。据《礼记正义》中的孔颖达疏和陆德明释文，郑玄《目录》曰：

> 《大学》者，以其记博学，可以为政也。此于《别录》属《通论》。②

---

① （宋）朱熹：《四书章句集注》，中华书局 1983 年版，第 1 页。
② （清）阮元校刻：《十三经注疏》下册，中华书局 1980 年版，第 1673 页。

由此可见，郑玄在《别录》所见到的"大学"，篇名原为《通论》。因此，郑玄对"大学"的定义是"博学"。《大学》作为一部经典，"通论""博学"云云，道出了其"通"之特征；又或者说，在对《大学》这部经典的定位上，汉唐经学大师更强调其博雅通识的一面。

及至宋代，朱熹作《四书章句集注》，将《大学》放在四书的第一篇。一方面，朱熹和汉唐经学家一样，也强调"大学"在知识论层面的"通"与"博"，强调"大学"所具有的博雅内涵；另一方面，朱熹更加强调"大学"在教育学层面的"大人之学"，强调"大学"所具有的人文化成、文明以止之内涵：对于国家，是"化民成俗之意"；对于学者，是"修己治人之方"（《大学章句序》）。在朱熹看来，《大学》作为儒家经典的价值在于重现了古之大学人文化成之真谛和真相，故朱子感叹："此古昔盛时所以治隆于上，俗美于下，而非后世之所能及也！"（《大学章句序》）

2."大学"之"学校义"

朱熹《大学章句序》对"大学"之学校义有详细诠解：

> 人生八岁，则自王公以下，至于庶人之子弟，皆入小学，而教之以洒扫、应对、进退之节，礼乐、射御、书数之文；及其十有五年，则自天子之元子、众子，以至公、卿、大夫、元士之适子，与凡民之俊秀，皆入大学，而教之以穷理、正心、修己、治人之道。此又学校之教、大小之节所以分也。[①]

"大学"与"小学"的区别不仅在入学年龄之不同，更体现在必修课程内容的差异上：小学主要学习骑射礼乐等"六艺"，大学主要学习

---

① （宋）朱熹：《四书章句集注》，中华书局1983年版，第1页。

修身治人的"三纲领""八条目"。由此可见，因年龄大小而有修业之大小。由此又可见，孔子"吾十有五而志于学"(《论语·为政》)的"学"是"大学"，而非"小学"。

关于"大学"的学校义，《礼记》多有论及。如《大戴礼记·保傅》："束发而就大学，学大艺焉，履大节焉。"① 又如《小戴礼记·王制》："天子命之教，然后为学。小学在公宫南之左，大学在郊。天子曰辟雍，诸侯曰泮宫。"②"辟雍"出自《诗经》，《诗经·大雅·灵台》有"於乐辟雍"，毛亨传曰："水旋丘如璧，曰辟雍，以节观者。"③ 班固《白虎通义》将"辟雍"视为一个重要的关键词，用了六章篇幅详细解读其义，包括入学尊师、父不教子、师道、辟雍泮宫、庠序之学和灵台明堂。前三项讲"大学"之要义，后三项讲"大学"之处所(今天称之为校园)。二者又相互关联，如"辟雍"既指大学处所，又蕴大学要义："辟者，璧也。象璧圆，以法天也。雍者，壅之以水，象教化流行也。"④ 需要指出的是，"辟雍"是天子的"大学"，水池环丘，状若玉璧，有"明和"之义；"泮宫"是诸侯的"大学"，有"玉璧之半"，是"班政教"之处。可见，将"大学"分成等级，古已有之。

3."大学"之"方法义"

"大学"的经典义和学校义落到实处便是方法义，方法义是《大学》这部经典所强调的"大学"的教与学之方法。朱熹《大学章句序》曰：

夫以学校之设，其广如此，教之之术，其次第节目之详又

---

① 王聘珍撰，王文锦点校：《大戴礼记解诂》，中华书局1983年版，第60页。

② (清)阮元校刻：《十三经注疏》上册，中华书局1980年版，第1332页。

③ (清)阮元校刻：《十三经注疏》上册，中华书局1980年版，第525页。

④ 陈立撰，吴则虞点校：《白虎通疏证》上册，中华书局1994年版，第259页。

如此，而其所以为教，则又皆本之人君躬行心得之余，不待求之民生日用彝伦之外，是以当世之人无不学。①

所谓"学校之设，其广如此"讲的就是大学义，"其所以为教，皆本之……"讲的是经典义，而"教之之术，其次第节目之详"以及"当世之人无不学"则将"大学"的经典义和学校义落实到了方法义。

《大学》作为"教之之术"所拟定的"次第节目"就是著名的"三纲领八条目"，这既是教学大纲，也是教人之法。学生虽然才性异区，其异如面，但"无不有以知其性分之所固有，职分之所当为，而各俛焉以尽其力"（《大学章句序》）。如何知性而尽其力？这就需要方法。"三纲领八条目"的方法论意义有三个方面：一是明其体用，三纲领中"明明德"是体，而"新民"和"止于至善"是用；八条目中的"诚意正心"是体，而"修齐治平"为用。二是明其关键，关键是"诚意"，以"诚意"为中心，所谓"诚于中，形于外"，"君子必诚其意"。须"诚意"方可"明明德"，须"诚意"方可"修齐治平"。三是明其贯通，所谓"当世之人无不学"，"表里精粗无不到"，一旦贯通则"全体大用无不明"。

二、精神可通

元典关键词的语义演变，大体上要经历一个从"原生义"（或曰"词根义"）到"再生义"（或曰"衍生义"）的复杂过程，而元典关键词的原创意蕴与当代价值即在此嬗变之中铸成。②"大学"这个元关键词的语

---

① （宋）朱熹：《四书章句集注》，中华书局1983年版，第1页。
② 李建中：《中华元典关键词的原创意蕴与现代价值——基于词根性、坐标性和转义性的语义考察》，《江海学刊》2014年第2期。

义演变，其从原生义到再生义的标志性事件，是与英语 university 的对译。英语 university 源于拉丁语 universitas，原义为"行会"。"行会"是内部受到一定制度、等级约束，强调成员聚合在一起共同承担义务、讨论事务的组织。因此，"university"最初含义是学者们为了维护共同利益而自发形成的学术性团体，用今天的话说就是"学术共同体"。

关于汉语"大学"与英语"university"的异同，清华大学老校长梅贻琦在其著名的《大学一解》中有如下论述：

> 今日中国之大学教育，溯其源流，实自西洋移殖而来，顾制度为一事，而精神又为一事。就制度言，中国教育史中固不见有形式相似之组织，就精神言，则文明人类之经验大致相同，而事有可通者。①

中国教育史上是否"固不见有形式相似之组织"，或可商榷；但汉语的"大学"与西语的"university""就精神言，事有可通者"实为不刊之论。那么，这种"可通者"究竟表现在哪些层面？要说清楚这一点，还得从"大学"的原生义谈起。

本章上一节已讨论"大学"的原生三义：经典义、学校义和方法义；而"大学"与"university"在精神层面的相通，是由其原生三义衍生而来：由经典义衍为"元典精神"，由学校义衍为"博雅精神"，由方法义衍为"会通精神"。分述如下。

1. 元典精神

"元典精神"这一命题是著名历史学家冯天瑜先生的原创，冯先生

---

① 梅贻琦：《大学一解》，《清华学报》1941 年第 13 卷第 1 期。

界定的"元典"主要指五经和先秦诸子。① 元典是人类轴心期的伟大著作，是人类首次系统而辩证地表达出对于宇宙、社会和人生的观察与思考，是由伟大心灵于前学科时代所创造出的人类的基本精神或曰"元精神"，因而对文化元典及其要义的研习，是作为"元教育"的大学通识教育的首选和必选。元典与要义的黉门传习是中华文明通变恒久、亘古亘今的教育学缘由，以元典及要义教人育人，是华夏博雅教育的伟大传统。

中国式的"大学"，或者说具有中国特色的"大学"，从孔子之前的辟雍、泮宫到孔子的杏坛，从齐国的稷下学宫到后世的私学、书院、国子学（明清时改为国子监）等等，可谓名称各异，体制有别，但有一点是相同的，即习读元典。余英时先生指出："由于'六经'是'圣典'，所以'诗、书、礼、乐'在春秋时已成为贵族教育的基本读物。"② 蔡元培先生亦指出："大学者，'囊括大典，网罗众家'之学府也。"③ 这里所说的"大典"，既是轴心期时代的中华元典，亦为轴心期时代西方的伟大著作（即 great books）。

当代中国大学的顶层设计，非常重视优秀传统文化的习得与传承；而轴心期中华元典（五经和先秦诸子）无疑是传统文化之精华，因而也应是大学通识教育之首选。"在一定意义上说，'五经'是中国古代士人核心通识教育课程，中国历史历经战乱与分裂而终归统一，且中国文化延续至今从未中断，就与以'五经'为中心的通识教育所创建的中国古代文化共同体有密切关联。"④ 五经和先秦诸子铸成中华传统文化的元典

---

① 参见冯天瑜：《中华元典精神》，上海人民出版社 1994 年版，第 7 页。

② 余英时：《中国文化史通释》，生活·读书·新知三联书店 2012 年版，第 227 页。

③ 蔡元培：《蔡元培先生〈北京大学月刊〉发刊词（1918 年）》，《北京大学学报》（哲学社会科学版）2005 年第 1 期。

④ 张明强：《大学通识教育与中国文化共同体建构》，《黑龙江高教研究》2015 年第 11 期。

精神，因而是当代中国大学通识教育核心课程的主体。

西方的大学，无论是德国的研究型，还是英国的博雅型，抑或美国的综合型，均强调经典阅读，尤其是对轴心期时代 great books 的阅读：《荷马史诗》，柏拉图的《理想国》，亚里士多德的《伦理学》和《诗学》等等。当代美国大学也正在打破"西方中心主义"，在他们的博雅教育中引入中华元典，比如斯坦福大学的通识教育核心课程 CIV（Culture Idea Value），其经典导读内容就包括中国经典著作《论语》和《道德经》。

轴心时代的中西元典，是人类社会对"人"的发现，或者说是"人之所以为人"的文化确证，故轴心期元典的第一关键词是"人"。通识教育作为一种"元教育"，是对人的心灵的滋养，对人的灵魂的提升，对人的人格的塑造，故通识教育的第一关键词也是"人"。明白这一点，中西教育，无论是中国传统的"大学"，还是西方近代的"university"，不约而同地将元典作为通识教育的必修课，就是不难理解的了。

从更深的层次说，"大学"之经典义向"元典精神"的演变，其根本目标是"人"，是对"人"的培养。轴心期文明是中西文化共同的辉煌，轴心期元典是中西教育共同的经典。以元典阅读作为元教育的核心课程，其目标或者说关键，是育"人"、立"人"和成"人"。德国著名教育改革者威廉·冯·洪堡于 1810 年创办了德国柏林大学，这所大学被认为是现代意义上的第一所大学。柏林大学起于国家危亡之际，担教育兴国之重责。洪堡认为，虽然社会需要应用性知识和职业性知识，但人在成为一个职业人、专业人以前，应当首先是人，是"全面发展""具有教养"[①] 的人。

教育强国、学术立国是宏伟目标或者说是远大理想，而这一理想的

① 转引自陈洪捷：《洪堡的大学理念：如何解读，如何继承》，《社会科学报》2017 年 7 月 13 日第 6 版。

实现必须取决于"大学"是否能以元典育人、立人和成人。如果能达成后者，则可以在更高层面达成前者。洪堡指出："国家在整体上……不应就其利益直接所关所系者，要求于大学，而应抱定这样的信念，大学倘若实现其目标，同时也就实现了、而且是在更高的层次上实现了国家的目标，由此而来的收效之大和影响之广，远非国家之力所及。"[①] 而这个更高层次上的目标就是"人"，就是对"人"的培养。

2. 博雅精神

宋代郑樵《通志总序》讲"大著述者，必深于博雅"，西方推崇"liberal arts"，而东方仰慕"君子儒"（《论语·雍也》）和"宁作我"（《世说新语·品藻》）的境界；西方读"great books"，而东方读经史子集；西方学"七艺"（语法、修辞、逻辑、算术、几何、音乐、天文），东方习"六艺"（礼、乐、射、御、书、数）……就"大学"的学校义而言，博雅精神是中外相通、东西方相通的。

前面谈到，汉唐经学家对"大学"的解释是"博学"和"通论"，宋代理学家诠释"大学"亦强调"贯通"，强调"无不学""无不到"和"无不明"。孔子作为轴心期时代中国最伟大的教育家，"贯二帝三王而通为一家"，"总《诗》、《书》、《礼》、《乐》而会于一手"（郑樵《通志总序》），对弟子施行的正是博雅教育。孔子的教材（五经）是博雅的，孔子的课程（六艺）是博雅的，孔子的课堂（杏坛）也是博雅的，孔子的"第二课堂"不仅是博雅的，而且是浪漫的："浴乎沂，风乎舞雩，咏而归……"（《论语·先进》）

孔门博雅精神的要义是礼乐文化，是"兴于《诗》，立于礼，成于

---

①　转引自陈洪捷：《德国古典大学观及其对中国大学的影响》，北京大学出版社2002年版，第44页。

乐"(《论语·泰伯》)。故孔子与学生的对话和交往，别有一种艺术和审美的味道。在著名的《侍座》叙事中，当子路、冉有、公西华等几位或狂或狷的学生在老师面前各言其志时，曾点竟然在一旁弹琴，琴声悠扬，话语真率（事见《论语·先进》）。人类轴心期时代，孔子的通识教育是世界一流的，孔子的杏坛也是世界一流的。我们今天讲大学的"双一流"建设，眼光既要向外、向西，也要向内、向古。如果说，西方教育的博雅通识是自然科学、社会科学、人文科学三大领域的融会，那么中国传统教育的博雅通识则既是儒、道、释三教合一，更是事功与审美的合一，以及知与行的合一。

笔者参与武汉大学通识教育的设计与实施，尝试在三大层面创造性转换"大学"这一中华元关键词的"学校义"。

一是在"通识文化"的层面提出十六字方针：博雅弘毅，文明以止，成人成才，四通六识。其中"弘毅"是武汉大学校训中的人格诉求，"成人成才"是武汉大学本科教学文化中的通识理念，而"四通六识"则是武汉大学通识教育的具体目标：一通古今，二通中外，三通文理，四通知行；渊博的学识，卓越的见识，经典悦读意识，文化批判意识，独立思考意识和团队合作意识。

二是在"通识课程"的层面新设两门基础通识课程：《人文社科经典导引》和《自然科学经典导引》。两大《导引》旨在对大一同学进行启蒙性质的通识教育，打开学生视野，激发学生兴趣，培养学生博雅品味，养成学生君子人格。因而，这里的"导引"既是通识教育的导引，又是心灵提升的导引，还是人格养成的导引。

三是在"通识课堂"的层面真正实现师生之间的平等对话。一般来讲，专业课程是"独白式"的：教师一讲到底，学生一听到底。独白是规训，"规训"和"学科"在英语里面是同一个单词：discipline。规训之下，何来独立思考和批判意识？因此，武汉大学的通识课堂尝试"大班授课，小班研讨"，在老师与学生、学生与学生的相互切磋、自由辩论之中重塑"大学"之"博雅精神"。

3. 会通精神

中国文化典籍常以"通"命名，诸如通史、通志、通鉴、通义、通典、通书等等。宋人郑樵作《通志》，其"总序"曰："百川异趋，必会于海，然后九州无浸淫之患；万国殊途，必通诸夏，然后八荒无壅滞之忧。会通之义大矣哉！"[1]"会通之义"既是一种精神，亦是一种方法，是"大学"方法义的中西融通和古今变通。

梁启超在《京师大学堂章程》中将"中体西用"的办学宗旨阐释为两大方面：一是"中西并重，观其会通，无得偏废"，强调中西教育的相通；二是"以西文为西学发凡"，但"不以西文为西学究竟"[2]，将西文看作学习西学之门径，不以西文囊括学堂之全部。梁启超"中西并重，观其会通"的宗旨，可视为当时西学东渐语境下，中国大学通识教育的基本方略。诚如金耀基所言："东西方传统的'大学'教育是定性在'通识教育'上的，亦就是说，大学教育即是通识教育。"[3]而通识教育的一个最为基本的方法就是"会通"。

会通精神落实在课程设计的层面，就是要推行一种"共同教育"。何为"共同教育"？甘阳指出：

"本科通识教育"的目的就是要对所有本科生提供这种"共

---

① （宋）郑樵：《通志》第一册，中华书局 1987 年版，第 1 页。

② 朱有瓛主编：《中国近代学制史料（第一辑）》下册，华东师范大学出版社 1986 年版，第 656 页。

③ 金耀基：《大学之理念》，生活·读书·新知三联书店 2001 年版，第 144—145 页。

同教育"，这种共同教育将使大学生毕业后无论涉足哪个行业哪个领域都能够有共同教育的背景能够沟通。可以说，从四十年代开始，美国现代大学的通识教育体制正是高度自觉地承担了为美国现代社会奠定共同文化基础的责任，这种通识教育可以毫不夸张地说就是打造"美国文化熔炉"的最基本政治机制，也是打造美国精英的最基本机制。①

但是，中国大学在 20 世纪 50 年代之后，走的是分科治学的专业化道路，一门专业就是一所大学，诸如钢铁学院、纺织学院、水利学院、电力学院等等。有一个广为流传的笑话，说一位被钢铁学院录取的考生，为做专业上的准备买了一本《钢铁是怎样炼成的》。将一部文学经典当作一本冶金专业的教科书，这是专业主义所导致的教育失误，或者说是专业化弊端之确证。在极端专业化的学院中是缺乏甚至完全没有会通精神的，有的只是怀特海所说的"智力独身主义"。改革开放以来，虽然强调专业与通识的相融相济，但开始于中学教育的文理分科，尤其是中学应试教育对经典阅读的忽视，同样导致"会通精神"的缺乏。在这样一种语境下，我们特别需要回归中西"大学"的根本精神：观乎人文，以化成天下。文明以止，止于至善，不仅在人文层面实现成"人"与成"才"的会通，而且在知识层面实现人文科学与自然科学的会通。

毋庸讳言，当今大学校园里讲授通识课程的教师，大多是在严格的"专业教育"之中摸爬滚打出来的：求学之时，由本科、硕士到博士，接受的是专业教育；入职之后，由助教、讲师到教授，从事的也是专业教育。久而久之，大学教师无一幸免地被打上深深的"专业"铬印：且

---

① 甘阳：《大学人文教育的理念、目标与模式》，《北京大学教育评论》2006 年第 3 期。

不说"文"与"理"难以兼通，即便是在"文"之中也很难做到"文史哲经"融通，在"理"之中亦很难做到"数理化生"融通。因此，要在"方法义"层面实现元典关键词"大学"的现代转换，一个基本的前提是作为通识教育主体的教师如何先行地具备"大学"之"会通精神"。武汉大学的两大导引教学团队，长期实行集体备课。出自不同专业背景，来自不同专业院校的教师，在长期的经常性的集体备课活动中，相互砥砺切磋，实现跨学科对话，培养了会通精神，拓宽了博雅视野，从而为通识教育打下坚实的基础。

三、君子人格

"大学"这个中国文化和教育的元关键词，其从原生义到再生义的通变，不仅形成博雅教育的中西通识，而且铸成中国通识教育的古今通义：一是制度层面的"书院模式"，二是目标层面的"君子人格"。

1. 书院模式

就"大学"三义中的"学校义"而言，与英语 university 在体制上具有相似之处的应该是"书院"这一概念。我国四大书院（应天书院、岳麓书院、白鹿洞书院、嵩阳书院）的建立时间均早于西方牛津、剑桥等知名大学，白鹿洞书院甚至要早近两百年。在加拿大著名比较教育学家许美德（Ruth Hayhoe）先生看来，中国传统书院与中世纪的欧洲大学略为近似[①]，台湾学者伍振鷟先生也指出，中国传统的书院即使与西

---

① 参见［加］许美德：《中国的大学与西方学术的模式》，见伍振鷟主译：《亚洲大学的发展——从依赖到自主》，台湾师大书苑有限公司 190 年版，第 42 页。

方时代相同而年代稍晚的现代大学相比较，"无论在制度、规模、以及教育内容等各方面，均足以相提并论，东西辉映"①，胡适先生更说："要知我国书院的程度，足可以比外国的大学研究院。"②事实上，我国传统书院独立于官学，在体制上自主自治，以自由讲学、知识传承为特征，这与西方大学的自由与自治均有相通、相似之处。

同时，书院在中国传统教育发展史上亦具有极为重要的作用。许美德先生认为："书院生动与非正式的教与学活动、丰富的藏书、以及广阔的讲论的刺激，在中国是高等教育传统中第二条不绝如缕的命脉。"③胡适先生指出："一千年以来，书院实在占教育上一个重要位置，国内的最高学府和思想的渊源，惟书院是赖。盖书院为我国古时最高的教育机关。"④

笔者曾实地考察过香港中文大学的书院制度，亲身感受到现代书院与中华传统文化的血脉相连。香港中文大学前身是三大书院，其中最为著名的是钱穆先生创办的新亚书院。钱穆先生论及新亚书院的办学宗旨时指出：

> 上溯宋明书院讲学精神，旁采西欧大学导师制度，以人文主义之教育宗旨沟通世界中西文化，为人类和平社会幸福谋前途。⑤

从钱穆先生所制定的新亚书院宗旨中，可以见出现代书院的三"通"：一是与传统书院的讲学精神相通，二是与西欧导师制度相通，三

---

① 伍振鷟：《中国大学教育发展史》，三民书局1992年版，第103页。

② 欧阳哲生编：《胡适全集》第十三册，北京大学出版社1998年版，第449页。

③ ［加］许美德：《中国的大学与西方学术的模式》，见伍振鷟主译：《亚洲大学的发展——从依赖到自主》，台湾师大书苑有限公司1990年版，第42页。

④ 欧阳哲生编：《胡适全集》第十三册，北京大学出版社1998年版，第449页。

⑤ 钱穆：《新亚遗铎》，生活·读书·新知三联书店2004年版，第12页。

是与人类和平、社会幸福相通。就大学通识教育的特定领域而论，真正能够既通古今又通中西的，在当代中国不是各种类型的"大学"而是各种类型的"书院"。早在20世纪40年代初，钱穆先生就对大学通识教育发表过一番高论：

> 抑就鄙见论之，即谓大学教育最高任务惟在智识之传授，而今日国内大学之院系析置、课程编配，亦大有可资商榷者。夫学术本无界划，智识贵能会通。今使二十左右之青年，初入大学，茫无准则，先从事各人之选科。若者习文学，若者习历史，若者习哲学，若者习政治、经济、教育。各筑垣墙，自为疆境。学者不察，以谓治文学者可以不修历史，治历史者可以不知哲学，治哲学者可以不问政治。如此以往，在彼目以为专门之绝业，而在世则实增一不通之愚人。而国家社会各色各门中坚领袖人物，则仍当于曾受大学教育之学者中求之。生心害事，以各不相通之人物，而相互从事于国家社会共通之事业，几乎而不见其日趋于矛盾冲突，分崩离析，而永无相与以有成之日。……概括言之，今日国家社会所需者，通人尤重于专家。而今日大学教育之智识传授，则只望人为专家，而不望人为通人。夫通方之与专门，为智识之两途，本难轩轻。[1]

香港中文大学的通识教育，既较好地继承了钱穆先生所开创的书院传统，又成功地学习了西方的博雅经验，可以说是中国大学通识教育当之无愧的典范。而在香港中文大学的通识教育中，书院通识教育又为一大特色。香港中文大学在创建初期即是由三所书院合并而成的，未合并

---

[1] 钱穆：《文化与教育》，生活·读书·新知三联书店2009年版，第62—63页。

之前，各书院均有自己的教育目标。详细论之，新亚书院研修人生大义和传统文化，以振兴中华民族为己任；崇基书院则着力于引入西方文化，为促进中国之现代化奋斗；联合书院力求推动中西文化沟通交流，以接轨世界。因此，在香港中文大学，各书院按其文化背景及教育理念，分别为学生提供了各具特色的通识教育课程。除正规的通识教育课程外，各书院还有专题讨论、周会、月会、舍堂讨论等类型多样的丰富活动，使学生积极地参与其中，分享经验，大胆交流，使学生的通识素养在课堂教学之外得到训练。香港中文大学的本科生是双重身份：既是书院的学生，又是专业学系的学生。打个比方，书院是他们的妈妈，专业学系是他们的爸爸。老师也是双重身份，既是专业学系的教师，同时也是书院的教师。对于学生而言，在书院住宿，不同专业的同学住在一起，这本身就是通识教育的最佳环境。对于教师而言，双重身份，使得自己真正能够既教书又育人。

2. 君子人格

《大学》有古本与今本之别，"朱子新本的提出，不但奠定了理学的思想体系，而且促使了王学以及其他学派的兴起，甚至西方科技的传入也与此有着莫大关系。可以说，朱子新本改变了《大学》的命运，使《大学》获得了新生。换句话说，对中国思想史发生重大影响的，并非之前存在的《大学》古本，而是经过朱子重新演绎的《大学》新本。"①

在大学通识教育的层面讲，《大学》新本的价值，还在于朱熹赋予"大学"这个中国文化元关键词以"三大"：大纲、大道和大人。大纲，也就是作为《大学》核心内容的"三纲领""八条目"；大道，是指曾子、孟子之后，"大学"真义（即"大道"）长期被遮蔽，而朱熹的《大学》

---

① 任蜜林：《〈大学〉本义试探》，《哲学研究》2011 年第 8 期。

新本解蔽除障，使得后世君子重闻"大道"之要；大人，则为《大学》新义的最后旨归：如何成为"大人"，如何成为"君子"，如何通过"大人之学"而养成君子人格。

中国古代的大学是成人之学，《论语·阳货》："好仁不好学，其蔽也愚；好知不好学，其蔽也荡；好信不好学，其蔽也贼；好直不好学，其蔽也绞；好勇不好学，其蔽也乱；好刚不好学，其蔽也狂。""好学"的目的，是要在学习过程中，克服或纠正种种的人格缺陷，使学习者成为君子。用我们今天的话说，是要成为一个合格的公民。哈佛通识教育红皮书反复强调大学通识教育"旨在培养学生成为一个负责任的人和公民"，"培养出一个对于自身、对于自身在社会和宇宙中的位置都有着全面理解的完整的人"[1]。

"负责任的人或公民"，或者说"完整的人"，须有会通的知识性结构，须有变通的批评性思维。荀子《劝学篇》："君子博学而日参省乎己，则知明而行无过矣。"如果说"博学"是对知识和学问的会通，那么"参省乎己"则是一种自我反思，是一种对内的批判性思维。耶鲁大学校长理查德·莱文在第四届中外大学校长论坛上指出，目前中国大学的本科教育缺乏两个非常重要的因素。第一，就是缺乏跨学科的广度；第二，就是缺乏对于批判性思维的培养。而这两个方面的缺憾，其实都是可以通过对传统思想资源的整理和重释而得到弥补或纠正。在这个意义上可以说，"尽管东西方古代高等教育实体在文化性格存在着差异，但是，传授知识、研究学问构成它们共同的内容，注重人文精神培养和人的全面发展成为它们共同的追求"[2]。陈洪捷将知识分为三种类型，其中

---

① 哈佛委员会：《哈佛通识教育红皮书》，李曼丽译，北京大学出版社 2010 年版，第 40 页。

② 程光泉：《哲学视野下的大学理念、大学精神、大学文化》，《北京师范大学学报》（社会科学版）2010 年第 1 期。

"通识性知识，即以个人修养为目的的知识，比如古代中国儒家的六艺或古代欧洲的七艺，以及英国的博雅教育。通识知识往往被视为更高级教育的预备性知识，重要的是，通识性知识的旨趣在于道德和人格的养成，不在于知识本身。"① 当下中国大学的通识教育，一个最为艰巨的任务，就是如何消解或者破除长期形成的专业至上、实用至上的弊端，以成"人"统领成"才"，真正实现通识教育与专业教育的融合。

人的全面发展，是价值理性与工具理性的统一，是人文精神与科学精神的统一。只有人文精神和科学精神统一起来，"大学"（无论是经典义、学校义还是方法义）才能真正养成君子人格，完成《大学》的育人目标："大学之道，在明明德，在新民，在止于至善。"梅贻琦《大学一解》强调："通识为本，而专识为末。社会所需要者，通才为大，而专家次之。以无通才为基础之专家临民，其结果不为新民，而为扰民。"② 今天中国的大学所培养的学生，毕业后走向社会是"新民"还是"扰民"，在某种意义上取决于我们能否将"大学"的古典三义创造性地转换为中西三通，能否将"大学"的"大道"之达、"大人"之旨及"大纲"之要，用之于通识教育的实践而最终"通天下之不通"（《文史通义·内篇·释通》）。

---

① 陈洪捷：《中国古代通识教育的传统及其问题——知识的视角》，《清华大学教育研究》2014 年第 4 期。

② 陈洪捷：《中国古代通识教育的传统及其问题——知识的视角》，《清华大学教育研究》2014 年第 2 期。

第十六章　文章：与 literature 的跨语际对话

　　元典关键词研究的理论范式之中，其关键词阐释之"三性"，最具有现代价值的是"再生性"或"转义性"。中华元典关键词之语义演变的"再生"或"转义"，古典形态是佛华交通中的"梵汉互译"，而近现代形态则是东西方冲突中的"中西互译"。就后者而言，"文章"这一中华元典关键词，在近现代中国与西语 literature 共同言说着"文学"。那么，"文章"与"literature"如何言说"文学"？二者关于"文学"的不同言说如何构成现代语境下的跨语际对话？这种跨语际对话对于我们所探讨的元典关键词研究之理论范式有何意义？这些正是本章所要探讨的问题。

　　就文学理论批评这一特定领域而言，中西文论的第一关键词无疑是"文学"；而关于"文学"的中西之争又可谓时间延续最久，意见分歧最大。① 因此，对文论关键词的中西比较，似应首选却最难诠释的莫过于

---

　　① 中国古代本没有西方"文学"这一概念，如果将诗、词、文、赋、小说、戏曲强名之"文学"的话，那么中国古代的文学应是一种带有较强应用性质的文学。西方文学观念的引进，无疑对中国文学的研究有着积极作用。但不同民族的文化是异质异构的，文学为文化精神的凝聚，各民族的文学也就不可能同构同质。如果以异质异构的西方文学话语来规范中国文学，则难免削中国文学之"足"适西方文学基本理论之"履"。在西方文学理论话语的视域中进行中国古代"文学"的研究，则必然被西方文学理论话语"文学"化而沦为西方文学理论的注脚，从而失去"中国文学"的民族特色和自性。（参见赵辉等：《中西文学传统缘何不同》，《光明日报》2009 年 3 月 2 日第 12 版）

"文学"一词。指称"语言艺术"和"学科类别"的"文学"一词是19世纪通过日语转译过来，侨词色彩明显而本土特征丢失。① 对文论关键词作观念史的考察，或可发现真正能与 literature 对译的是"文章"而非"文学"。汉语的"文章"与西语的 literature 虽有时空之隔却不乏语义之通，二者之"通义"依次表现于对文学观念之缘起、沿生及再创的言说。在关键词的根性结构、语义流变和话语转换等不同层面比较"文章"与literature，不仅可以看出中西文论如何言说"文学"，还可以为中国文论语体系的重建提供有益的尝试和启示。

一、根义元生

《文心雕龙·序志》："原始以表末，释名以章义"②，这是研究中西文论关键词的基本方法。"文章"与 literature 对"文学"的言说，以词根的方式沉潜，以坐标的方式呈现，以转义的方式再生，既是文论关键词生生不息的语义根源，亦是中西文学和而不同的话语依据。③ 因此，比较汉语的"文章"与西语的 literature 如何言说"文学"，如何建构文学观念，则需要回到滥觞之处，从追溯关键词的语义根性和分析其根性结构开始。

---

① 在中、西、日文化互动过程中，有一批汉字术语经历了"源自中国－〉传输日本－〉日本借以对译西洋概念－〉传回中国"这样一个过程，中国古典词的内涵在此过程中发生近代转换。此种"侨词来归"，正是中日文化面对西方文化东渐而发生互动的一种表现形态。（参见冯天瑜：《侨词来归与近代中日文化互动——以"卫生""物理""小说"为例》，《武汉大学学报》（哲学社会科学版），2005 年第 1 期）

② 范文澜：《文心雕龙注》下册，人民文学出版社 1958 年版，第 727 页。

③ 参见李建中：《中华元典关键词的原创意蕴与现代价值——基于词根性、坐标性和转义性的语义考察》，《江海学刊》2014 年第 2 期。

作为中国文论元典的《文心雕龙》被称之为"文章学巨著"①，古典意义上的中国文学属于文章系统，故探论中国文论如何言说"文学"，须从"文章"讲起，须从"文章"一语的词根性讲起。据文献记载，"文"与"章"同时出现于《周礼·考工记》："青与赤谓之文，赤与白谓之章，白与黑谓之黼，黑与青谓之黻。"②此"文"与"章"的语义根性指向线条、颜色的交相错杂。中国古代的文学观念滥觞于"观乎天文"，既包含原始宗教和迷信，也包含原始科学和艺术。③此时虽没有独立的文学活动和成熟的文学观念，但已有具备文学基本要素的词章色彩。

《说文解字》："文，错画也，象交文。"④此"文"的语义根性侧重"纵横交错"，体现了"傍及万品，动植皆文"⑤的观念缘起。《周易·系辞下》："物相杂，故曰文。"⑥《说文解字》："乐竟为一章"⑦，此"章"的语义根性侧重"自成格局"，从而产生一系列的构词组合，如章采，章黼，章绣等。《吕氏春秋·知度》："此神农之所以长，而尧、舜之所以章也。"⑧随着社会活动的日益丰富，人们认识世界的愿望不断提升，"形立则章成，声发则文生"⑨，可见"文章"的词根义是指纵横交错的符号，斑斓美丽的花纹。当书写者不满足于简单刻画时，便有意识地扩充根性结构的语义，产生了"文"和"文章"，也有了"彣"和"彣彰"。

---

① 　参见胡经之：《〈文心雕龙〉：文化融合的结晶》，《北京大学学报》（哲学社会科学版）1989 年第 5 期。

② 　（清）阮元校刻：《十三经注疏》上册，中华书局 1980 年版，第 918 页。

③ 　参见王齐洲：《中国文学观念的发生》，《光明日报》2013 年 10 月 14 日第 15 版。

④ 　（清）段玉裁：《说文解字注》，上海古籍出版社 1981 年版，第 425 页。

⑤ 　范文澜：《文心雕龙注》上册，人民文学出版社 1958 年版，第 1 页。

⑥ 　（清）阮元校刻：《十三经注疏》上册，中华书局 1980 年版，第 90 页。

⑦ 　（清）段玉裁：《说文解字注》，上海古籍出版社 1981 年版，第 102 页。

⑧ 　许维遹撰，梁运华整理：《吕氏春秋集释》下册，中华书局 2009 年版，第 455 页。

⑨ 　范文澜：《文心雕龙注》上册，人民文学出版社 1958 年版，第 1 页。

中国文论关键词之"文章"始见于《论语·公冶长》："夫子之文章，可得而闻也。"①《论语·泰伯》："焕乎，其有文章。"② 此"文章"的语义根性是指德行事功和礼乐法度。《楚辞·橘颂》："青黄杂糅，文章烂兮。"③《荀子·礼论》："雕琢、刻镂、黼黻、文章，所以养目也。"④ 此"文章"的语义根性是指斑斓美丽的花纹，能给观者带来视觉欣赏的艺术美感，引申出错彩镂金、铺锦列绣的辞藻之义。

"文章"亦作"彣彰"。《说文解字》："彡，毛饰画文也。"⑤ 释："彣，䁻也"⑥，及"彰，彣彰也"⑦。段玉裁注："逪画者，文之本义；彣彰者，彣之本义"⑧，说明"彣"是对"文"的扩充，"彣彰"是对"文绣"的延伸。《国故论衡·文学总略》："夫命其形质曰文，状其华美曰彣；指其起止曰章，道其素绚曰彰。"⑨ 此"彣彰"指人的文化创造美如锦绣、黼黻等；"文章"笼罩群言，无所不包，而与人为因素无关的日月山川、花草树木、鸟兽虫鱼皆可为文章。前者如《荀子·非相》的"美于黼黻文章"⑩，后者如《庄子·逍遥游》的"瞽者无以与乎文章之观"⑪。这是在"彣彰"层面对雕

---

① （清）阮元校刻：《十三经注疏》下册，中华书局 1980 年版，第 2474 页。

② （清）阮元校刻：《十三经注疏》下册，中华书局 1980 年版，第 2487 页。

③ 董楚平：《楚辞译注》，上海古籍出版社 1986 年版，第 179 页。

④ （清）王先谦撰，沈啸寰、王星贤点校：《荀子集解》下册，中华书局 1988 年版，第 347 页。

⑤ （清）段玉裁：《说文解字注》，上海古籍出版社 1981 年版，第 424 页。

⑥ （清）段玉裁：《说文解字注》，上海古籍出版社 1981 年版，第 425 页。

⑦ （清）段玉裁：《说文解字注》，上海古籍出版社 1981 年版，第 424 页。

⑧ （清）段玉裁：《说文解字注》，上海古籍出版社 1981 年版，第 425 页。

⑨ 章太炎：《国故论衡》，上海古籍出版社 2003 年版，第 50 页。

⑩ （清）王先谦撰，沈啸寰、王星贤点校：《荀子集解》上册，中华书局 1988 年版，第 84 页。

⑪ （清）郭庆藩撰，王孝鱼点校：《庄子集释》第一册，中华书局 1961 年版，第 30 页。

缛成体之技艺的褒奖，亦是在"文章"层面对文法自然之才情的赞誉。①由此而言，中国文学观念的缘起是通过"文章"实现的，从文身到纹绣，从彣彰到文章，从人为之文到天地之文。

　　就西方的传统而言，一般认为荷马史诗的年代是公元前 700 年之前，文学写作出现在公元前 6 世纪到 5 世纪的希腊（伊索寓言是在公元前 6 世纪，埃斯库罗斯、索福克勒斯与欧里庇得斯的戏剧是在公元前 5 世纪），正是在公元前 4 世纪的希腊，在柏拉图的著作里发现了历史上最早的并具有持续影响的探讨诗歌本性以及诗艺的哲学论文。② 在这个"前文学时代"（pre-literature），事实上存在着文学现象，包括祝词、咒语、赞歌、神话、抒情诗、史诗等。雷蒙·威廉斯《关键词：文化与社会的词汇》指出 literature 出现在 14 世纪，其语义根性是与拉丁语 litteratura、法语 littérature 相通的，具体指"通过阅读得到的高雅知识"。literature 是对拉丁语 litteratura 的再现，对"著作"和"书本知识"的概称，而具备了作品的根性特征，即关于某个主题而写出来的书和论文的全部。拉丁语 litteratura 是以文字为本义，指字母的书写，具有指涉文字、文献、文章等语义根性。由于拉丁语是学术研究的常用语言，导致 literature 具有无所不包的语义指涉，凡是文字记载的文献资料都可用此词指称。"1800 年之前，literature 这个词和它在其它欧洲语言中相似的词指的是'著作'，或者'书本知识'。"③literature 的根性结构是 litera 与 ture 的组

---

　　① 参见李建中：《经学视域下中国文论关键词之词根性考察》，《武汉大学学报》（人文科学版）2014 年第 1 期。

　　② 参见〔英〕彼得·威德森：《现代西方文学观念简史》，钱竞等译，北京大学出版社 2006 年版，第 27 页。

　　③ 〔美〕乔森纳·卡勒：《当代学术入门：文学理论》，李平译，辽宁教育出版社 1998 年版，第 22 页。

合，前者是 letter 的演变，源于拉丁文 littera，指知识范畴，即希腊语的 γραμματική（文法），表示知识的运用及其书写；后者表示一般状态、一般情况，起补充说明的作用，阐释前一词的状态或行为，并对前一词作出限定。

夏目漱石提出："汉学中所谓文学与英语中所谓文学，到底是不可划归同一定义下之异类物也。"① 中西文学具有不同的根性结构，汉语的"文章"与西语的 literature 共同丰富了"文学"观念的基本要素。尽管此两者有明显的时空差异，但在语义根性上却具有相类似的特征：一种"广泛性"的指称。"文章"泛指结构突出的符号和斑斓美丽的花纹，literature 泛指文字书写及其作品，二者均涵盖了古今文献及学问知识。汉语"文章"中的"文"与"章"是同质同性、平等并存，既可单独生成意义，也可组合出现，从而产生"自然之文""人文之文"的语义根性，包括但不局限于后世的"文学"观念。与汉语"文章"的根性结构不同，英语 literature 的 litera 与 ture 是前后限制的，很难单独承担对文学观念的言说。正是在这个意义上，我们说作为现代侨词的"文学"并不能传达中国古代文学的奥义。

由于中西文学观念的差异，现代语境下的"文学"一词难以言尽"文章"的根性结构，也不具备"文章"的形象性和视觉性。通过日语转译到中国的侨词"文学"，在语义缘起上无法与"文章"对等。因而，就关键词的根性结构而言，汉语的"文章"体现出"文学"的审美特征，而 literature 表现出"文学"的书写特征，二者深刻而形象地揭示了中西文学观念之缘起的差异性。

---

① ［日］夏目漱石：《文学论》自序，林少阳：《"文"与日本的现代性》附录，中央编译出版社 2014 年版，第 104 页。

二、词义沿生

文论关键词是有生命的，其语义流变是一个完整的生命历程。《文心雕龙·序言》："振叶以寻根，观澜而索源"①，文论关键词的研究也是如此，厘清并描述其从诞生、成长到更新、再生的生命历程。陈寅恪说，凡解释一字即是作一部文化史。② 只有回到"文章"与"literature"在不同历史时期的文化语境，才能全面而深刻地把握文学观念的沿生过程，并在此基础上辨析文学观念之沿生的中西路径。

轴心期汉语的"文章"一词，在审美性和艺术性的层面为文学观念的沿生奠定了言说基础。《墨子·非乐上》："非以刻镂华文章之色以为不美也。"③ 此"文章"语义指精美、华丽的纹饰符号，引申出华丽之文辞和尚美之情志。《荀子·非十二子》："敛然圣王之文章具焉"④，此"文章"指垂范教世的礼制或法度，引申出奏议、书论、铭诔、诗赋等文体内涵。《韩非子·解老》："礼者，所以情貌也，群义之文章也。"⑤ 此"文章"的内涵已指向形式和内容的层面，确立了"礼制—文章"的沿生坐标。此时期"文章"概念已初步涉及文辞、情志等文学性因素，虽然还不具备"纯文学"的审美内涵。

两汉之时，文论关键词"文章"逐渐接近纯文学观念，产生一些文学性概念，如文采、文辞和文词等，衍生出"铺采摛文"、"体物写志"

---

① 范文澜：《文心雕龙注》下册，人民文学出版社 1958 年版，第 726 页。

② 参见陈寅恪：《陈寅恪先生来函》，葛信益等整理：《沈兼士学术论文集》，中华书局 1986 年版，第 202 页。

③ 孙诒让撰，孙启治点校：《墨子间诂》上册，中华书局 2001 年版，第 251 页。

④ （清）王先谦撰，沈啸寰、王星贤点校：《荀子集解》上册，中华书局 1988 年版，第 95 页。

⑤ （清）王先慎撰，钟哲点校：《韩非子集解》，中华书局 1998 年版，第 132 页。

的大小赋体。《淮南子·原道》："是故至人之治也，掩其聪明，灭其文章，依道废智，与民同出于公。"① 此"文章"语义是"文辞作品、礼仪法度"，继承了先秦的文章意涵。《史记·儒林列传》："文章尔雅，训辞深厚。"② 此"文章"语义指书写诏书、律令等，也指有文采的文辞作品。班固《两都赋序》："盖奏御者千有余篇，而后大汉之文章，炳焉与三代同风。"③ 此"文章"语义已有文学风格的意味，注重雅致的文辞特征。此时期"文章"概念的新义开启了文学观念的转变。

用近代的眼光来看，魏晋时期既是"文学自觉"时期，也可说是"为艺术而艺术"时期。曹丕《典论·论文》："盖文章经国之大业，不朽之盛事。"④ 此"文章"之语义强调的是文体的独立价值。挚虞《文章流别论》："文章者，所以宣上下之象，明人伦之叙，穷理尽性，以究万物之宜者也。"⑤ 此"文章"语义暗含了"文以载道"的主体意识。《文心雕龙》对"文章"的使用，意义非常广泛，既是概称文学的本体、大体和总体，也是泛称不同文体。《南齐书·文学传论》："文章者，盖情性之风标，神明之律吕也。"⑥ 此"文章"语义具有了审美情性的特征，已不完全是指政教律令的文辞作品。据统计，《后汉书·文苑传》提到"文章"一词十次，指明了作者的文体创制，其意已是文学作品的专属词汇。尽管"文章"内部时有结构调整，出现"文笔争论"与"骈古转换"，但仍指辞赋一类的文学性作品。

---

① 何宁：《淮南子集释》上册，中华书局 1998 年版，第 60 页。

② （汉）司马迁撰：《史记》第十册，中华书局 1963 年版，第 3119 页。

③ （梁）萧统编，（唐）李善注：《文选》第一册，上海古籍出版社 1986 年版，第 3 页。

④ （梁）萧统编，（唐）李善注：《文选》第六册，上海古籍出版社 1986 年版，第 2271 页。

⑤ （清）严可均校辑：《全上古三代秦汉三国六朝文·全晋文》卷七十七，中华书局 1958 年影印版，第 1905 页。

⑥ （梁）萧子显：《南齐书》第二册，中华书局 1972 年版，第 907 页。

由唐宋而至明清，审美意识嬗变与文学文体的生成，衍生出诗歌、词曲、散文等不同样式。杜甫《偶题》："文章千古事，得失寸心知。"① 此"文章"指具有文学性的辞赋、诗文等作品。苏轼《答谢民师书》："欧阳文忠公言文章如精金美玉。"② 此"文章"语义指向艺术性的诗文作品，承续了魏晋"文学自觉"传统。彭时《文章辨体序》："三代以下，名能文章者众矣，其有补于世教，可与天地同悠久者，代不数人，人不数篇，可不精择而慎传之钦。"③ 此"文章"语义继续着文论家对纯文学的探索，将文学性或审美性的散文作品纳入"文章"范围。姚鼐《与石甫侄孙书》："文章之精妙，不出字句声色之间，舍此便无可窥寻。"④ 刘大櫆《论文偶记》："文章最要节奏，譬之管弦繁奏中，必有希声窈渺之处。"⑤ 此"文章"已是中国文学的主要系统，涵盖了不同文体的著作或作品，已接近近现代"纯文学"的内涵。与先秦时期的"文章"内涵相比，后世"文章"的沿生特征，其总体趋向是广义的图纹符号义逐渐消失，而狭义的纯文学书写义逐渐清晰：外延日趋萎缩而内涵日趋稳定。

literature 在 17 世纪时意味着广泛阅读的状态，有时表示状态名词，指"博览群书的"；有时表示物质名词，指"广为阅读的书籍"。雷蒙·威廉斯指出："literature 的词义主要是与 literacy 的意涵一致。"⑥literacy 指

---

① （清）杨伦笺注：《杜诗镜铨》下册，上海古籍出版社 1980 年版，第 713 页。

② （宋）苏轼撰，孔凡礼点校：《苏轼文集》第四册，中华书局 1986 年版，第 1419 页。

③ （明）吴纳撰，于北山校点：《文章辨体序说》，《文章辨体序说》，人民文学出版社 1962 年版，第 7 页。

④ （清）姚鼐撰，卢坡点校：《姚惜抱尺牍》，安徽大学出版社 2014 年版，第 134 页。

⑤ （清）姚鼐撰，卢坡点校：《姚惜抱尺牍》，安徽大学出版社 2014 年版，第 134 页。

⑥ ［英］雷蒙·威廉斯：《关键词：文化与社会的词汇》，刘建基译，生活·读书·新知三联书店 2005 年版，第 269 页。

能读能写、精通经典，具有高雅学识的文化素养，多指阅读希腊语、拉丁语的经典。18 世纪到 19 世纪，文学活动被纳入市场资本的运行范围，出现专门的职业写作，导致 literature 概念重组："学识"或"博学"；研究修辞格和诗学、兼及语文学和史学的学术门类。雷蒙·威廉斯说："写作的长处，写作的声望，这似乎是与作家这个行业的高度自我意识有关；这些作家处在一个过渡时期，是从他人资助过渡到市场的书籍销售。"①literature 在 18 世纪时被普遍使用，当时涵盖诗歌、小说、戏剧、散文等文体，出现英国文学、国家文学等集体概念。literature 语义向"美文学"倾斜，"博览学识""学术门类""文献索引"等义项逐渐收缩，从而产生现代语境的"文学"观念。根据 19 世纪西方对"文学"概念的宽泛界定，这是人类精神活动之所有文本的总称。literature 概念是指以"富有创造性想象力"为基准的语言艺术②：一是文字（由之而来的著作）；二是由文字著作而来之学（人文学科）；三是文字之美（作为艺术的文学）。

王国维《宋元戏曲史·自序》："凡一代有一代之文学楚之骚、汉之赋、六代之骈语、唐之诗、宋之词、元之曲，皆所谓一代之文学，而后世莫能继焉者也。"③此论揭示出中国文学观念的沿生过程，囊括了多种文学文体和文学现象。文论关键词"文章"的语义流变涵盖了中国文学史的整个时段，围绕"天文、地文、人文"而不断沿生，扩大了中国文论对"文"的言说领域，也拓宽了言说路径。literature 的语义流变勾勒了同源词、共生词与同音词，围绕"字母书写"而不断构词，在词汇上体现了西方文论对"文学"的本体认识。就语义流变而言，汉语的"文章"与西语的 literature 大体呈现出相反的沿生路向："文章"是由广义渐趋狭义，literature 则是由

---

① ［英］雷蒙·威廉斯：《关键词：文化与社会的词汇》，刘建基译，生活·读书·新知三联书店 2005 年版，第 270 页。

② 参见张法：《"文学"一词在现代汉语中的定型》，《文艺研究》2013 年第 9 期。

③ 王国维：《王国维文学论著三种》，商务印书馆 2010 年版，第 46 页。

狭义渐趋广义。中国古代文论对文学观念的言说，比较注重"文章"的符号，围绕文本、文体、风格而诠释文学观念的沿生特征。而西方注重 literature 的书写，具有相对稳定的核心词义，"抱为天下式"[①]，围绕字母书写而阐释出文学观念的本体意识，这是中国文论所不具备的。作为中国文论的关键词，"文章"体现了"符号图纹——礼乐情志——文辞作品"的沿生路径，其间既有经国大业的高远抱负又有雕缛成体的审美情愫；而 literature 体现了"书写活动——智慧集合——审美作品"的沿生路径，内蕴学识的丰富性和创造的自由度。

三、语义再生

进入 20 世纪，中西文学观念不约而同地出现概念融合、话语转换的倾向，无论是汉语的"文章"还是西语的 literature，均面临着其他艺术概念（绘画、音乐、美学等）的挑战以及诸多新元素的重构。雷蒙·威廉斯指出："很明显，literature（文字）、art（艺术）、aesthetic（美学的）、creative（具创意的）与 imaginative（具想象力的）所交织的现代复杂意涵，标示出社会、文化史的一项重大变化。"[②] 就"文章"与 literature 而言，这种概念的融合与新变，体现出现代文学观念的"破而后立"，意味着"文学"观念的再创或重构。

20 世纪以来，文论关键词"文章"不再泛指经天纬地的图纹符号，不再统称奏议、书论、铭诔、诗赋等众多文体，而是专指纯粹审美的"散文体"（除诗歌、小说、戏剧之外的一种文学体裁）。经由缘起、沿

---

① 楼宇烈：《老子道德经注校释》，中华书局 2008 年版，第 56 页。

② ［英］雷蒙·威廉斯：《关键词：文化与社会的词汇》，刘建基译，生活·读书·新知三联书店 2005 年版，第 272 页。

生的话语转换,"文章"将现代语义锁定在"散文体",指称散体文的"议论""叙事"和"抒情",引申出"议论文""说明文""记叙文""抒情文""应用文"等术语。叶圣陶《文章例话》序:"文章的材料是经验和意思,文章的依据是语言。只要有经验和意思,只要会说话,再加上能识字会写字,这就能够写文章了……所谓好文章,也不过材料选的精当一点儿,话说的确切一点儿周密一点儿罢了。"① 悄然之间,这一文论关键词从"文学"观念的称谓变成了"文学"文体的种类之一,这种"散文体"的特征是"篇幅不长","独立成篇",词义表现出相当的收缩倾向。由"泛文学"到"纯文学",再到"散文体",显示出现代视域下"文章"概念的话语转换。

中国文学观念的缘起、沿生都有文论关键词"文章"的积极参与,但现在已看不到过去的"文章"内涵,而是被"文学"(语言艺术)一词的指涉所取代。文论关键词"文章"是一个丰富的观念体系,它包含了许多"纯文学"与"非纯文学"的主题,也有着一整套与西方文学不同的属范畴。通过"文章"来思考现代语境下的文学观念,可看到由古典的广义之"文章"到现代纯文学的观念转换,而这种纯文学的特定部分即某一文体是由(狭义的)"文章"命名的。诸如"千古文章未尽才"、"文章不写一字空"等,都是狭义的也是近现代意义上的"文章"内涵。在 20 世纪之前,literature 或 text 是很难在文体上与汉语之"文章"观念相对应的,前者言说"文学"的空间相对较窄。但是,现代视域下"文章"已键闭成"文学"的主流文体之一,全然不具有过去词、赋、书、诏、策、奏、启、表、铭、箴、诔、碑等文体内涵。

与此同时,现代视域下 literature 呈现出多义性及转义性的文体特

---

① 叶圣陶:《叶圣陶序跋集》,生活·读书·新知三联书店 1983 年版,第 17—18 页。

征。经由缘起、沿生的语义阐释，西语的 literature 文学观念，缘起于古希腊、罗马时的"诗艺"，奠基于 14—15 世纪的字母书写和博览学识，沿生于 16—19 世纪的文体演进和审美意识，再创于 20 世纪的概念融合和体系重构。伊格尔顿说："其实，我们自己的文学定义是与我们如今所谓的浪漫主义时代一道开始发展的。"[①]西语的 literature 的内涵是指塑造艺术形象以反映现实生活、表达思想感情的审美艺术，从抒情诗、讽喻诗到散文，到戏剧，再到小说，包括美学、伦理、道德、音乐、绘画等，这是一个不断吸收、接纳、融合的沿生过程。此种沿生机制呈现出"狭义—广义""收拢—宽泛"的特征，与汉语之"文章"的道路完全不同，从而在多义性及转义性的基础上开启出现代文学观念的多种可能。雷蒙·威廉斯说："这种意涵（literature）标示出一个重要的社会、文化发展，也许也标示出一个重要的政治发展。"[②]由此而言，西方文学观念的确立史，亦是 literature 的演变史。

关于"什么是文学"的问题，由近代意义的文体演变而言，文论关键词之"文章"与 literature 给出了不同答案。文学观念的现代演进，在中西文化不同的语境下有不同的路向。在中国，一方面是"文章"式的逐渐紧缩，将"文章"键闭在"散文体"之上；另一方面是用转译而来的"文学"一词描述文学观念，表现出"西学东渐"之中被 literature 所重构，将侨词"文学"转换成一个近现代概念或中国文学的世界化进程的标志概念[③]。在西方，"literature 式"的扩张，literature 被置于多元文

---

① ［英］特雷·伊格尔顿：《二十世纪西方文学理论》，伍晓明译，北京大学出版社 2007 年版，第 16—17 页。

② ［英］雷蒙·威廉斯：《关键词：文化与社会的词汇》，刘建基译，生活·读书·新知三联书店 2005 年版，第 271 页。

③ 参见陈广宏：《近代中国文学概念转换的历史语境与路径》，《文学评论》2016 年第 5 期。

化观念之下，负载了西方文学经验、理论与传统的呈现或认同①，从而拓宽西方文学的文体格局，重新定义文学。就"文章"与 literature 对文学观念的言说而论，20 世纪以来出现了一种很有趣的路径错位：汉语的"文章"恰似回到了 literature 的早期路径，而西语的 literature 回到了"文章"的轴心期内涵。

上述"路径错位"颇值得玩味。2016 年诺贝尔文学奖授给了歌手鲍勃·迪伦，官方授奖词称鲍勃·迪伦在伟大的美国民谣传统中创造出新的诗歌意境。这场"文学"与"音乐"的跨界，引发出关于"文学"概念的讨论。面对诸多新元素（美学、伦理、音乐、舞蹈、绘画等概念）的挑战，以及艺术的反思与重构，20 世纪以来的"文学"观念陷入了一种"边缘模糊、内涵重合"的多义境况。"每一件艺术品现在都存在着，可供我们直接观察，而且每一件作品本身即解答了某些艺术上的问题，不论这作品是昨天写成的还是 1000 年前写成的。"② 在当代文艺批评的影响下，过去的审美经验正在失效，新的审美经验尚在生长，此时的"文学"如何守住传统，如何应对当下，这是中西文论的共同困境和难题。

自明末清初到清末民初，西学东渐，新语入华。"文学"一词转由日本进入中国，其现代语义始于 1917 年胡适、陈独秀、鲁迅等发起的"文学革命"。

> 自欧学东渐……吾国各种学术……分立专科，不得不取材于欧美……至于文学，在欧美亦早离各学科而独立：数、理、

---

① 参见陈广宏：《近代中国文学概念转换的历史语境与路径》，《文学评论》2016 年第 5 期。

② ［美］勒内·韦勒克、［美］奥斯汀·沃伦：《文学理论》，刘象愚等译，文化艺术出版社 2010 年版，第 38 页。

化、农、工、商诸学科与之相离，无论矣；即宗教、政治、法律、经济、哲学、伦理、教育、历史、地理诸学科，亦莫不与之相离。①

由此来说，传统"文章"系统的解体，现代"文学"概念的引进，是受到西方学科分类的影响。鲁迅指出此"文学"一词并非取自《论语》"文学子游、子夏"，而是"从日本输入的，是他们对英语 literature 的翻译词"②。在近代意义上，中国"文学"概念是由"文学—literature"对译完成的，而文论关键词之"文章"已不具备这种全然指称的功能，只是作为其中一种文体而单独出现。

自"反传统、反儒教、反文言"的"新文学运动"开始，"文学"一词的影响日益扩展，而"文章"一词颇有"日薄西山"之势。此时的中国文论似乎忘却了古典"文章"概念的包容并举和文备众体，远离了本土的文化传统，转而认同西方，"把视野由本国文章系统的变革，转向包含'文学'在内的西学体系的输入和借鉴"③，这是中国文论关键词"文章"所面对的巨大挑战，"文章"本有的广泛的文学内涵和丰富文体意识，在新文学运动中被改写，被重组，被遮蔽。胡适《文学改良刍议》提出写文章应"不作无病之呻吟"、"须言之有物"，建议用白话文代替文言文。④"文章"与"文学"产生了概念融合，"文章"所原有的泛指语义被消解，剩下的是与英语"article"、"prose"、"essay"一

① 朱希祖：《文学论》，周文玖选编：《朱希祖文存》，上海古籍出版社 2006 年版，第 46 页。

② 鲁迅：《门外文谈·不识字的作家》，《鲁迅全集》第六卷，人民文学出版社 2005 年版，第 96 页。

③ 李春：《文学翻译如何进入文学革命——"Literature"概念的译介与文学革命的发生》，《中国现代文学研究丛刊》2011 年第 1 期。

④ 欧阳哲生编：《胡适文集》第二册，北京大学出版社 1998 年版，第 6 页。

类文体的对译。

当汉语"文章"的传统意蕴遭受现代文学观念的消解时，西语的literature 同样面临文学新概念、新要素的挑战与融合。与 literature 相关的是"书写作品"，最初的形式是作为书写文本而存在的。伴随着大众文化的广泛流行，现代视域下 literature 的语义流变呈现出多义性的特征，既包括了书写作品（挽歌、诗歌、散文、小说、戏剧、手册、传记等），也包括了非书写作品（电影、歌曲、演讲、说唱、表演等）。由此而言，"美学性"与"文学性"，"虚构性"与"写实性"，构成了literature 的概念空间及本体特征。在日益发展的全媒体时代，网络、电视、报刊、广播里关于 literature 的发现和表达无所不在，无往不至。①因此，瑞典文学院选择将诺贝尔文学奖颁给鲍勃·迪伦，就是在通过他的"歌词体"去引导文学观念的确立。传统的 literature 概念面对消融与再创的挑战，其与艺术的交织，在指称上促进了文学观念的结构性调整。从 literature 的现代扩容或再创，我们似乎能重睹汉语"文章"的古老身影。

概言之，"文章"与 literature 是中西文论的核心关键词，二者对文学观念的言说，表现出概念重建的相互挑战及相互融合，以及文体演变的路径错位。近现代中国文论放弃了由来已久的"文章"传统，转向"literature—文学"体系，其观念之取向有明显的西化特征，从而遮蔽了中国文学史及批评史的历史真相，并因此而丢掉了中国文论的文化底蕴和美学品质。而 literature 却走向一条创造或再生产的道路，概念空间得到了最大程度的释放，在与艺术、美学、神话等范畴的交织中体现了其概念的重新定义与再确立。通过对"文章"与

---

① 参见胡妍妍：《文学如何面对今天的"生活"》，《人民日报》2012 年 6 月 1 日第 24 版。

literature 的多角度多层面的比较，可以看到中西"文学"概念的差异性及其复杂性。在此基础上实现中西文论的对话与交流，有益于探讨多重语境下的文论研究，并在复杂多元的语境中，重新建构中国文论的话语体系及意义世界。

第十七章　观：非常之视

作为元典关键词之理论范式的"个案研究"，本书下篇所重点诠释的 12 个关键词，大体上可分为两类：第一类属于"大词"，即关于中国文化、审美、教育及文学的关键词，如：人、天、道、文、博雅、趣味、大学、文章；第二类属于"中词"，即关于个体文化心理的，如：观、怨、力、雷。

"观"，作为中国文化及文论的元关键词，不但在古代典籍中经常出现①，而且存活于今天的主流与民间话语之中。在漫长的历史演进过程中，"观"具有很强的构词功能，形成"观象""观风""观化""观志""观心""观文""观乐"等一系列中国文论关键词。然而，在汉语批评的现代文化语境下，"观"的字义被完全等同于"看"（如通行的《现代汉语词典》）②，文学理论批评亦多从一般意义上（即人的普通的、正常的、生理性的感知觉之一）来理解、阐释和使用"观"，从而忽略或遮蔽了"观"与生俱来的神秘性与超感官性。有鉴于此，本章力图为"观"求根与解密，即通过字形、器物、字义上的溯源与梳理，找到"观"的

---

① 据统计，通行的十三经中"观"字共出现 293 处，见李波等主编《十三经新索引》"观"字条，中国广播电视出版社 2003 年版，第 1529 页。

② 参见中国社会科学院语言研究所词典编辑室编：《现代汉语词典》，商务印书馆 2012 年版，第 478 页。

词义根性，发现"观"被长期遮蔽的神秘性与超感官性，进而由"观"之神秘性出发，重新理解并诠释以"观"为词根的一系列中国文论关键词。

一、由"雚"到"观"

对"观"字的考察可从《说文解字》入手。许慎分析"观"（繁体为"觀"）为"谛视也，从见雚声"①，此解释包含两层信息：其一，与普通的"视"不同，"观"为"审视"（《说文解字》释"谛"为"审"②），即仔细地看；其二，就字体构成而言，"观"以"见"为义符，以"雚"为声符。许慎的解读为我们提供了字义与字形两个方向的启示。

先看字形。许慎拆解"观"为"从见雚声"，显然是将"雚"看作声符。但是，联系紧随其后的"古文观从囧"来看，古文与小篆两种字体之"观"，共有的部分却是"雚"而非"见"。再联系训诂学上从声符推求字义的"右文说"，"雚"除了作为声符，也似有表义的作用。当然，这一推论成立与否还要取决于"雚"与"观"在字义上的联系。许慎释"雚"为"雚爵也，从萑，吅声，诗曰：雚鸣于垤"③。以器物之"爵"（《说文解字》释"爵"为"礼器也"④）解释"雚"颇令人费解。故，段玉裁在《说文解字注》中纠正为"爵当作雀"，并指出"雚今字作鹳，鹳雀乃大鸟"⑤。依段氏之说，"雚"即是生活在水边的鹳鸟，将其带入许慎所引的"雚

---

① （清）段玉裁：《说文解字注》，上海古籍出版社1981年版，第408页。
② （清）段玉裁：《说文解字注》，上海古籍出版社1981年版，第92页。
③ （清）段玉裁：《说文解字注》，上海古籍出版社1981年版，第144页。
④ （清）段玉裁：《说文解字注》，上海古籍出版社1981年版，第217页。
⑤ （清）段玉裁：《说文解字注》，上海古籍出版社1981年版，第144页。

鸣于垤"很恰当，可这也中断了"鹳鸟"与"谛视"的联系。抛开段注的正确与否不谈，许慎对"萑"部的解释为我们提供了另一种思路。在《说文解字》"凡某之属皆从某"的体系中，字与部首往往有着密切的联系。如"萑"部下的"蔓""藋""舊"三字便都与鸱鸟有关。既然"藋"是从属于"萑"部的，而后者的"鸱属"、"有毛角"、"所鸣其民有祸"①等描述又与猫头鹰的特征高度吻合，那么，"藋"的字义指向就不再是水边的鹳鸟，而是以其大眼睛为标志的鸱鸮——这便找到了"藋"与"观"在意义与形体上的关联。

　　除了遵循《说文解字》内部"观—藋—萑"顺序的"按图索骥"，猫头鹰与"观"字的联系也能在甲骨文的解读中得到印证。《甲骨文编》"藋"下云"藋用为观"②。《甲骨文字典》"观"字条载"卜辞用萑、藋为观"③，并释"萑"之义为"象隹戴毛角之形"④。《殷墟甲骨文实用字典》的解释则更为直接："观，独体象物字，象猫头鹰形。从二口，为突出二个大眼睛，以示鸟的特征。与萑字相同。卜辞用藋为觀，为突出其义，加见为义符，本义是观察。"⑤可以说，上述解释正与《说文解字》中"观""藋""萑"三字之间的结构关系相吻合。

　　许慎曾言"仓颉之初作书，盖依类象形故谓之文，其后形声相益即谓之字。文者，物象之本。字者，言孳乳而浸多也"⑥。早期文字的产生是一个数量不断增多，同时也是结构日趋复杂的过程。由"萑"经"藋"再到"观"伴随着构字成分的不断增加（如图1）。

---

① （清）段玉裁：《说文解字注》，上海古籍出版社1981年版，第144页。

② 中国科学院考古研究所编辑：《甲骨文编》，中华书局1965年版，第180页。

③ 徐中舒主编：《甲骨文字典》，四川辞书出版社2006年版，第979页。

④ 徐中舒主编：《甲骨文字典》，四川辞书出版社2006年版，第408页。

⑤ 马如森：《殷墟甲骨文实用字典》，上海大学出版社2008年版，第205页。

⑥ （清）段玉裁：《说文解字注》，上海古籍出版社1981年版，第754页。

雈（甲骨文）　　　雚（甲骨文）　　　观（小篆）

图1

先是"吅"（此"吅"非《说文》所谓"惊呼也"，而应视作马如森所解释的"为突出二个大眼睛"）后是"见"，"观"字的形体衍变始终坚持着对"视"的不断强调。由此反观，造字者最初选用"鸱鸮之视"的形象也不无道理：

　　盖造字的初民深刻的观察、了解鸱鸮是夜间活动的猛禽，眼光锐利无伦，有"夜撮蚤、察毫末"的特长，所以特地选用了鸱鸮之视来表现观看。他们高明而准确的抓住了此鸟的一双毛角如耳和炯炯的巨眼、利喙以至于健爪……等特点，简练扼要的刻画出鸱鸮之视的种种鲜明的形象。①

我们知道，汉字具有明显的象形性，往往抓住所描摹对象的显著特征。就像对"鸟"之喙、羽和爪等部位的强调一样，"雚"也凸显了猫头鹰的毛角和大眼睛。这并非孤例，早期文字中类似的"因物赋形"还有很多："羊角象其曲，鹿角象其歧，象象其长鼻，豸象其竭尾，犬象其修体，虎象其巨口，马象其丰尾长颅，兔象其厥尾，虫象其博首宛身，鱼象其枝尾细鳞，燕象其籥口布翅，龟象其昂首被甲，且也或立或卧，或左或右，或正视或横视，因

---

①　康殷：《古文字形发微》，北京出版社1990年版，第104页。

物赋形，恍若图画无异。"①当然，这其中还涉及能否由"鸱鸮之视"过渡到人之"谛视"的问题。对此，许慎与段玉裁均未明言，但我们仍能从他们对"蒦"与"矍"字的解读中寻得佐证。如前所述，"蒦"字在《说文解字》中从属"萑"部。许慎释其义为"规蒦，商也。从又持萑。一曰视遽皃。一曰蒦，度也"。段玉裁注意到"矍"字下亦有"一曰视遽皃"，遂以"蒦与矍形声皆相似，故此义同"进行解释，而《说文解字》中"矍"的两种释义恰好实现了鹰隼之视与人之视的关联。即，针对许慎的"从又持之，瞿瞿也"和"一曰视遽皃"，段玉裁明确指出"前义自鹰隼言，后义自人言"②。这就传神地由"鹰隼之视"联系到人之"瞪视"。那么，从文字的产生与演变规律来看，"观"与猫头鹰的这种联系能够讲通。

二、鸱鸮造型

"观"字源于对猫头鹰的描摹，这类形象在早期器物上也曾出现。考古发现，早在仰韶、红山文化中就有了以猫头鹰为题材的器物；此后，鸱鸮造型到商代中晚期再次大量出现，它们多具有圆大的双目、眼盘和耸立在头上的毛角等特征。③如陕西华县出土的仰韶文化时期枭头陶塑，半球形的头部突出了双目和羽毛构成的眼盘，简练而不失精当（图2）；又如商晚期的青铜鸱鸮尊，头部有明显的双目并衬以巨大的眼盘，可谓栩栩如生（图3）。

---

① 容庚：《甲骨文字之发现及其考释》，《国学季刊》1923 年第 1 卷第 4 号。
② （清）段玉裁：《说文解字注》，上海古籍出版社 1981 年版，第 147 页。
③ 参见刘敦愿：《中国古代艺术中的枭类题材研究》，《新美术》1985 年第 4 期。

图2　　　　　　　　　　图3

图 2 见《陕西华县柳子镇第二次发掘的主要收获》，《考古》1959 年第 11 期。

图 3 见林树中主编：《海外藏中国历代雕塑》上册，江西美术出版社 2006 年版，第 16 页。

　　鸱鸮形器物突出猫头鹰巨大的眼睛，这与甲骨文中的"雚"字极为相似。对器物上鸱鸮造型的考察，或将有助于我们了解"观"字的神秘性来源。有鉴于此，下文将通过三个追问展开。

　　首先，为何鸱鸮造型如此关注眼睛？为了回答这一问题，我们有必要将视线转向人类早期的"原始思维"或曰"诗性智慧"。维柯曾指出人类心灵的两条公理："由于人类心灵的不确定性，每逢堕在无知的场合，人就把他自己当作权衡一切事物的标准"；"人对辽远的未知的事物，都根据已熟悉的近在手边的事物去进行判断"①。在这里，眼睛与视力的关系与维柯所列举的"用筋肉表示力量"和"把生命的精华放在髓上"类似，都是"用具体实物来表达心意"②。

　　人们对周围世界的感知主要依靠眼睛，但是正常的视力范围毕竟有限。于是，我们可以从仓颉的"四目重光"、舜帝的"重瞳子"等传说中

---

①　［意］维柯：《新科学》上册，朱光潜译，商务印书馆 1997 年版，第 98—99 页。

②　［意］维柯：《新科学》上册，朱光潜译，商务印书馆 1997 年版，第 387 页。

看到先民对眼睛的理解：他们渴望依靠眼睛在生理上的超常（同时也是异常）来提高视力。推广到自然界，猫头鹰的眼睛位于头部正前方，这种构造与人眼相似；它栖息于高处，具有广阔的视野；更重要的是，它能够在夜间活动，具备敏锐的夜视能力。在这种意义上讲，人们对猫头鹰眼睛的强调乃至夸张化处理，便与传说中对仓颉、舜帝眼睛的塑造具有了一致性。无独有偶，《山海经》中也大量存在此类基于动植物习性的联想。如《西山经》嶓冢之山"黑华而不实"的"蔦蓉"，"食之使人无子"[①]；《南山经》招摇之山"伏行人走"的"狌狌"，人食之辄能"善走"[②]；又如"其音如判木，佩之不聋"的"旋龟"以及"有兽焉，自为牝牡，食者不妒"[③]，等等，皆可视作某种愿望在相应事物上的投射。可以说，与这种普遍的"推己及物"思维类似，鸱鸮造型上那突出的大眼睛也可视作先民提升视力的寄托。

其次，鸱鸮造型的神秘性来自何处？为了解释鸱鸮造型在早期器物上的大量出现，有学者提出"鸱鸮崇拜"的观点：猫头鹰既是与战争相联系的猛禽，又是与黑夜、梦幻、死亡有关的夜禽[④]；作为殷商图腾，鸱鸮崇拜实质是古代物候历法与天文历法的统一[⑤]；鸮是背负祖先灵魂飞行的夜鸟，鸱鸮崇拜即是祖先崇拜[⑥]，等等。以上说法多从生活习性入手，指出猫头鹰与黑夜、神灵等神秘现象的联系。概括而言，种种说法之中，鸱鸮造型的神秘性多源于未知，它所代表的黑夜、死亡、灵魂、命运等在这点上是一致的。

更为重要的是，如果说对于神秘力量的应对策略包括积极和消极两

---

① 袁珂：《山海经校译》，上海古籍出版社 1985 年版，第 22 页。

② 袁珂：《山海经校译》，上海古籍出版社 1985 年版，第 1 页。

③ 袁珂：《山海经校译》，上海古籍出版社 1985 年版，第 2 页。

④ 参见刘敦愿：《中国古代艺术中的枭类题材研究》，《新美术》1985 年第 4 期。

⑤ 参见孙新周：《鸱鸮崇拜与华夏历史文明》，《天津师范大学学报》（社会科学版）2004 年第 5 期。

⑥ 参见黄厚明、陈云海：《中国文化中的猫头鹰信仰》，《寻根》2005 年第 3 期。

类，前者试图掌握与利用，后者则以禁忌的方式逃避①；那么，鸱鸮造型无疑是先民"积极应对"的体现。古代神话中的大量自然神和甲骨文中的大量卜辞表明，在有限的认识能力下，先民往往将难以解释的现象归为神的力量，并渴望借助其照见未知世界。换言之，鸱鸮造型中所反映的，对眼睛的独特关注乃至崇拜，正表达了提高视力进而认识未知的渴望。明乎此，我们也就不难理解先民对鸱鸮造型的"情有独钟"了。当然，从更一般的意义上看，这种"积极应对"亦可视作弗雷泽所谓"同类相生"原则上的"顺势或模拟巫术"。在《金枝》中，弗雷泽曾举萨帕罗伊等岛上的例子：当渔民要出海捕鱼时，会找出一株果实被鸟啄得很厉害的树，并选取其上的树枝作为渔船的主桅杆，以期望能像树吸引鸟群一样吸引鱼群前来。②渔民将多捕获鱼的希望，寄托于找到曾经吸引鸟群的树，这与鸱鸮造型所承载的获取超常视力的渴望，可谓是异曲而同工。那么，在原始宗教的语境中，单就突出眼睛的猫头鹰而言，与其说它是种种神灵的化身，倒不如将其视作深层次上先民认知神秘世界的努力。

第三，鸱鸮造型的神秘性与"观"字有何关联？要彻底说清楚这一问题绝非易事，然而，若是聚焦于器物与文字之"观"的具体用途，亦足可窥其一端。鉴于出土文物多为陪葬器物，并且商朝的玉器和青铜器多为祭祀的礼器，器物上的猫头鹰造型无疑具有浓厚的原始宗教色彩。《礼记·表记》载"殷人尊神，率民以事神，先鬼而后礼"③，此说已被大量的出土卜辞所证实。殷商时期，先民往往借助甲骨、礼器等媒介获得神灵的庇佑或者启示："上至祭祀、征伐、婚丧大事，下至生育、疾病、

259

---

① 参见葛兆光：《中国思想史》第一卷，复旦大学出版社1998年版，第81页。

② ［英］J.G.弗雷泽：《金枝——巫术与宗教之研究》上册，汪培基等译，商务印书馆2013年版，第87页。

③ （清）阮元校刻：《十三经注疏》下册，中华书局1980年版，第1642页。

田猎、出行、天气等等都要进行占卜，询问上帝先公先王以及旧臣和自然神祇的意志，然后决定何去何从。"① 在这点上，早期文字与器物的功能是一致的，即作为猫头鹰形象载体的甲骨文和器物均用于人神沟通。

从文字的产生看，"在古代有那么多的从'示'之字，本身也显示了古代中国对于未知世界和神秘感受及对于神祇的崇敬心情，唯其如此，才会有关于神祇的字、关于祭祀的字、关于与神鬼沟通的方式和表达这种方式的汉字"②。"观"字虽不从"示"，却也能归入此类，因为取自猫头鹰形象的"观"字在卜辞中就包含观察和祭祀两层含义。③ 正如字形上的猫头鹰造型离不开驱鬼敬神的语境，字义上的"谛视"同样与原始的宗教活动密不可分。后者在《周易》"观卦"中已有直观的体现。"观卦"结构为"巽"上而"坤"下，对此，郑玄分析其构造用意为"九五，天子之爻。互体有艮，艮为鬼门，又为宫阙。地上有木而为鬼门宫阙者，天子宗庙之象也"④。这便将"观"的卦象与宗教祭祀的用途联系起来。此外，"观卦"卦辞曰："盥而不荐，有孚颙若。"其《彖》云："观天之神道，而四时不忒；圣人以神道设教，而天下服矣。"⑤"盥"是"古代祭祀宗庙时用香酒浇灌地面以降神之礼"⑥，此卦还原了祭祀场景中的"观"，即通过仔细地观察，了解"天之神道"，从神的旨意获得启示并用其教化天下。可以说，无论是在器物上强调猫头鹰的眼睛，还是在祭祀活动中观测神灵旨意，"观"都与先民获取超常视力进而认识未知世界的渴望有关。换言之，在原始宗教的语境下，"鸱鸮之视"与下文所

---

① 王晖：《商周文化比较研究》，人民出版社 2000 年版，第 104—105 页。

② 葛兆光：《中国思想史》第一卷，复旦大学出版社 1998 年版，第 123 页。

③ 参见马如森：《殷墟甲骨文实用字典》，上海大学出版社 2008 年版，第 205 页。

④ （明）李道平撰，潘雨廷点校：《周易集解纂疏》，中华书局 1994 年版，第 227 页。

⑤ （清）阮元校刻：《十三经注疏》上册，中华书局 1980 年版，第 36 页。

⑥ 黄寿祺、张善文：《周易译注》，上海古籍出版社 2001 年版，第 172 页。

要讲的"非常之视"是统一的。

三、超感官之观

如果说文字与器物之"观"以象形的方式凸显了"鸥鹆之视"，它在字义上的特殊性便可用"非常之视"来概括。在《说文解字》中，段玉裁承接许慎之说，释"观"为"审谛之视"，并引《穀梁传》"常事曰视，非常曰观"以强调观的特殊性。① 显然，段注以"审谛"限定，意在加强"视"之程度。需要继续追问的是，"观"字的"非常"之处究竟为何？傅道彬先生曾将"观"在先秦时期的基本义归纳为以下四点：统观全局的总体观察，对礼仪典章制度的考察，对国家风俗与个人心志的观察和具有艺术审美意义的观赏。② 我们认为，除了着眼于现实的考察，"观"还具有某种非现实的神秘色彩：或是探幽寻赜，由"观"而发现玄妙规律；或是知几其神，借"观"而预测未来命运；抑或是神会心融，因"观"而超越感觉壁垒。验之早期文献，这种超越感官的神秘色彩可在《周易》《老子》《左传》以及佛教典籍中找到印证。

其一，"观"玄妙之规律。"观"在《周易》中不仅是六十四卦象之一，更是把握玄妙规律的基本方式。"古者包牺氏之王天下也，仰则观象于天，俯则观法于地，观鸟兽之文，与地之宜，近取诸身，远取诸物，于是始作八卦，以通神明之德，以类万物之情。"③ 这是对古人"设卦观象"思维的整体描述，也是理解《周易》的基础。通过"观—取—作"式的

① 参见（清）段玉裁：《说文解字注》，上海古籍出版社 1981 年版，第 408 页。

② 参见傅道彬：《"诗可以观"——春秋时代的观诗风尚及诗学意义》，《文学评论》2004 年第 5 期。

③ （清）阮元校刻：《十三经注疏》上册，中华书局 1980 年版，第 86 页。

包括天地远近的全面考察，包牺氏发现了世间万物"阴阳变化的德性"和"阴阳形体的情态"①。在某种程度上可以说，《周易》中以"观"为起点的感知方式，已深刻地影响到此后尤其是以道家为代表的传统文化。

在老庄哲学体认"道"的过程中，"观"也发挥了重要作用。正所谓"渊兮，似万物之宗；湛兮，似或存"，"视之不见，名曰'夷'；听之不闻，名曰'希'；搏之不得，名曰'微'"——作为最高范畴的"道"，在《老子》一书中也具有明显的非直观性。既然这样，又该以何种方式体认"道"呢？老子提出了"观道"之说："故常无，欲以观其妙；常有，欲以观其徼"，"万物并作，吾以观复"。即，唯有通过对"道"的"奥妙"、"端倪"②以及"往复循环的道理"③之仔细考察（即"观"），方可认识天地万物的根源。与之类似，《庄子》一书也提到了"观化"的概念："生者，假借也，假之而生生者，尘垢也，死生为昼夜，且吾与子观化而化及我，我又何恶焉？"（《庄子·至乐》）万物变化之理，当于"忘形"与"忘智"之后乃可"观"而得之。对此，庄子已在"支离""滑介"以及"冥伯之丘"等命名中有所隐喻。④所谓"阴阳不测谓之神"，"玄之又玄，众妙之门"，又所谓"堕肢体，黜聪明，离形去知，同于大通"，天地间的阴阳变化、道生万物以及万物自化都是幽微难测的。作为"观"之对象，"神明之德"与"道"均指向形而上的宇宙本源。显然，"观"玄妙之规律已超出了视觉范畴。这也意味着"观"实现了对现实空间局限的突破，在一番探幽寻赜之后，上升为俯瞰式的整体认知。

其二，"观"未来之命运。如果说前述"观"玄妙之规律是整体性

---

① 黄寿祺、张善文：《周易译注》，上海古籍出版社 2001 年版，第 574—575 页。

② 陈鼓应：《老子注释及评介》，中华书局 2009 年版，第 60 页。

③ 陈鼓应：《老子注释及评介》，中华书局 2009 年版，第 128 页。

④ （清）郭庆藩撰，王孝鱼点校：《庄子集释》第二册，中华书局 1961 年版，第 615 页。

的考察，其站在制高点的"俯瞰"已经超出了现实空间的局限；那么，此类"观"个人乃至国家发展的命运就是对未知时空的推测，这种面向未来的"远眺"也同样超出了现世时间的层面。

《左传·襄公二十七年》载"赵孟观七子之志"①一事，赵孟由七子所赋之诗，"观"诗中所含之志，进而预言生死祸福。对于伯有所赋《鹑之奔奔》，子展所赋《草虫》，以及印段所赋《蟋蟀》，赵孟分别评价为"志诬其上"，"在上而不忘降"和"乐而不荒"，并据此预言伯有很快被杀，子展后亡而印段其次，足可谓有先见之明。除了预言个人生死，通过"观"还能推测国运兴衰。《左传·襄公二十九年》所载"季札观乐"②即是后者之证。在评价音乐风格时，季札能够联系各地的政治状况，是"观"乐更是"观"政。就应验情况而言，《周南》《召南》之"勤而不怨"，《邶》《鄘》《卫》之"忧而不困"，《唐》之"忧之远"等评语均堪称精当。而季札的远见卓识尤其体现在预言未来的能力上：《郑》之"先亡"，《齐》之"国未可量"乃至《陈》之"国无主，其能久乎"都与此后的史实惊人地吻合。

春秋时期"赋诗言志"的风气，至孔子而积淀为"诗可以观"的理论命题。对于"观"的理解，无论是郑玄的"观风俗之盛衰"之说，还是朱熹的"考见得失"之论，均可视作儒家积极入世精神的集中体现。所谓"父在观其志，父没观其行"（《论语·学而》），所谓"视其所以，观其所由，察其所安"（《论语·为政》）——《论语》之"观"往往离不开家国天下的伦理语境，孔子"观诗"也不例外。"南容三复白圭，孔子以其兄之子妻之"（《论语·先进》），这既是《论语》中的一段佳话，亦可视作"观诗"而知人的生动注脚。《诗经·大雅·白圭》云：

---

① （清）阮元校刻：《十三经注疏》下册，中华书局1980年版，第1997页。

② 参见（清）阮元校刻：《十三经注疏》下册，中华书局1980年版，第2006—2008页。

"白圭之玷，尚可磨也；斯言之玷，不可为也。"孔子由所吟之诗而"观"得君子之性，进而预见南容"邦有道，不废；邦无道，免于刑戮"（《论语·公冶长》）的未来命运。《周易·系辞》有言"知几其神乎，君子上交不谄，下交不渎，其知几乎。几者，动之微，吉之先见者也，君子见几而作，不俟终日"[①]。"得其推见至隐之深则'可以观'"[②]，如王夫之所言，孔子的"观诗"而知人亦可谓"知几其神"。

其三，"观"移觉之神通。如果细加分析，春秋时期的"观乐"其实也蕴含了由声音到形体的通感。所谓"声音之道与政通"，季札能从《大雅》与《颂》中分别"观"得"曲而有直体"和"直而不倨，曲而不屈"的音乐风格（同时也是政治风气）。在诗乐舞一体的语境中，若言季札以眼"观"之也能成立，但句式上"为之歌……"而非此后的"见舞……"表明，此时所"观"对象毕竟是所歌之乐。"曲"与"直"本为视觉印象，至此却成为音乐风格的描述。五官本各有所司，此亦《荀子·君道》所谓："人之百事如耳目鼻口之不可以相借官也。"[③]显然，季札在"观"的过程中贯通了视觉与听觉的感官界限，这便是孔颖达所说的"季札或取于人，或取于物，以形见此德"[④]。

此后，或许是受到"六根"与"六境"之说的影响，这类基于"观"的"相借官"在佛教中大量出现。如钱谦益将佛教"鼻观"之义理引入诗文品评："有隐者告曰：'吾语子以观诗之法，用目观，不若用鼻观。'余惊问曰：'何谓也？'隐者曰：'夫诗也者，疏瀹神明，洮汰秽浊，天地间之香气也。目以色为食，鼻以香为食……吾废目而用鼻，不以视而以

---

① （清）阮元校刻：《十三经注疏》上册，中华书局1980年版，第88页。

② （清）王夫之：《船山全书》第六册，岳麓书社1991年版，第259页。

③ （清）王先谦撰，沈啸寰、王星贤点校：《荀子集解》上册，中华书局1988年版，第239页。

④ （清）阮元校刻：《十三经注疏》下册，中华书局1980年版，第2007页。

嗅。诗之品第，略与香等。或上妙，或下中，或斫锯而取，或煎筜而就，或熏染而得。以嗅映香，触鼻即了。而声色香味四者，鼻根中可以兼举，此观诗方便法也。'"① 需要说明的是，六根互用下视觉与嗅觉的感官挪用并非"观"之终点。在这则虚构情景的对话中，钱谦益不仅由"目观"拓展到"鼻观"，而且看到了"鼻根"兼具声色香味之功能。由此而言，"观"并非一般意义上的感观之观，而是应理解为超感观之观，也就是庄子《达生》所讲梓庆削木为鐻寓言中的"以天合天"。

　　当然，谈及佛教之"观"，不可不提"观（世）音"之名。"音"如何能"观"？对此，通行的鸠摩罗什《法华经》译本解释为："若有无量百千亿众生受诸苦恼，闻是观世音菩萨，一心称名，观世音菩萨即时观其音声皆得解脱。"② 此乃明显的"耳观"。值得注意的是，在"改梵为秦"的佛经转译过程中，这一名称经历了由"光世音"到"观（世）音"以及"观（世）自在"的过程。起初，西晋竺法护所译的《正法华经》载："此族姓子，若有众生遭亿百千垓困厄患难，苦毒无量，适闻光世音菩萨名者，辄得解脱，无有众恼，故名光世音……如是族姓子，光世音境界，威神功德难可限量，光光若斯，故号光世音。"③ 之后，随着鸠摩罗什所代表的"旧译"和玄奘所代表的"新译"流行，译名中的"光"逐渐被"观"所取代，这一译经选用文字的细微变动更能体现菩萨之神通广大。而"观（世）音"与"观（世）自在"的并存同样透露出"观"的超感官性。佛教有"三十三观音"之名，亦有"十六观"之法，后者出自净土宗经典《观无量寿经》（简称《观经》）。在佛祖看来，为了进入"极

---

　　① （清）钱谦益撰，（清）钱曾笺注：《钱牧斋全集》第六册，上海古籍出版社2003 年版，第 1567 页。

　　② （晋）鸠摩罗什等：《佛教十三经》，中华书局 2010 年版，第 449 页。

　　③ 大正一切经刊行会：《大正新修大藏经》第 9 卷，新文丰出版公司 1983 年版，第 128—129 页。

乐世界阿弥陀佛所",修行者需借助由"日想观""水想观"直至"观观世音菩萨"与"杂想观"构成的"观心"体系来实现。"观想念佛"是外物纳入内心进而感知诸佛神通的过程,如"水想观"中,便是由水经冰、琉璃、七宝界、光明台,最终"观"得"八种清风从光明出,鼓此乐器,演说苦、空、无常、无我之音"的超越感官过程。① 如果说,"观"玄妙之规律与"观"未来之命运是对所"观"对象在时空上的开拓;那么,"观"移觉之神通则侧重于打通"观"之主体的感官界限:"谛视"之"观"本属于视觉,此后却延伸到听觉(如"观乐")、嗅觉(如"鼻观")等领域,并最终走向宗教的神通境界(如"观世音""观心")。

至此,通过字形、器物、字义上的溯源,我们可以大致梳理出一条线索。从甲骨文中的猫头鹰形象,到器物上的鸱鸮造型,再到字义中超越感官的"非常之视","观"的神秘性一以贯之。显然,原始宗教语境中的神秘之"观",并未随着甲骨文与祭祀器物埋藏地下,而是依旧存活于今天的主流与民间话语之中。只不过,随着社会的发展,这种源自原始宗教中人神交流的神秘色彩日渐消退,而我们对"观"的理解也因此趋于简单。因此,对"观"之神秘性的追溯与解密,不仅可以找到"观"的词根,而且能够重新理解诸多以"观"为词根的中国文化及文论关键词。也就是说,唯有还原那被遮蔽或遗忘的神秘性与超感官性,我们才能在情景还原中揣摩庄子"观化"后的"何恶之有",才能更好地感受佛教"观心"体系中的神通境界,才不至于惊讶季札"观乐"时预言的每款皆符……

嗟夫!苟失其根,吾何以观?

---

① 参见魏琪:《白话观无量寿经》,三秦出版社 1998 年版,第 4—5 页。

第十八章　怨：精神原乡

　　孔子论"诗"，有"兴观群怨"之说，一句话之中，有四个中国文化及文论的元关键词。第十七章我们讨论了"观"，第十八章我们来讨论"怨"。

　　诗家有庄、屈合论之例，并于"兴观群怨"之中分别拈出"庄生善群"与"屈子可怨"的评价。① 相较于《离骚》的"盖自怨生"（司马迁语），《庄子》之"怨"多被"逍遥""齐物"的旷达印象所冲淡。然而，正如清人胡文英所叹："庄子最是深情，人第知三闾之哀怨，而不知漆园之哀怨有甚于三闾也。盖三闾之哀怨在一国，而漆园之哀怨在天下；三闾之哀怨在一时，而漆园之哀怨在万世。"②《庄子》论"怨"是本于生命体验的言说，所付笔墨不多，却也别开生面。惜于前人论述未详，本章特撷取《庄子》论"怨"片语并缀连相关情境，以求彰显庄子独特的"诊怨"慧识与"疗怨"哲思。

　　通过对《庄子》一书的解读，可发现《人间世》"是两也"困境与"怨"

---

　　①　明人黄汝亨《〈楚辞章句〉序》有言"参于《庄》，可以群；参于《骚》，可以怨"；又，清人钱澄之《庄屈合诂自序》亦有"《诗》可以群，可以怨，屈子其善于怨，庄子其善于群"之论。

　　②　（清）胡文英撰，李花蕾点校：《庄子独见·庄子论略》，华东师范大学出版社 2011 年版，第 6—7 页。

字"跪踞受命"隐喻的高度吻合并非偶然。细绎"知天乐者，无天怨"、"又何暇乎天之怨"、"虽有忮心者不怨飘瓦"等片语，可见《庄子》论"怨"是涵盖形下世界与形上本体的言说体系，而其中的思维贡献亦可归纳有三：引入"天怨"概念突破世俗之"怨"的束缚，进而唤起人与天的对接，这是对传统论"怨"框架的超越；借助"何暇乎天之怨"的价值比较与"忘"的道德标榜，为"怨"的施受一体者提供心灵消解之道，此即释"怨"路向上的开拓；"虽有忮心者不怨飘瓦"的利益斩断连及"虚己以游世"的生存智慧，为社会人到自然人的回归指明方向，是为止"怨"策略上的创新。就后世影响来看，《庄子》论"怨"的意义并不只是理想大厦的构建，还为后世"处江湖之远"者提供了精神的原乡与庇护。

一、跪踞受命

对于轴心期华夏民族的情感体验，《左传·召公二十五年》概括为好、恶、喜、怒、哀、乐之"六情"，《礼记·礼运》亦有喜、怒、哀、惧、爱、恶、欲"七情"之说，加之后出《白虎通义·性情》所归纳的"喜、怒、哀、乐、爱、恶谓六情"，其言说范畴大抵不出此类。"怨"的情感浓度与表达方式即介于"哀""怒"之间。实际上，作为个人心态与世风民情的一种经验表述，"怨"很早便引发了诸子百家的广泛关注，并成为描述世情与阐发哲思的高频词汇。所谓"怨之所聚，乱之本也，多怨而阶乱"（《左传·成公十六年》），在礼崩乐坏与"道术将为天下裂"的先秦，儒、道、墨、法诸家纷纷提出各自的"止怨"主张：

> 入，曰："伯夷、叔齐何人也？"曰："古之贤人也。"曰："怨

乎?"曰:"求仁而得仁,又何怨?"(《论语·述而》)

和大怨,必有余怨,安可以为善?是以圣人执左契,不责于人。故有德司契,无德司彻。天道无亲,常与善人。(《老子·七十九章》)

故当是时,以德就列,以官服事,以劳殿赏,量功而分禄。故官无常贵,而民无终贱。有能则举之,无能则下之。举公义,辟私怨,此若言之谓也。(《墨子·尚贤上》)

韩子之所斩也,若罪人则不可救,救罪人,法之所以败也,法败则国乱;若非罪人则劝之以徇,劝之以徇是重不辜也,重不辜民所以起怨者也,民怨则国危。(《韩非子·难一》)

以上四条材料乃诸家论"怨"的经典言说。儒家诉"止怨"于仁义理想,道家借"天道"以消"余怨",墨家"举公义"而"辟私怨",法家纳"民怨"于"法"观之。防患"怨声载道"是诸家立论的同一旨归,而作为药方的"止怨之道"则言说各异。所谓"乱世之音怨以怒,其政乖"(《诗大序》),个人心态之"怨"往往会上升并汇聚成世风民情的表征,进而成为关乎社稷兴衰的晴雨表。作为一种聚焦于内心的情感体验,"怨"本源于人己关系的感知与咀嚼,并扩散至"个人——家——国——天下"的关系格局。当儒、墨、法各家乃至同属道家的老子纷纷选择"国"与"天下"的宏大视野时,似乎只有庄子在向个体生命体验的回归中,重新拾得"怨"的字义根柢。

倘若将"怨"字的构形由形声还原为会意,便会在《人间世》中邂逅这种"跪踞受命"的情境。自《说文解字》"怨,恚也,从心夗声"①

---

① （清）段玉裁:《说文解字注》,上海古籍出版社 1981 年版,第 511 页。

始,"怨"多被看作形声字。就理据而言,"从心夗声"的构造大体可通:考虑到段玉裁在"夗"字下"凡夗声,宛声字皆取委曲意"①的发明,"怨"字似以"转卧"之身形表"委曲"之心意,即所谓"辗转反侧"是也。然而,段注"此篆体盖有误"②与朱骏声"古文从心从令"③的推测和古文举例,还隐约透露出另一种解字的可能。"怨"的甲骨文与金文今已无从考证,但"心"与"令"的会意可为字义还原提供线索。先看"令"字。尽管各家对于"令"字的上半部分解释各异,如李孝定先生认为亼象倒口,洪家义先生指出亼为舍之省文可表庐舍;但对于下半部分为跪跽之人的理解则相对一致。④于众说之中,徐中舒先生对"令"字的拆解颇为形象:木铎之形在上,而跪跽之人在下,即"古人振铎以发号令,从卩乃以跪跽之人表受命之意"⑤。卩拟跪拜姿态,木铎之形象征上级权威,而加以心符则指向"跪跽受命"者的心理状态。与许慎"令,发号也"的施动者视角不同,"跪跽"之说更关注受命者的屈服姿态。正如张舜徽先生所言:"怨之言冤也,谓有屈在中不得申也。凡抱屈不申则怨。"⑥亦如同源字"冤"的叙事情境为"兔在门下不得走"⑦一般,加上"心"后的"怨"侧重于身陷困境后的心生委曲。在《庄子·人间世》中,"跪跽受命"与"抱屈不申"的定格画面被生动地演绎为"叶公子高将使于齐"和"颜阖将傅卫灵公大子"的两难处境:

---

① (清)段玉裁:《说文解字注》,上海古籍出版社1981年版,第315页。

② (清)段玉裁:《说文解字注》,上海古籍出版社1981年版,第511页。

③ (清)朱骏声:《说文通训定声》,中华书局1984年版,第717页。

④ 参见于省吾主编:《甲骨文字诂林》第一册,中华书局1996年版,第364—366页。

⑤ 徐中舒主编:《甲骨文字典》,四川辞书出版社2006年版,第1000页。

⑥ 张舜徽:《说文解字约注》第三册,华中师范大学出版社2009年版,第2603页。

⑦ (清)段玉裁注:《说文解字注》,上海古籍出版社1981年版,第472页。

　　叶公子高将使于齐，问于仲尼曰："王使诸梁也甚重，齐之待使者，盖将甚敬而不急。匹夫犹未可动，而况诸侯乎！吾甚慄之。子常语诸梁也曰：'凡事若小若大，寡不道以懽成。事若不成，则必有人道之患；事若成，则必有阴阳之患。若成若不成而后无患者，唯有德者能之。'吾食也执粗而不臧，爨无欲清之人。今吾朝受命而夕饮冰，我其内热与！吾未至乎事之情，而既有阴阳之患矣；事若不成，必有人道之患。是两也，为人臣者不足以任之，子其有以语我来！"

　　……

　　颜阖将傅卫灵公大子，而问于蘧伯玉曰："有人于此，其德天杀。与之为无方，则危吾国；与之为有方，则危吾身。其知适足以知人之过，而不知其所以过。若然者，吾奈之何？"[①]

　　如果说"令"代表社会等级自上而下的施加，那么"怨"便是弱者的承受与隐忍。"子之爱亲，命也，不可解于心；臣之事君，义也，无适而非君，无所逃于天地之间"——庄子借孔子之口阐明为人臣子者（即"跪踞"之人）唯令是从的"大戒"。不辱使命固然理想，但"令"也多会带来"事若不成，则必有人道之患；事若成，则必有阴阳之患"抑或"与之为无方，则危吾国；与之为有方，则危吾身"式的左右为难。此时，"受命"者的心态便会随之改变。庄子只言"令"之棘手而未言"怨"之发生，但是，叶公子高"甚慄""内热"之忧虑与颜阖"吾奈之何"的无助，皆已蕴藏着"怨"的可能。这一困而生怨的正常情感走势可举《周易》与《论语》加以佐证。《周易·系辞》"《困》以寡怨"理想诉求

---

　　① （清）郭庆藩撰，王孝鱼点校：《庄子集释》，中华书局1961年版，第152—153、164页。

的背面，正是"困而多怨"的现实，而《困》卦六三借三条爻线隐喻"困于石，据于蒺藜"的进退维谷①，正与庄子笔下的"是两也"异曲同工。《论语·宪问》称"贫而无怨难"，固然是对君子"无怨"人格的褒奖，其潜台词同样是"贫而怨"的普遍乃至情有可原。于此，庄子虽未着一"怨"字，却已偶合字义叙事的原始情境。

必须承认，尽管文中的叶公子高和颜阖已是"跪踞受命"，但叙事者庄子却一直按住"怨"字引而不发。一般认为，《人间世》主旨为"能随所适而不荷其累"②（郭象注）。从庄子的行文来看，两处引文也并非有意论"怨"。"怨"的字义隐喻在《人间世》中的情境再现确乎偶然，然而细加推求却也不失其必然。考虑到"令"与"命"初为一字，从"令"从"心"的"怨"在"叶公子高将使于齐"的寓言中其实已化装为"命""心"会意的劝解路线。在这一过程中，"命"的指涉不断滑变，而相关的"心"也渐趋解脱。先是"朝受命而夕饮冰"的臣之"怨"，经"子之爱亲，命也，不可解于心"的子之"怨"，最终落实于"乘物以游心，托不得已以养中"的"莫若为致命"。这一看似由国至家再到个人的层层后退，实则步步关"心"。先秦诸家皆不乏论"怨"之语③，与其说独有《庄子》偶然间再现了"怨"的原初隐喻情境，倒不如说是独有庄子从事功的

---

① 依黄寿祺与张善文先生的注释，"石"喻九四，"蒺藜"喻九二，盖六三阴柔失正，求九四不得犹困于石下而难入；凌九二不得如错足蒺藜而难践。见黄寿祺、张善文：《周易译注》，上海古籍出版社 2001 年版，第 391 页。

② （清）郭庆藩撰，王孝鱼点校：《庄子集释》第一册，中华书局 1961 年版，第 137 页。

③ 按照徐中舒先生的解释，"怨"的最初会意与号令有关，但颇为吊诡的是，早期兵家（如《孙子兵法》）却鲜有论"怨"之语。这固然与从古文到小篆的形体演变有关，但就其根本而言还是关注点的不同导致原初释义情境的丢失。相较于儒、墨、法，兵家更侧重于国与国之间的军事斗争。在这种情况下，个人之"怨"需让位于焦点矛盾，而国家之"怨"又可直接诉诸武力而不需屈服隐忍。至于《六韬》中"兴怨"之说，则是刻意煽动敌我对立，利用"怨"来战前动员与提升战力。

家国天下语境中超越，在回归自然的"逍遥游"中以道观之，不经意间透视了"怨"的人己关系困境，也由此开出了不同于别家的"疗怨"药方。

二、何暇怨天

庄子似是无意间的"诊怨"却切中了人己关系中"困以生怨"的病灶，那么，在庄子眼中，又该如何疗救这种普遍性的怨毒呢？由于《人间世》乃至整个内七篇体系均未明确使用"怨"字，我们不妨借助外、杂篇与内篇的对读来寻求答案。据笔者统计，"怨"字在《天道》《天运》《刻意》《达生》《徐无鬼》《列御寇》六篇中凡七现，其内容不可谓多，而思想却堪称精妙。

整体而言，《庄子》一书对"怨"的看法是颇为辩证的。一方面，庄子及其后学承认"怨"的负面价值，并将其作为批评的对象或讽刺的素材。在《刻意》篇中，"高论怨诽"缘自陷入"为亢"之名的"山谷之士"，这种表现与仁义、功名、江海、道引四类皆非"养神""贵精"之举，故可作为"圣人之德"的反衬。《徐无鬼》中的楚人"未始离于岑而足以造于怨"，这种"无因而造怨"更成为针对惠施与儒墨杨秉"是者之是，莫得其所以是；非者之非，莫得其所以非"①的尖锐抨击。另一方面，《天运》篇所载老子对孔子求道的回应中，"怨"与"恩取予谏教生杀"又可作为"正之器"，供"循大变无所湮者"选用。如同《论语》中孔子处处主张"不怨""远怨"，却又留下"诗可以怨"的例外一样，《庄

---

① （清）郭庆藩撰，王孝鱼点校：《庄子集释》第四册，中华书局1961年版，第842页。

子》对"怨"的理解也颇为立体而未陷入凝滞。具体到言说特色与思维贡献，《庄子》论"怨"在"个人——家——国——天下"的传统框架内引入了自然"天"的维度，先是标举"天怨"来补充并超越儒、墨、法诸家的入世视角，进而借助"无天怨"与"勿怨天"的施受同体来建构"以道观之"的论"怨"体系。以下分述之。

儒、墨、法诸家论"怨"多囿于家国天下的语境，如孔子"在邦无怨，在家无怨"（《论语·颜渊》）的理想诉求便包含：君臣关系中的上级应"不使大臣怨"（《论语·微子》），父子维度内的下级当"劳而不怨"（《论语·里仁》），而同级交际亦不可"匿怨而友其人"（《论语·公冶长》）。从论述框架上看，《庄子》一书通过引入上位概念"天怨"，突破了"在邦无怨，在家无怨"及其背后的"个人——家——国——天下"秩序。《天道》有言："故曰：'知天乐者，其生也天行，其死也物化。静而与阴同德，动而与阳同波。'故知天乐者，无天怨，无人非，无物累，无鬼责。"《刻意》篇中亦有相似的论述："圣人之生也天行，其死也物化；静而与阴同德，动而与阳同波；不为福先，不为祸始；感而后应，迫而后动，不得已而后起。去知与故，循天之理。故无天灾，无物累，无人非，无鬼责。"依照两篇重章结构的词语对位关系，《天道》所谓"天怨"应与《刻意》中的"天灾"同义，即上天对普通人的惩罚。那么，这种"天怨"或者"天灾"具体为何？是降下的自然灾害，还是别有所指？论者于此多以"上天的怨恨"[1]、"上天的灾祸"[2]等一笔带过，但若是联系"知天乐者"（或曰"圣人"）"静而与阴同德，动而与阳同波"的描述反推，便可发现此处的"天怨"应与《人间世》中的"阴阳之患"相关。所谓"人大喜邪？毗于阳；大怒邪？毗于阴。阴阳并毗，四时不至，寒暑之

---

① 杨柳桥：《庄子译注》，上海古籍出版社 2006 年版，第 203 页。

② 杨柳桥：《庄子译注》，上海古籍出版社 2006 年版，第 242 页。

和不成，其反伤人之形乎"（《在宥》），又所谓"为外刑者，金与木也；为内刑者，动与过也。宵人之离外刑者，金木训之；离内刑者，阴阳食之。夫免乎内外之刑者，唯真人能之"（《列御寇》），"阴阳之患"的病理是"阴阳之气激荡而致失调患病"①。借由"阴阳"的串联，将"知天乐者，无天怨"与《人间世》对读，即可理出隐藏的内在线索：如果说"人道之患"是家国之"怨"，那么，"阴阳之患"便是"天怨"；相较于君主刑罚所代表的"人为的祸患"②，后者的伤害要来得更为急切："事若成，则必有阴阳之患"，"吾未至乎事之情，而既有阴阳之患矣"（《人间世》）。通过"天怨"（即"阴阳之患"）的引入，庄子意在唤起世人对"人道"之上"天道"的重视。当然，除了"是两也"这一主体与生存境遇之间的紧张，"人道之患"与"阴阳之患"非此即彼的关系，还构成了主体内心的撕裂与紧张。《人间世》中，庄子借助仲尼之口，指出"孝之至"与"忠之盛"之上，还存在一个更高的"自事其心者，哀乐不易施乎前，知其不可奈何，而安之若命"的"德之至"；而"知天乐者，无天怨"亦是在"与人和者，谓之人乐"基础上提出"与天和者，谓之天乐"作为消解"天怨"的途径。如成玄英所论"德合于天，故无天怨"③，《庄子》于世俗之"怨"的普遍认知基础上，提出所谓的"天怨"概念，不但突破了世俗之"怨"的束缚，而且将其置于家国层面之上。这是对传统论"怨"模式的改造，即在"个人——家——国——天下"的社会递进体系之外搭设起新的"人——天"维度。

　　作为一种情感体验及其表达的"怨"，其实包含着"己怨人"与"人怨己"两个面向。如《论语·里仁》"放于利而行，多怨"一句便有"招

---

　　① 陈鼓应：《庄子今注今译》，中华书局 1983 年版，第 123 页。

　　② 陈鼓应：《庄子今注今译》，中华书局 1983 年版，第 123 页。

　　③ （清）郭庆藩撰，王孝鱼点校：《庄子集释》第二册，中华书局 1961 年版，第 464 页。

致很多的怨恨"① 与"我心对外将不免多所怨"② 两种理解。由"怨"的施受同体性所引发的释义纠缠同样存在于"天怨"的理解之中。《天道》中"知天乐者，无天怨"强调受动之人对"天怨"的规避③；《达生》中"何暇乎天之怨"则主张施动之人不去"怨天"。《达生》载孙休向扁庆子诉说困惑：自己注重修身且勇敢，却躬耕不获丰年版，事君不遇盛世，又被周围人所驱赶，是命该如此吗？扁子的劝说策略是先标榜至人之忘，进而批评孙休之不忘，最后通过"怨"情比较来强调孙休的不必怨天："子独不闻夫至人之自行邪？忘其肝胆，遗其耳目，芒然彷徨乎尘垢之外，逍遥乎无事之业，是谓为而不恃，长而不宰。今汝饰知以惊愚，修身以明汙，昭昭乎若揭日月而行也。汝得全而形躯，具而九窍，无中道夭于聋盲跛蹇而比于人数，亦幸矣，又何暇乎天之怨哉！"如同《逍遥游》的"小大之辨"，"何暇乎天之怨"的劝说理路指向形而上的"忘"，却又借助形而下的价值比较：相较于"中道夭于聋盲跛蹇"者的"大怨"，躬耕不获丰年、事君不遇盛世等只是"小怨"，因而也就没有必要再去怨天。通过比较，孙休的"怨天"算是暂时止住了，不过倘若据此继续推导，是不是处于价值底端的"中道夭于聋盲跛蹇"者就有了"怨天"的理由呢？显然不是，《德充符》早就以"知不可奈何，而安之若命，惟有德者能之"和"德有所长而形有所忘"给出了否定的答案。钟泰先生曾言："此文与篇首'达命之情'义相应，盖惟忘命而后能安命，若知其为命而犹有所未忘，则是未能达命，即宜其不安，如孙休者是也。"④ 又所谓"人不忘其所忘，而忘其所不忘"（《德充符》），在"何

---

① 杨伯峻：《论语译注》，中华书局 1980 年版，第 38 页。

② 钱穆：《论语新解》，生活·读书·新知三联书店 2002 年版，第 95 页。

③ 当然，学界对此亦有不同观点，如陈鼓应先生便将"知天乐者，无天怨"译作"体会天乐的，不怨天"，见《庄子今注今译》，中华书局 1983 年版，第 344 页。

④ 钟泰：《庄子发微》，上海古籍出版社 1988 年版，第 433 页。

暇乎怨天"的形而上言说中，其实蕴含着"忘"的诉求而绝非简单的大小之辨。明乎此，也就不难理解孙休走后扁子长叹的精彩补笔——面对"款启寡闻之民"，扁子试图言说"至人之德"，却最终意识到此举无异于"载鼷以车马、乐鴳以钟鼓"。其实，《庄子》真正标榜的"何暇乎怨天"者并不是孙休之辈，而是"视丧其足犹遗土也"的兀者王骀，是"十九年矣，而未尝知吾兀者也"的申徒嘉，是"犹有尊足者存"的叔山无趾等形残而德全之人。如此说来，《庄子》对举"无天怨"与"勿怨天"恰成一体之两面，不仅针对"怨"的施受同体特性全面防治，而且"无天怨"者的"与天和"，与"何暇乎怨天"者的"忘其肝胆，遗其耳目"皆超越了家国忠孝与居乡修勇的社会层面。那么，与其说《庄子》论述"天怨"与"怨天"是在"个人——家——国——天下"体系外另辟"人——天"模式，倒不如说是超越家国天下的中介而实现人与天的自然对接。

三、不怨飘瓦

在"己不怨天"与"天不怨己"的双向协调下，《庄子》提出了独具特色的"怨"情消解策略。以"天怨"和"怨天"审视世间的"己之怨人"和"人之怨己"，自有大鹏一般高屋建瓴的宏观把握，而这一药方背后其实还隐藏着更为宏大的"图南"诉求。涂光社先生指出："庄子迥别于孟子、荀子、韩非的是强调超越世俗的精神自主性，所以多用'自'的组合。尚自然的他以天为自然，以'天'组合的概念词汇更是特别多。"[1]《庄子》创设的"天怨"概念连同对"怨天"的新疏解即隶属于"天"论范畴及其概念系列。"疗怨"即救世，庄子眼中的人天对接

---

① 涂光社：《庄子范畴心解》，中国社会科学出版社 2003 年版，第 333 页。

暗含着对儒墨诸家的批评，而对接过程中所竭力批判、所力图超越的家国天下等社会性存在则成为《庄子》"疗怨"所要根治的对象。

《达生》有则"圣人任独无心"的寓言这样写道："夫醉者之坠车，虽疾不死。骨节与人同而犯害与人异，其神全也，乘亦不知也，坠亦不知也，死生惊惧不入乎其胸中，是故忤物而不慴。彼得全于酒而犹若是，而况得全于天乎？是故圣人藏于天，故莫之能伤也。复仇者不折镆干，虽有忮心者不怨飘瓦，是以天下平均。故无攻战之乱，无杀戮之行者，由此道也。"此中"飘瓦"之喻与"醉者坠车虽疾不死"和"复仇者不折镆干"构成博喻，强调无心后的无害。"夫干将镆铘，虽与仇为用，然报仇者不事折之，以其无心。……飘落之瓦，虽复中人，人莫之怨者，由其无情。"[①]——依据郭象的解释，这是一种推至极端的说理。"复仇者"与"忮心者"本就情感易发，因而"飘瓦"与"镆干"得以保全便愈发难得。站在受动者立场，"飘瓦"不招致怨恨也可理解为一种处世理想。紧随其后的《山木》便有一则近似的寓言："方舟而济于河，有虚船来触舟，虽有惼心之人不怒；有一人在其上，则呼张歙之；一呼而不闻，再呼而不闻，于是三呼邪，则必以恶声随之。向也不怒而今也怒，向也虚而今也实。人能虚己以游世，其孰能害之！"面对"虚船"，还只是人与物（或者更确切地说，是人与天）的关系；而舟上有人，便构成人与人的对立了。前一情境中的"飘瓦中人"与"虚船来触"可归于自然，后者却涉及恩怨情仇等人际利益冲突。归根结底，"飘瓦"与"虚舟"正是"圣人藏于天"与"人能虚己以游世"的形象化言说。

其实，所谓"无心"与"虚己"的怨情根治，采用的是斩断世俗利益瓜葛的"釜底抽薪"，这与儒、墨、法诸家的"止怨"策略有很大不同。

---

① （清）郭庆藩撰，王孝鱼点校：《庄子集释》第三册，中华书局1961年版，第637页。

且看儒道两家关于如何报怨与射箭不中的两种言说。《道德经》五千言，"怨"字共出现三次，分布于第六十三章和第七十九章：

> 为无为，事无事，味无味。大小多少，报怨以德。（六十三章）
>
> 和大怨，必有余怨，安可以为善？
>
> 是以圣人执左契，而不责于人。故有德司契，无德司彻。
>
> 天道无亲，常与善人。（七十九章）①

就后世影响来看，老子高扬的"报怨以德"似乎成为孔子批驳的靶子："或问：'以德报怨，何如？'子曰：'何以报德？以直报怨，以德报德。'"（《论语·宪问》）朱熹《论语集注》有言："或人所称，今见《老子》书。'德'谓'恩惠'也。"②论者多以此解，谓孔子将老子虚无缥缈的美好理想落在实处，而"以直报怨"要比"以德报怨"的逆来顺受高明一步。然而，所谓"孔德之容，惟道是从"（《老子》二十一章），"'德'为'道'的具体运用，并非恩惠之意。报怨以德，即按自然之道对待怨"③。老子论"怨"的贡献是认清了"调解深重的怨恨，必然还有余留的怨恨"④的实质，而《庄子》论"怨"亦是本于"和大怨，必有余怨，安可以为善"一句的"接着说"。在老子看来，消解"怨"情的终极策略是"圣人执左契，而不责于人"式的自为，而非"用税赋来榨取百姓，用刑政来钳制大

---

① 陈鼓应先生据陈柱、严灵峰之说，认为"报怨以德"为错简，当移入"必有余怨"和"安可以为善"之间。这种调换相当于让老子自己否定了"报怨以德"的妥善性。参见陈鼓应：《老子注释及评介》，中华书局1984年版，第354页。

② （宋）朱熹：《四书章句集注》，中华书局1983年版，第157页。

③ 顾易生、蒋凡：《中国文学批评通史·先秦两汉卷》，上海古籍出版社1996年版，第156页。

④ 陈鼓应：《老子注释及评介》，中华书局1984年版，第353页。

众"①之类的"司彻"。置此语境，方可更好理解《庄子·列御寇》中"智慧外通，勇动多怨，仁义多责"的排比，即勇动、仁义多代表的有为同时也是一种"绳墨""桎梏""天刑"，唯有"安时而处顺，哀乐不能入"方可"县解"(《养生主》《德充符》)。

在如何化解"得时失顺"的问题上，孔子与庄子的策略亦有不同。孔子有"射有似乎君子，失诸正鹄，反求诸其身"(《礼记·中庸》)的类比。孟子为之增添了"不怨"的情感因素："仁者如射，射者正己而后发，发而不中，不怨胜己者，反求诸己而已矣。"(《孟子·公孙丑上》)这是着眼于人际关系的调和，即以"反求诸己"的仁者标榜，克制"怨"的外向型归因。《庄子·德充符》中申徒嘉面对子产"索我于形骸之外"的责难亦有近似的譬喻："游于羿之彀中。中央者，中地也；然而不中者，命也。"对读射箭不中之喻的两种言说，可见分歧有三：就语境而论，孔孟立言着眼人与人的交接，而庄子设喻则推至人与天的维度，此其一；就策略而言，儒家是主动求诸己的内向型引导，而庄子则是被迫归于命的外向型消解，此其二；就效果来看，孔孟树立君子修养，庄子则高举有德者的超脱，此其三。有论者指出："如果说儒家通过道德标榜，使利益失衡的弱势群体认识到自己作为君子'不应该'去怨，更多地侧重'德'的标榜，那么道家则通过道德标榜促使弱势群体认识到自己作为不足的一方'没必要'去怨，更多地侧重'道'的标榜。"②"不应该"与"没必要"的概括可谓恰切。其实不惟儒家，墨家"举公义"而"辟私怨"，法家纳"民怨"于"法"观之等等皆秉持"不应该"乃至"不允许"的态度。儒家的"不应该"指向"仁"这一君子人格，墨、法两家的"不允许"则缘于"义"与"法"的至高诉求。庄子将"没必要"

① 陈鼓应：《老子注释及评介》，中华书局 1984 年版，第 356 页。
② 张磊：《先秦诸子怨恨观研究》，东北师范大学 2012 年硕士学位论文。

归为"命"（这种"命"已非君父之命令），并强调能安于命而成"有德者"，即《德充符》所谓"知不可奈何而安之若命，惟有德者能之"。显然，"没必要"正是对"不应该"的超越，后者将"止怨"纳入仁义框架，用《庄子》的话说，是"趣舍声色以柴其内，皮弁鹬冠搢笏绅修以约其外，内支盈于柴栅，外重纆缴，睆睆然在纆缴之中而自以为得"（《天地》）；用鲁迅的话说，便是将怨情诉诸社会中"一级一级的制驭"："'天有十日，人有十等。下所以事上，上所以共神也。故王臣公，公臣大夫，大夫臣士，士臣皂，皂臣舆，舆臣隶，隶臣僚，僚臣仆，仆臣台。'（《左传》昭公七年）但是'台'没有臣，不是太苦了么？无须担心的，有比他更卑的妻，更弱的子在。而且其子也很有希望，他日长大，升而为'台'，便又有更卑更弱的妻子，供他驱使了。如此连环，各得其所，有敢非议者，其罪名曰不安分！"① 由此观之，《庄子》的高明在于看透了仁义礼法制度约束的局限性。

针对"怨"，如果说儒家是以礼节之，是"礼崩乐坏"后的"克己复礼"；那么，庄子便是以天合天，是"自事其心"而绝不"毁道德以仁义"。所谓"毁道德以为仁义，圣人之过也"（《马蹄》），又所谓"通乎道，合乎德，退仁义，宾礼乐，至人之心有所定矣"（《天道》）。摒弃仁义桎梏，由社会人回归自然人是《庄子》所力图实现的目标。因而，在"诊怨"过程中，《庄子》会着重提出"天怨"概念；在"疗怨"方法上，也在"无心""虚己"与"合天"的论证中贯穿着对仁义的批驳。清代胡文英曾言："要知战国是什么样时势风俗？譬如治伤寒病的一般，热药下不得，补药下不得，大寒凉药下不得，先要将他那一团邪气消归乌有，方可调理。这是庄叟对病发药手段，看作没要紧者，此病便不可

---

① 鲁迅：《坟·灯下漫笔》，《鲁迅全集》第一卷，人民文学出版社 2005 年版，第 227—228 页。

医。"①《庄子》为"疗怨"开出的正是一剂泻药，泻去社会层面"有为而累"的仁义刑法桎梏，以求回归"无为而尊"的人天对接。当然，《庄子》釜底抽薪的构想美则美矣，可人毕竟离不开社会，就连庄子自己也会遭遇楚王征相与妻子去世事件。就后世影响而言，《庄子》论"怨"的贡献并不只是理想大厦的构建，还为后世"处江湖之远"者提供了精神的原乡与庇护。钟嵘《诗品序》有言"离群托诗以怨"，"离群者"如嵇康、阮籍、陶渊明、李白、苏轼等，皆在庄子的"游世"与"乘物以游心，托不得已以养中"中寻得情感的共鸣与心灵的解脱。

"只道真情易写，那知怨句难工。"（陆游《临江仙·离果州作》）"怨"本是蕴藉心中而不易言说的生命体验，可《庄子》不经意间的论"怨"却能别开生面：引入"天怨"概念突破世俗之"怨"的束缚，进而唤起人与天的对接，此乃传统论"怨"框架上的超越；借助"何暇乎天之怨"的价值比较与"忘"的道德标榜，为"怨"的施受一体者提供心灵消解之道，此即释"怨"路向上的开拓；"虽有忮心者不怨飘瓦"的利益斩断连及"虚己以游世"的生存智慧，为社会人到自然人的回归指明方向，是为止"怨"策略上的创新。通过心性锤炼的体验与表达，《庄子》一书在说服自己面对人间寒热煎熬而"不怨"的同时，也为华夏民族留下了轴心期中不同于儒、墨、法诸家的另一类"怨"感言说。所谓"扫荡现实人生，以求达到理想人生的状态"②，《庄子》中针对"怨"的心性锤炼与境界修养，是形而上的艺术化生存，也是形而下的生存性智慧。

---

① （清）胡文英撰，李花蕾点校：《庄子独见·庄子论略》，华东师范大学出版社 2011 年版，第 5—6 页。

② 徐复观：《中国艺术精神》，华东师范大学出版社 2001 年版，第 30 页。

第十九章　力：放逐与重塑

就元典关键词的心理能力或精神力量而言，无论是"观"的"非常之视"（第十七章），还是"怨"的"精神原乡"（第十八章），在某种意义上均构成一种"力"，一种"文化—心理"的力。就文学理论与批评而言，我们总会以不同的"力"作为评判具体作品的标准。比如，谈到沈从文的作品，一般会认为具有一种原始的"生命力"，余华的小说则常被人认为具有穿透人心的"感染力"。

从关键词的语义演变历程来说，"力"与文学的关系经历了从"放逐"到"重塑"的过程，不同时期，"力"与文学的距离是不同的。先秦两汉时期，"力"作为"劳力"概念出现在典籍当中，"语德不语力""以力制力"的思想以及中国礼乐文化的传统，使得"力"遭到文学的放逐。魏晋以后，"力"开始与其他关键词合用，完成对诗文的品评。唐宋以来，"力"开始作为一个独立的批评术语运用在文学理论和批评当中。至近代，则兴起"尚力"的风潮。"力"在文学批评中地位的变化，与文学的自觉与独立息息相关，"力"区分了文学作品的不同风格，为文学的多元审美提供了基础；"个力"意识的崛起使得作家主体得以凸显，逐渐形成了专业从事文学创作的作家群体。对"力"的需求不是一成不变的，这与文学发展阶段和时代背景有着密切的联系。

学界对于"力"关键词的研究，其主要成果及观点可分述如下：一是对于"力"关键词本身的研究，胡传吉在《"力"之文学变道》①一文中，分析了先秦时代对"力"的忽视以及现代对"力"的彰显和推崇。二是论述"力"与中国现当代文学的关系。如杨姿的《"尚力"精神与中国现代文学的浪漫传承》②、孟丽娟的《丁玲创作与"力"的文学》③、施秋香的《"文说"与"诗力说"——刘师培与鲁迅文学观之比较》④、苏琴琴的《徘徊于传统与现代之间：神思之"心"与摩罗之"力"——对鲁迅早期文学观念的考察》⑤等；三是艺术批评领域对于"力"的运用，如刘畅的《谢·维·拉赫玛尼诺夫钢琴创作中作为美学范畴的"力"》⑥和彭再生的《"力"作为书法批评的范畴》⑦分别从音乐和书法的角度，借用"力"这个概念对艺术作品进行批评。既有的研究更多关注的是某一作家或某一时期对于"力"这个关键词在文学文本批评中的使用，既缺少一种整体观照的眼光，更缺少一种关键词阐释的视野与方法。

　　"力"作为一个中国文化的元关键词，它的词义根性是什么？它与文学的关系是如何形成的？它是何时被运用到文学批评和文学研究当中的？在运用过程中，又具有什么样的特点？这些，都是本章所要讨论的。

---

① 参见胡传吉：《"力"之文学变道》，《小说评论》2010 年第 1 期。

② 参见杨姿：《"尚力"精神与中国现代文学的浪漫传承》，《中国文学研究》2010 年第 1 期。

③ 参见孟丽娟：《丁玲创作与"力的文学"》，四川大学 2005 年硕士学位论文。

④ 参见施秋香：《"文说"与"诗力说"——刘师培与鲁迅文学观之比较》，《学习与实践》2015 年第 11 期。

⑤ 参见苏琴琴：《徘徊于传统与现代之间：神思之"心"与摩罗之"力"——对鲁迅早期文学观念的考察》，《河南师范大学学报》（哲学社会科学版）2011 年第 6 期。

⑥ 参见刘畅：《谢·维·拉赫玛尼诺夫钢琴创作中作为美学范畴的"力"》，《音乐创作》2013 年第 12 期。

⑦ 参见彭再生：《"力"作为书法批评的范畴》，《中国美术报》2016 年 8 月 29 日第 20 版。

一、语德不语力

"力"字在甲骨文中写作&，其意义还无定论。有的学者认为，力颇像古代的犁形，上部为犁把，下部为耕地的犁头，古代称为耒耜。[①]耕地需要消耗体力，所以"力"字就用来表示"力量"的含义。有的学者认为，力是手连臂的象形，手和臂加起来表示有力量。[②] 许慎在《说文解字》中说："力，筋也，象人筋之形，治功曰力，能御大灾。"[③]许慎认为，"筋"是使人或物发力的载体。此时的"力"的概念，更多指的是"劳力"，与文学没有直接的关系，甚至还遭到文学的忽视与放逐。

儒家思想对于"力"总是忽视和排斥的。《论语·述而》中说："子不语怪，力，乱，神。"[④] 钱穆认为："此四者人所爱言。孔子语常不语怪，如木石之怪水怪山精之类。语德不语力，如荡舟扛鼎之类。语治不语乱，如易内蒸母之类。语人不语神，如神降于莘，神欲玉弁朱缨之类。力与乱，有其实，怪与神，生于惑。"[⑤]为实现"德治"的需要，"力"作为一种与"德"相对的含有不稳定因素的概念，自然就遭到儒家思想的抛弃与忽视。春秋战国时期，诸侯混战，倘若提倡"尚勇""尚力"的思想，则诸侯的统治则可能受到来自底层劳动人民的动摇，毕竟，劳动人民才是"有力者"。孟子继承了孔子的思想，认为统治者应当"以

---

① 参见中国科学技术协会：《中国力学学科史》，中国科学技术出版社 2012 年版，第 10 页。

② 参见中国科学技术协会：《中国力学学科史》，中国科学技术出版社 2012 年版，第 10 页。

③ （清）段玉裁：《说文解字注》，上海古籍出版社 1981 年版，第 699 页。

④ （清）阮元校刻：《十三经注疏》下册，中华书局 1980 年版，第 2483 页。

⑤ 钱穆：《论语新解》，生活·读书·新知三联书店 2002 年版，第 183 页。

德服人"，而不应"以力服人"："以力假仁者霸，霸必有大国。以德行仁者王，王不待大，汤以七十里，文王以百里。以力服人者，非心服也，力不赡也。以德服人者，中心悦而诚服也。如七十子之服孔子也。诗云：'自西自东，自南自北，无思不服。'"①就连兵家也不推崇"力"的取胜，例如，《孙子兵法》中强调的是"不战而胜"，而不是"力战而胜"："凡用兵之法：全国为上，破国次之；全军为上，破军次之；全旅为上，破旅次之；全卒为上，破卒次之；全伍为上，破伍次之。是故百战百胜，非善之善者也；不战而屈人之兵，善之善者也。"②

当然，诸子当中也有主张对"力"的崇尚。《墨子·非乐》云："今人固与禽兽麋鹿、蜚鸟、贞虫异者也。今之禽兽麋鹿、蜚鸟、贞虫因其羽毛以为衣裘，因其蹄蚤以为绔屦，因其水草以为饮食。故唯使雄不耕稼树艺，雌亦不纺绩织纴，衣食之财固已具矣。今人与此异者也，赖其力者生，不赖其力者不生。"③"力"在墨子这里指的是人获得生产资料的能力。春秋战国时期，生产力相对较低，只有依靠"力"——无论是统治者的"脑力"，抑或是劳动者的"体力"——才能使得国家富强，人民生活安定。但是，倘若对"力"的使用不加节制，变会产生严重的后果："曰：力政者何若？曰：大则攻小也，强则侮弱也，众则贼寡也，诈则欺愚也，贵则傲贱也，富则骄贫也，壮则夺老也。是以天下之庶国，方以水火毒药兵刃以相贼害也。"④（《墨子·天下志》）虽然墨家学说强

---

① （清）焦循撰，沈文倬点校：《孟子正义》上册，中华书局1987年版，第221—222页。

② 参见（春秋）孙武撰，（三国）曹操等注，杨丙安校理：《十一家注孙子校理》，中华书局1999年版，第44—45页。

③ （清）孙诒让撰，孙启治点校：《墨子间诂》上册，中华书局2001年版，第257页。

④ （清）孙诒让撰，孙启治点校：《墨子间诂》上册，中华书局2001年版，第213页。

调了对"力"的重视，但其是站在经济学和社会学的角度进行阐发的，与文学并无直接的联系。另外，墨子也强调"非攻"，频繁的征伐可谓是"天下之巨害"。

综观各家的思想，无论是放逐"力"，抑或崇尚"力"，其实都是对"力"的限制，只是方法手段不同而已。儒家施以礼乐，道家辅以无为，法家加诸刑罚，墨家强调兼爱，殊途同归，其为了维护社会安定的愿望是一致的。

一般而言，我们更重视古人"说了什么"，对于"不说什么"便常常忽视。那么，"力"为何在先秦时期受到忽视并遭到文学的放逐呢？我们先来观照一下先秦时期的文学传统。先秦文学以《诗经》《楚辞》为代表，具有很强的抒情性。儒家传统诗教强调温柔敦厚，注重教化及伦理。《楚辞》则被视为中国浪漫主义文学的源头。先秦时期的文学传统一直影响到今天的文学创作，而其所强调的文化内核与"力"的概念相去甚远，甚至存在矛盾之处。因此，我们可以说，在这一时期，"力"这个概念是远离文学的，它遭到了文学的疏远和放逐。

从中国传统文化精神出发，我们也能窥探"力"在当时的处境与状况。《周易·序卦第十》曰："有天地然后有万物，有万物然后有男女，有男女然后有夫妇，有夫妇然后有父子，有父子然后有君臣，有君臣然后有上下，有上下然后礼义有所错。"①君臣父子，家国天下，中国传统社会以宗法制为纽带，构建了稳定的社会体系，以礼乐构成中国传统文化的核心。在"为何以礼乐作为中国传统文化的核心"这个问题上，《荀子·礼论》给了我们答案："礼起于何也？曰：人生而有欲，欲而不得，则不能无求；求而无度量分界，则不能不争；争则乱，乱则穷。先王恶其乱也，故制礼义以分之。以养人之欲，给人之求，使欲必不穷

---

① （清）阮元校刻：《十三经注疏》上册，中华书局1980年版，第96页。

乎物，物必不屈于欲，两者相持而长，是礼之所起也。"①我们的祖先出于对由"贪婪"造成的"乱"的"恐惧"，因而创制了礼乐文化，其目的是"以养人之欲，给人以求"，从而防止社会的动乱。从某种程度上说，礼乐文化是控制和限制"力"的一种有效的手段。梁漱溟曾在《中国文化要义》中说："讲理与斗力，二者至不相容。中国人在相争之两造间，若一方先动武，旁观者即不直其所为，虽于本来有理者亦然。因情理必从容讲论而后明，一动武即不讲理，不讲理即为最大不是。"②以德服人、以直报怨已经成为中国人的文化共识，"君子动口不动手"，一旦以蛮力相向，便尽失其理。所以，礼乐文化也要求我们与"力"保持一定的距离。

有趣的是，西方一直有尚力的传统，从古希腊神话以及今天我们所能看到的古希腊雕塑，无不显示着对智力和肉体力量的崇拜。尼采是十分推崇"力"的，他独立地提出"善"即"勇敢、强健、有力量"。为此，他把古来的"强者""武士""主人"称为"善者"，而把一切弱者、下属、百姓、奴隶称为"恶者"③。无论是中世纪的骑士传统，还是今天"知识就是力量"的科学主义精神，无不显示着西方的"尚力"传统，从而也客观上造就了中西文化和思维模式的不同。

二、诗文之力

汉代承袭先秦时期的经学传统，仍以儒家诗教作为汉代文学的思想

---

① （清）王先谦撰，沈啸寰、王星贤点校：《荀子集解》下册，中华书局 1988 年版，第 346 页。

② 梁漱溟：《中国文化要义》，上海人民出版社 2005 年版，第 245 页。

③ 参见黎鸣：《西方哲学死了》，中国工人出版社 2003 年版，第 73 页。

内核。"力"在阐释文学作品时并没有太多的空间。但是，"力"无疑将会逐渐对文学创作与文学批评产生重要的影响。段玉裁在《说文解字注》中这样解释"力"："人之理曰力。故木之理曰朸。地之理曰阞。水之理曰泐。"① 那么，以此类比，诗歌之理，则可以称之为"诗力"；文章之理，可称之为"文力"。作为诗文之理的"力"，就具有了批评文学的意义和内涵。

汉代，一些文学家已经开始将"力"的概念引入文学批评和文学创作中。东汉王充作《论衡·效力》，专门论述如何考察和发挥人的能力。其中写道："谷子云、唐子高章奏百上，笔有余力，极言不讳，文不折乏，非夫才知之人不能为也。孔子，周世多力之人也，作《春秋》，删五经，秘书微文，无所不定。"② 在这里，"笔有余力"和"孔子，周世多力之人也"的"力"，即是对谷子云、唐子高、孔子三人"文力"的推崇，对他们著述丰厚的称赞。此时的"力"，不再表示"劳力"的意义，已经与文学产生了一定的联系。

魏晋南北朝时期，儒道释三家思想并行于世，大量外来词汇和思想的涌入，为中国的诗文批评注入了新的活力。刘勰可谓是第一个将"力"的概念引入文学批评的文学理论家，针对晋宋以来的文学创作重文采而轻内容的现状，他极力批评："晋世群才，稍入轻绮。张潘左陆，比肩诗衢，采缛于正始，力柔于建安，或析文以为妙，或流靡以自妍，此其大略也。"③"宋初文咏，体有因革，庄老告退，而山水方滋，俪采百字之偶，争价一句之奇，情必极貌以写物，辞必穷力而追新，此近世之所竞也。"④ 刘勰提倡文章应当具有"风骨之力"："故练于骨者，析辞必

---

① （清）段玉裁：《说文解字注》，上海古籍出版社 1988 年版，第 699 页。
② 黄晖：《论衡校释（附刘盼遂集解)》第二册，中华书局 1990 年版，第 582 页。
③ 范文澜：《文心雕龙注》上册，人民文学出版社 1958 年版，第 67 页。
④ 范文澜：《文心雕龙注》上册，人民文学出版社 1958 年版，第 67 页。

精，深乎风者，述情必显。捶字坚而难移，结响凝而不滞，此风骨之力也。"① 由此，"力"与"风骨"组合，形成"风力""骨力"的词组，成为中国古代文学批评中的一个重要范畴。"力"摆脱了作为"劳力"的概念，成为品评文学作品的理论术语，可被解释为某种文学风格。与刘勰处于同时代的钟嵘也在文学批评中使用"力"的概念。《诗品序》曰："孙绰、许询、桓、庾诸公诗，皆平典似《道德论》。建安风力尽矣。"② 在这里，"风骨之力"成了建安文学的最具代表性的特点，同时也被用来品评玄言诗的风格。范温也在《潜溪诗眼》中说："建安诗辩而不华，质而不俚，风调高雅，格力遒壮。"③ 且看曹孟德《蒿里》一诗：

> 关东有义士，兴兵讨群凶。
>
> 初期会盟津，乃心在咸阳。
>
> 军合力不齐，踌躇而雁行。
>
> 势利使人争，嗣还自相戕。
>
> 淮南弟称号，刻玺於北方。
>
> 铠甲生虮虱，万姓以死亡。
>
> 白骨露於野，千里无鸡鸣。
>
> 生民百遗一，念之断人肠！④

此诗在建安时期具有很强的代表性，建安诗歌大多反映社会的动乱和人民流离失所的痛苦，曹孟德此诗生动描绘了当时战乱不断、国家分裂的情况下民不聊生、尸骨遍野的惨痛场景，同时诗中饱含作者的

---

① 范文澜：《文心雕龙注》下册，人民文学出版社 1958 年版，第 513 页。

② 曹旭：《诗品集注》，上海古籍出版社 1994 年版，第 24 页。

③ 郭绍虞辑：《宋诗话辑佚》上册，中华书局 1980 年版，第 315 页。

④ （三国）曹操：《曹操集》，中华书局 1959 年版，第 4 页。

情感，悲凉慷慨之情跃然纸上。正如刘勰所说："观其时文，雅好慷慨，良由世积乱离，风衰俗怨，并志深而笔长，故梗概而多气也。"①

在品评陶渊明的诗句时，锺嵘则这样说道："其源出于应璩，又协左思风力。文体省静，殆无长语。笃意真古，词兴婉惬。"②锺嵘在此论述了陶渊明诗歌所承袭的渊源，同时也指出了其诗所借鉴的写作手法和风格。"左思风力"指的是左思作品中所具有的独特的风格与特征，他的《咏史八首》，借古讽今，表达了对门阀制度的不满与愤怒。其诗情感充沛，才志结合，浑然一体，力矫太康时期的颓靡文风，承继建安风力。陶渊明则效仿左思，其诗中有承袭和学习左思之处。"力"不仅在文学批评领域获得了一席之地，在书法批评领域也开始运用"力"来品评书法风格。稍早于刘勰的王僧虔在其著作《论书》中，便援引"力"来品评书法，如"郗超草书亚于二王，紧媚过其父，骨力不及也"、"萧思话全法羊欣，风流趣好，殆当不减，而笔力恨弱"③，"骨力""笔力"等与"力"相关的概念开始用于书法批评。

魏晋南北朝时期，"力"明确作为一种文学批评概念而运用于诗文品评当中。但是我们不难看出，此时，"力"字需与其他概念合用，如"风力""骨力""气力""笔力"等，才能完成对诗文的品评。

如果说魏晋南北朝时期，"力"还需要与其他概念合用，才能完成对诗文的品评的话，及至唐代，"力"这个字可以单独使用来表示某种文体风格，如皎然《诗式》曰："体裁劲健曰力。"④与此同时，唐宋时期诗歌的繁荣也使"诗力"一词常常用于诗歌创作中，如郑谷的"暮年诗

①　范文澜：《文心雕龙注》下册，人民文学出版社 1958 年版，第 673—674 页。

②　曹旭：《诗品集注》，上海古籍出版社 1994 年版，第 260 页。

③　上海书画出版社、华东师范大学古籍整理研究室编选校点：《历代书法论文选》，上海书画出版社 1979 年版，第 59 页。

④　李壮鹰：《诗式校注》，人民文学出版社 2003 年版，第 71 页。

力在，新句更幽微"①（《寄题方干处士》）、方岳的"老去极知诗力退，只将日历记山川"②（《入闽》）和戴表元的"流落谁相忆，山林蔚讲师。玄机魂梦接，诗力鬓毛知"③（《次韵蔚上人见寄》）。

清人叶燮在《原诗·内篇》中说："曰才、曰胆、曰识、曰力，此四言者所以穷尽此心之神明。凡形形色色，音声状貌，无不待于此而为之发宣昭著。"④ 所谓"力"，指的是诗人运用形象概括现实生活和客观事物的功力和笔力。诗人光有"才"还不够，必须以"力"载之，才可以做到坚不可摧，才能"神旺而气足，径往直前，不待有所攀援假借，奋然投足"⑤。如果说孔子奉行的是"言之无文，行而不远"⑥，在叶燮这里，则是"言之无力，行而不远"。他考察了前代的文学家，作出了如下结论：

> 吾又观古之才人，力足以盖一乡，则为一乡之才；力足以盖一国，则为一国之才；力足以盖天下，则为天下之才。更进乎此，其力足以十世，足以百世，足以终古；则其立言不朽之业，亦垂十世，垂百世，垂终古，悉如其力以报之。试合古今之才，一一较其所就，视其力之大小远近，如分寸铢两之悉称焉。⑦

① （唐）郑谷撰，严寿澂等笺注：《郑谷诗集笺注》，上海古籍出版社1991年版，第47页。

② （宋）方岳撰，秦效成校注：《秋崖诗词校注》，黄山书社1998年版，第141页。

③ （元）戴表元著，陆晓冬，黄天美点校：《戴表元集》下册，浙江古籍出版社2014年版，第589页。

④ （清）叶燮著，霍松林校注：《原诗》，人民文学出版社1979年版，第23页。

⑤ （清）叶燮著，霍松林校注：《原诗》，人民文学出版社1979年版，第27页。

⑥ （清）阮元校刻：《十三经注疏》下册，中华书局1980年版，第1985页。

⑦ （清）叶燮著，霍松林校注：《原诗》，人民文学出版社1979年版，第28页。

叶燮对诗人之力的推崇，由此可见一斑。只有充分调动诗人的"才、胆、识、力"，才能创作出优秀的诗篇。刘熙载继承了叶燮的观点，将"力"看作是创作主体的物化能力，他在《艺概·经义概》说："文之要：曰识、曰力。识，见于认题之真；力，见于肖题之尽。"①

近代以来，受到西方审美思想的影响，"尚力"的美学思潮逐渐流行，其中以梁启超和鲁迅为代表。梁启超十分重视小说的功用："欲新一国之民，不可不先新一国之小说。故欲新道德，必新小说；欲新宗教，必新小说；欲新政治，必新小说；欲新风俗，必新小说；欲新学艺，必新小说；乃至欲新人心欲新人格，必新小说。何以故？小说有不可思议之力支配人道故。"② 同时，他认为小说具有"熏""浸""刺""提"之力，这四力具有十分重要的作用：

> 此四力者，可以卢牟一世，亭毒群伦。教主之所以能立教门，政治家所以能组织政党，莫不赖是。文家能得其一，则为文豪；能兼其四，则为文圣。有此四力而用之于善，则可以福亿兆人；有此四力而用之于恶，则可以毒万千载。而此四力所以最易寄者惟小说。可爱哉小说，可畏哉小说。③

梁启超肯定了小说的"力"的功用，并将之纳入到新国民的思想伦理道德建设之中，可谓用心良苦。鲁迅认为"诗力"有"撄人心"的作用：

---

① （清）刘熙载撰，袁津琥校注：《艺概注稿》下册，中华书局 2009 年版，第824 页。

② 梁启超：《饮冰室文集之十·论小说与群治之关系》，《饮冰室合集》第 2 册，中华书局 1989 年版，第 6 页。

③ 梁启超：《饮冰室文集之十·论小说与群治之关系》，《饮冰室合集》第 2 册，中华书局 1989 年版，第 8 页。

"此人世所以可悲，而摩罗宗之为至伟也。人得是力，乃以发生，乃以曼衍，乃以上征，乃至于人所能至之极点。"① 鲁迅将浪漫主义诗人及其诗歌流派引介到中国，借以对旧传统、旧文化做出深刻的批判，大力宣扬救国救民、解放中华民族的思想。他与梁启超一道，为"力"的审美概念的近现代意义做了解读和界定。

从"子不语怪，力，乱，神"，到鲁迅的《摩罗诗力说》，从被文学的忽视与放逐，到成为一种独立的文学批评的术语和概念，"力"完成了与文学的结合。

三、诗力之变

正如"变风"、"变雅"一般，"力"与文学的关系的变化，也可体现时代的变迁及文学的变化发展。"力"被文学放逐，到成为一个独立的文学批评范畴，从某种程度上说，体现了文学的自觉与独立。

1927 年，鲁迅在《魏晋风度及文章与药及酒之关系》中说："用近代的文学眼光看来，曹丕的一个时代可说是'文学的自觉时代'，或如近代所说是为艺术而艺术（Art for Art's Sake）的一派。"② 所谓"文学的自觉"，至少拥有两个方面的意义：一是文学摆脱经学附庸的地位而独立发展；二是按文学自身的艺术规律进行创作。汉魏以来，文学与经学的分野、一系列文学理论专著的出现、对文学体裁的细致划分、出现了专业作家，这些都是文学自觉的表现。而正是在这个

---

① 鲁迅：《摩罗诗力说》，《鲁迅全集》第一卷，人民文学出版社 2005 年版，第 70 页。

② 鲁迅：《魏晋风度及文章与药及酒之关系》，《鲁迅全集》第三卷，人民文学出版社 2005 年版，第 526 页。

时期，"力"一改先秦时期被文学放逐的状态，开始被用于文学批评领域。不同形式的"力"赋予了文学作品不同的风格，不同的作家拥有不同的气力，文学创作开始呈现多元化的状态。且看曹丕的《典论·论文》：

> 王粲长于辞赋；徐幹时有齐气，然粲之匹也。如粲之初征登楼槐赋征思，幹之玄猿漏卮圆扇橘赋，虽张、蔡不过也。然于他文未能称是。琳瑀之章表书记，今之隽也。应瑒和而不壮。刘桢壮而不密。孔融体气高妙，有过人者，然不能持论，理不胜词，以至乎杂以嘲戏，及其所善，杨班俦也。
>
> 常人贵远贱近，向声背实，又患暗于自见，谓己为贤。夫文，本同而末异。盖奏议宜雅，书论宜理，铭诔尚实，诗赋欲丽。此四科不同，故能之者偏也；唯通才能备其体。
>
> 文以气为主；气之清浊有体，不可力强而致。譬诸音乐，曲度虽均，节奏同检；至于引气不齐，巧拙有素，虽在父兄，不能以移子弟。①

曹丕论述了不同的作家拥有不同的"气"，如徐幹拥有的是"齐气"，刘桢的"气"则"壮而不密"。这里的"气"也可称为"气力"，不同的作家拥有不同的"气力"，从而创作了不同风格的文学作品，在此过程中，个体的重要性逐渐凸显。此时的"力"不仅外化于形式（即文学作品），更内化于创作者自身，只能为作家个人所独有，形成了作家自身独特的风格。曹丕的"文以气为主"，体现了文学创作的独特性和独立

---

① （梁）萧统撰，（唐）李善注：《文选》第六册，上海古籍出版社 1986 年版，第 2270—2271 页。

性。与此同时，他认为文章的功用是"经国之大业，不朽之盛事"①，并以"四科八体"对文学的体裁加以区分，这些都体现了文学的自觉与独立。再如书法评论中常有"颜筋柳骨"的说法，"筋力"和"骨力"成为颜真卿和柳公权书法风格的代称，同时也与两位书法家的生命意识和生命体验紧紧相连，这些都体现了"力"与文学的独立和自觉密不可分的联系。

另一方面，从"群力"与"个力"的角度来说，文学的自觉过程是"个力"不断凸显的过程，也即作家不断独立、成为专业作家的过程。一直以来，古代中国就把人视为群体动物，《荀子》中有两条对于"群"的解读："故人生不能无群，群而无分则争，争则乱，乱则离，离则弱，弱则不能胜物。"②"人之生，不能无群，群而无分则争，争则乱，乱则穷矣。"③所以，"先王恶其乱也，故制礼义以分之"④。《淮南子·主术训》则说："是以积力之所举，无不胜也，而众智之所为，无不成也。……力胜其任，则举之者不重也；能称其事，则为之者不难也。"⑤"积力"即"合力""群力"，《淮南子》将"积力"与"众智"类比，强调"群力"的重要性。在此观念的影响下，文学创作自然也会向"群力"靠拢。例如，《论语·阳货》中说"诗可以群"⑥，指诗歌可使人们借以交流思想，

296

---

① （梁）萧统撰，（唐）李善注：《文选》第六册，上海古籍出版社1986年版，第2271页。

② （清）王先谦撰，沈啸寰、王星贤点校：《荀子集解》上册，中华书局1988年版，第164—165页。

③ （清）王先谦撰，沈啸寰、王星贤点校：《荀子集解》上册，中华书局1988年版，第179页。

④ （清）王先谦撰，沈啸寰、王星贤点校：《荀子集解》上册，中华书局1988年版，第152页。

⑤ 何宁：《淮南子集释》中册，中华书局1998年版，第639—640页。

⑥ （清）阮元校刻：《十三经注疏》下册，中华书局1980年版，第2525页。

促进感情融洽，起到协和群体的作用。① 所以，无论是《诗经》，抑或是《乐府诗集》，均没有具体作者，而是古人集体智慧的结晶。魏晋以降，文学注重"群力"的传统被打破，"个力"在文学中的作用愈发重要。不论是曹丕的《典论·论文》、刘勰的《文心雕龙》，还是锺嵘的《诗品》，都开始涉及对具体的作家文学创作风格的品评。"建安七子""竹林七贤""初唐四杰""唐宋八大家"等称谓，都表明了专业从事文学创作的作家群体已经形成，这无疑是文学自觉的重要表现。中国是诗的国度，唐诗、宋词、元曲是中国传统文化的代表，除却文学作品本身，无数投入文学创作的诗人、词人为中国诗词文化的发展与壮大贡献了自己的力量。倘若没有"个力"的凸显，没有作家的自觉与独立，我们或许就不会有浪漫超逸的李白，忧国忧民的杜甫，沉思苦吟的贾岛，烟雨任平生的苏轼，一往而情深的纳兰性德，我们也不会记住这些闪耀着诗歌之魂的名字，文学也不会有如此丰富多彩的解读和注脚。从"群力"到"个力"，作家主体得以凸显，对文学的解读也更加多元化，"力"在其中无疑扮演了重要角色。

"力"究竟犯了什么错，在先秦时期惨遭放逐，而后又成为独立的文学批评概念，与文学产生密切的联系？笔者认为，文学的独立与自觉要求"力"参与到文学批评中来是原因之一，另一方面，不同时代的政治背景对"力"的态度不同，这也就影响着"力"的命运。春秋战国时期，群雄争霸，战乱频繁。在动荡不安的年代里，谁拥有最强大的军事实力便可称霸，但是，为防止人民自下而上的起义，便出现了统治者依靠"力"但又反对普通民众拥有过于强大的"力"的局面。当时所谓的"尚力"，其实都是对"力"的限制，只是方法手段不同而已。法家的严

---

① 参见王运熙、顾易生主编：《中国文学批评通史·先秦两汉卷》，上海古籍出版社 1996 年版，第 83 页。

刑酷法，墨家的兼爱尚力，其为了维护社会安定的愿望是一致的。在和平一统的时代，则需要一个强有力的中央政府，正如《商君书·农战》所说："国力抟者强。"①这不仅是为了抵御外来入侵的需要，更是防止地方权力过大而形成割据之势，唐朝后期藩镇拥兵自重就是一个典型的例子。

当然，这里的"力"与文学并无太大关系，更多表示的是"国力""政力"，但也为我们思考文学与"力"的间距问题提供了借鉴。文学在不同的发展阶段，对于"力"的需求也是不同的。可以说，文学自觉之前，文学的功用更多与政治宣教相结合，拥有不稳定因素的"力"，自然会受到排斥；到了文学自觉的时代，"力"才在文学批评中占有一席之地。从"力"的角度来看文学的独立与自觉，也能更深地体会到作家群体的伟大之处，为我们研究文学提供新思路与新视角。

---

① 蒋礼鸿：《商君书锥指》，中华书局 1986 年版，第 22 页。

第二十章　雷：从元典震卦到网络热词

　　元典关键词研究的理论范式，关于"关键词遴选"，其标准是"三大"：命大，幅大，力大。本章所讨论的"雷"关键词，"命大"（从远古易卦到当下网络）与"力大"（雷霆万钧，雷动天下）自不待言，"幅大"即覆盖面之广阔正包含在前二者之中：无论是作为自然现象的"雷动"还是作为文化现象的"网络"，都是铺天盖地、无远弗届的。

　　天之威动，其象为雷。"雷"作为一个中国文化的元关键词，其语义演变经历了从自然天象到易经卦象再到互联网语象的漫长而复杂的历史过程。远古时代的甲骨文书写刻缕出"雷"的神话底色的洪荒底蕴，轴心时代《周易》的"震卦"及其诠释赋予"雷"以"忧患"意识和"畏惧"心态，而互联网时代将"雷"之"三震"（天之震、事之震和心之震）创生为"三雷"（雷语、雷事和雷人）。"雷"关键词从词根义到坐标义再到现代义的创造性转换，从远古"活"到当下，在互联网语言传播与接受的特定层面，彰显出中华文化元关键词在新时代所爆发出来的洪荒之力。

　　哈佛大学学者史蒂芬·平克曾指出："在人类自然进化的过程中，语言堪称最为突出的一个特征。"[1] 文化关键词作为最枢机性、概要性或精粹

---

　　① ［加］史蒂芬·平克：《语言本能：人类语言进化第奥秘》，欧阳明亮译，浙江大学出版社 2015 年版，第 3 页。

性的语言，在中华文明孕育、诞生、成长、成熟、再生、新创等各个阶段都起着不可忽视的作用。而"雷"作为文化关键词家族的重要一员，其"前世今生"的生命活力、"旧瓶新酒"的阐释张力以及"望今制奇"的创新动力，都彰显出了中华文化独有的魅力，也彰显出元典关键词的独特魅力。

一、洪荒之力

源起于前轴心时代、扎根于先秦元典的中华文化关键词，在漫长的历史演变中标举特定时空的文化观念，接续前世与后代的文化命脉，成为了不同时期的文化坐标。时下走红的网络热词"雷"并不是一个新造字，早在商周时期的甲骨文中就可发现它的身影，其在甲骨文里写作"𤴤"，是在闪电"𤴤"的四周加上指事符号𤴤，以表示雷伴随雨水和闪电而产生；有的甲骨文"雷"写为"𤴤"，是在闪电𤴤的两边画了两个类似"田"的𤴤，代表战车𤴤的轮子𤴤，古人认为天上打雷所产生的震天巨响是由神仙驾驶战车视察人间时发出的，因此车轮成了构成"雷"字的重要部分。由于先民科学知识不足，无法正确认识作为自然现象的"雷"的形成，因此赋予了雷许多神秘色彩，如《周易·解卦·象传》："天地解而雷雨作，雷雨作而百果草木皆甲坼"①，视雷为天和地交感而生。在相当长的一个历史时期，世界各地都普遍存在着"雷"崇拜，如赫梯人建立统一国家之后，奉雷神"提舒布"为一国之主神；斯拉夫人相信只有一个神，即雷电之神。② 我国神话著作《山海经》中也提到雷神，《海内东经》有曰："雷泽中有雷神，龙身而人头，鼓其腹，在昊西"，这是

---

① （清）阮元校刻：《十三经注疏》上册，中华书局 1980 年版，第 52 页。

② 参见李远国：《道教雷法沿革考》，《世界宗教研究》2002 年第 3 期。

我国有关雷神形象的最早记载，书中称其鼓腹声非同凡响，"隆隆之声，天怒之音"，故又称"雷为天怒"①，即"天之震"。商周前期的金文🐾将甲骨文字形中的两个轮子🔘改成了四个轮子🔘，或是与当时的战争兵器变化有关；后期有的金文在雷上加了"雨"之头，强调雷电的天象性质，成为🔘。秦代篆文🔘将金文字形中的🔘写成雨，将金文字形中的🔘简化成"畾"。东汉许慎在《说文解字》中对雷做了这样的概述："雷，阴阳薄动，生物者也。从雨，畾象回转形。"②后来楷书在演变过程中，人们把"畾"简化成"田"，现存古籍中也多以简体的"雷"代替繁体的"靁"和大幅简化的异体字"畾"。

从先秦到近代，雷在词性和语义方面变化不大，词性多为名词或者动词，作名词时一般有两义，一是作为一种自然现象的雷霆、雷电，如《诗·大雅·常武》有曰："如雷如霆，徐方震惊"，《淮南子·坠形训》有曰："阴阳相薄为雷"③，一是作为一种姓氏，如唐朝的宫廷乐师雷海青、现代的好人代表雷锋等；作为动词多为打雷、擂打之意，如《吕氏春秋·贵生》有曰："故雷则掩耳"④，《管子·七臣七主》有曰："天冬雷，地冬霆。"⑤

及至现代，雷作名词时除了古义外，还被用于现代军事上常用的爆炸性武器，如水雷、地雷；作动词则常见于网络交流，表达让人感到意外、震惊、无奈等意思，如雷倒、雷晕、雷死人。此外，它还产生了形容词的新用法，这也多见于网络语，一般前面搭配程度副词，如超级、很、巨等，以表示个人夸张的情感。形容词词性和词义的出现最初见于

---

① 黄晖：《论衡校释（附刘盼遂集解）》第一册，中华书局 1990 年版，第 294 页。
② （清）段玉裁：《说文解字注》，上海古籍出版社 1981 年版，第 571 页。
③ 何宁：《淮南子集释》上册，中华书局 1998 年版，第 376 页。
④ 许维遹：《吕氏春秋集释》上册，中华书局 2009 年版，第 42 页。
⑤ 梁凤翔：《管子校注》中册，中华书局 2004 年版，第 995 页。

日本漫画，一般指在不知情的情况下看到出乎意料的东西，让人感到不舒服或被震住了，即"事之震"。后来随着网络文化的发展，它传入中国，运用范围越来越广，不再单纯地表示震惊，更包含了"无语、受不了、难以置信、哭笑不得"等一系列感觉，这在一定程度偏离了雷给人震动、惊惧的原始感觉，由一种最初表示自然界现象的名词，演化出了具有动词、形容词、名词词性的丰富语义色彩的雷族词，如雷文、雷死人、超级雷等，随后其还衍生出了诸如蓝瘦香菇、老司机、狗带、吃土等一系列网络雷语，让人瞠目结舌。

二、旧瓶新酒

在中国传统文化中，雷有着特殊的意义和地位。作为中国古代群经之首、大道之源的《周易》曾开辟"专栏"谈雷，即震卦，《说文解字》有曰："震，劈历振物者，从雨辰聲。"可见震的本义是雷声。《周易·震卦》孔颖达疏："《正义》曰：震，动也，此象雷之卦，天之威动，故以震为名。"[1] 朱熹于《周易本义》中指出："震，动也。一阳始生于二阴之下，震而动也。其象为雷，其属为长子震有亨通。"[2] 震卦，上下均是两阴爻在上，一阳爻在下，震为雷，二雷相叠，反响巨大，表示雷震的剧烈、威动，孔颖达疏曰："洊者，重也，因仍也。雷相因仍，乃为威震也，此是重震之卦。"[3] 震卦六爻分别喻示处"震"形势下的不同情状：初九阳刚在下，知惧致福；六二因危守中，失贝复得；六三惶惶未安，惧行免祸；九四陷于阴中，无法自拔；六五柔中危行，善保尊位；上六

---

① （清）阮元校刻：《十三经注疏》上册，中华书局1980年版，第61页。

② （宋）朱熹撰，廖名春点校：《周易本义》，中华书局2009年版，第183页。

③ （清）阮元校刻：《十三经注疏》上册，中华书局1980年版，第62页。

惧极有凶，却因戒备无咎。这与《淮南子》中所说的"战战栗栗，日慎一日，人莫蹪于山，而蹪于垤"[①] 有异曲同工之妙，其主旨是劝导君子平日为人处世当谨言慎行，居安思危，进修德业，即乾卦所说的"终日乾乾，夕惕若厉"，当突遭灾难时，即便"震来虩虩""震惊百里"，也当镇定自若、处变不惊，从而"笑言哑哑"，"不丧匕鬯"，故宋代学者郑汝谐在《东谷易翼传》中写道："人之过于恐惧者，固无足取，若能于举动之际，睹事之未然而知戒，亦圣人之所许。"

因为打雷常伴随着轰响和闪电，给人以恐惧感，所以古人时常视雷鸣电闪为天谴，《周易》有曰："洊雷，震；君子以恐惧修省。"所表达的就是"心之震"，《周易·震卦·象传》孔疏："君子恒自战战兢兢、不敢懈惰，今见天怒，畏雷之威，弥自修身省察己过，故曰：'君子以恐惧修省'也。"[②]《礼记·月令》有载："先雷三日，奋木铎以令兆民曰：雷将发声，有不戒其容止者，生子不备，必有凶灾。"[③]《吕氏春秋·贵生》也讲道："故雷则掩耳，电则掩目，此其比也。"[④] 因而古人常将"雷"引申"威势"或"怒气"，甚至"雷"贯穿整个古代一直都是威严和刚正的代称，代天行道，惩恶扬善，坏人会遭到天打雷劈、五雷轰顶，如《史记·殷本纪》记载："帝武乙无道，为偶人，谓之天神。与之博，令人为行。天神不胜，乃僇辱之。为革囊，盛血，仰而射之，命曰'射天'。武乙猎于河渭之间，暴雷，武乙震死。"[⑤]《京氏易传》亦曰："《五星占》云：雷电杀人何？雷，天拒难折冲之臣也。君承用节度，即雷以节；暴人威福，则雷电杀人。"《华阳国志》也记载了一个很有意思的故

---

① 何宁：《淮南子集释》下册，中华书局 1998 年版，第 1240 页。

② （清）阮元校刻：《十三经注疏》上册，中华书局 1980 年版，第 62 页。

③ （清）阮元校刻：《十三经注疏》上册，中华书局 1980 年版，第 1362 页。

④ 许维遹：《吕氏春秋集释》上册，中华书局 2009 年版，第 42 页。

⑤ （汉）司马迁撰：《史记》第一册，中华书局 1959 年版，第 104 页。

事，也就是后来《三国演义》里"青梅煮酒论英雄"的雏形：曹公从容谓先主曰："今天下英雄，惟使君与操耳。本初之徒，不足数也。"先主方食，尖匕箸。会雷大震，先主曰："圣人言迅雷风烈必变，良有以也。一震之威，乃可致此！"公亦悔失言。连天下枭雄对雷都如此敬畏，雷的威严可见一斑。故王夫之于《内传》有曰："君子之震，非立威以加物，亦非张皇纷扰而不宁，乃临深履薄，不忘于心，复时加克治之功，以内省其或失，震于内，非震于外也。"①

人们对雷的极度敬畏，显然与早期人类的生存环境密切相关，古时雷电落地时毁坏房室，击毙人畜，使人们认为雷握有主掌生死的权力，故《诗经·小雅·十月之交》有曰："烨烨震电，不宁不令，百川沸腾，山冢崒崩。"② 王充在《论衡·雷虚篇》也谈道："盛夏之时，雷电迅疾，击折树木，坏败室屋，时犯杀人。"③ 雷这种让人倍感神秘而恐怖的力量，使得古人不得不以诚惶诚恐的心态膜拜它以求平安。对此，费尔巴哈在《基督教的本质》中有过这样的叙述，人类生活在大自然环境中，大自然千姿百态，变化无穷，这些现象为原始人的感觉器官和心理所不能承受，这种超人的力量震撼着原始先民的心灵，从而便产生出了强烈的而又普遍的恐惧心理。④《史记·高祖本纪》中记载了汉高祖刘邦乃其母刘媪在雷电交加时梦与神通所生，"是时雷电晦冥，太公往视，则见蛟龙于其上。已而有身，遂产高祖"⑤，人间帝皇亦应雷而生，可见雷的影响力之大。

---

① （清）王夫之：《船山全书》第一册，岳麓书社 1988 年版，第 413 页。

② （清）阮元校刻：《十三经注疏》上册，中华书局 1980 年版，第 446 页。

③ 黄晖：《论衡校释（附刘盼遂集解）》第一册，中华书局 1990 年版，第 294 页。

④ 转引自杨现勇：《人与自然关系的辩证发展与德育价值观的转向》，《理论月刊》，2014 年第 1 期。

⑤ （汉）司马迁撰：《史记》第二册，中华书局 1959 年版，第 341 页。

到了近现代，随着自然科学的高速发展，人们对雷电、火山、地震等各类自然现象有了全新的认识，雷不过是一种由于大气中的云体之间、云地之间正负电荷互相摩擦而产生的自然现象，这种诠释显然让它在人们心目中的地位无法与先前相提并论，于是它从高高在上的神话传说中落入了凡尘。网络时代的雷人雷语更是人们否定神人、张扬自我的有机表现，折射出了时代文化的变迁。

但这些网络雷语是不是就完全脱离了雷的本意呢？笔者认为，雷在新时代固然增添了无语、惊讶等丰富的情感色彩以及戏谑、恶搞等无厘头的网络新意，但从另一个角度看，各种网络雷语对提醒世人敬德修业、震慑社会不正之风依然有着不可忽视的作用。《周易·震卦》孔颖达疏曰："震之为用，天之威怒，所以肃整怠慢，故迅雷风烈，君子为之变容。施之于人事，则威严之教行天下也。故震之来也，莫不恐惧，故曰'震来虩虩'物既恐惧，不敢为非，保安其福，遂至笑语之盛，故曰'笑言哑哑'也。"[1] 自孔子提出"兴观群怨"以来，讽喻与劝谏一直是语言文学的重要目的之一。当下社会的飞速发展和阶级之间的贫富分化，让各类令人愤怒的不良事件时有发生，如毒奶粉、地沟油、郭美美炫富等。网络雷语的诞生，如"躲猫猫""欺实码""正龙拍虎"等，为一些公众事件的解决起到了有力的推动作用，这与震卦所强调的警示、告诫作用有异曲同工之妙，如2016年的网络雷语"小目标"，当中国首富王健林在《鲁豫有约大咖一日行》中谈到"很多年轻人想当首富"的话题时表示："最好先定一个能达到的小目标，比如我先挣它1个亿"，引起了亿万网民的狂热关注，为什么会被刷屏？除了喜剧效果，还在于它戳中了大家的痛点，那就是阶层固化与不平等之痛，从一个亿的数字中，可以看出富人与你我的不同。清代学者刘沅曰："震之为义有三：天

---

① （清）阮元校刻：《十三经注疏》上册，中华书局1980年版，第62页。

之震，雷也；事之震，忧患也；心之震，戒惧也。"又云："人心非震不惕，君子畏天之威，以恐惧而修者恐生于心，惧见乎象，修饬其身，使事事合理，省察己过，使事事遏人欲。"①网络雷词表达的不仅是一种个人感觉，更是社会情绪和民意的反映，毫无疑问，它们起到了针砭时弊的积极作用。时下政府以及社会各界如何把握好时代的契机，站在更高的角度、更全面地去引导网络文化发展，充分发挥网络文化在社会主义核心价值观树立过程中应有的作用，值得去深刻思考。从文化关键词语义嬗变的层面看，当下网络用语中的"雷"，能指不变，所指大异，此所谓旧瓶装新酒也。

三、望今制奇

刘勰讲"通变"，其"通"是"参古定法"，其"变"是"望今制奇"。"雷"关键词的语义通变，其"三震"之义（天之震、事之震和心之震）属于"参古定法"，而网络语境下的"三雷"（雷人、雷语和雷事）及其震撼性效应则属于"望今制奇"。"雷"关键词在"互联网+"时代的望今制奇，使得历史悠久的"雷文化"具有了新的时代内涵。

传统意义上的"雷文化"成熟于《周易》的震卦，震卦在警示君子恐惧修省的同时，也昭示了世间万物生机蓬勃、欣欣向荣的发展趋势，《周易·系辞》曰："天地之大德曰生""生生之谓易"，意思是说人们应效仿宇宙积极向上、自强不息。在上古时候，由于人类的生存环境与自然界密切相关，故人们的言行风貌都受到大自然的极大影响。而春天作

① （清）刘沅撰，谭继和、祁和晖笺解：《十三经恒解》卷五，巴蜀书社 2016 年版，第 160、158 页。

为一年中打雷最多的时节，《礼记·月令》有曰："是月也，日夜分，雷乃发声，始电，蛰虫咸动，启户始出。"[1]春雷一到则万物复苏、生机勃发，故雷也传达了大自然生生不息的精神，《京氏易传》有曰："取象为雷，出自东方，震有声，故曰雷。雷能警于万物，为发生之始，故取东也，为动之主，为生之本。"惊蛰时节，春雷乍动，百废待兴，雷声给百姓带来了生机和希望，带来了生活的新气象，故而《太平御览》卷十三引《尚书·洪范》有曰："雷于天地为长子，以其首长，万物与其出入也。雷出地百八十三日而复入，入则万物亦入；入地百八十三日而复出，出则万物亦出，此其常经也。"[2]

进入了科技时代，随着人类对自然界认识不断加深以及对雷神崇拜的不断消解，延续了数千年的文化关键词"雷"就此消亡了么？答案是否定的，雷文化在近代经历了短暂的沉寂后凤凰涅槃，在网络时代爆发出了超乎想象的洪荒之力，让无数网民沉浸其中，乐此不疲。如2015年的网络雷语"网红""剁手党"，2016年的"吃瓜群众""小目标"，2017年的"我可能上了个假大学""皮皮虾我们走""都是套路"等，所富含的幽默诙谐的时尚气息以及玩世不恭的精神状态，对于追求新鲜和时尚的年轻人来说，无疑是王八看绿豆——对上了眼，一时间如胶似漆难舍难分。文化不是凭空而来的虚拟形象，现实社会是它的本体，21世纪如今已是网络的天下，QQ、微信、微博、快手、抖音等各大社交媒体如雨后春笋般顺势而出，让不出门而知天下事已不再是诸葛亮、刘伯温之类高人隐士的专属。根据中国互联网络信息中心2018年发布的第41次《中国互联网络发展状况统计报告》显示：截至2017年12月，我国网民规模达7.72亿，超过全球平均水平4.1个百分点，人数已经超

---

[1]　（清）阮元校刻：《十三经注疏》上册，中华书局1980年版，第1362页。

[2]　（宋）李昉等撰：《太平御览》第一册，上海古籍出版社2008年版，第268页。

过欧洲人口总量。① 互联网如今已根植于整个现代社会的大系统中，它所创造的一种全新的人类社会组织和生存模式已经走进了我们的生活，并深刻地影响着我们。面对社会发展的日新月异，人们必然会创造新的词汇、言语加以适应，类似于"葛优躺""蓝瘦香菇"这样的消极中带着调侃语气的网络语言在一定程度上也反映出人们在激烈竞争环境下的工作、学习和生活压力，如"我已经使出了洪荒之力了"让没有获得金牌的傅园慧一夜圈粉 300 万，成为奥运赛场上最受人关注的运动员，超过了很多世界冠军。"洪荒"典出《千字文》第一句"天地玄黄，宇宙洪荒"，"洪荒之力"可以理解为天地初开之时足以毁灭世界的力量，傅园慧用它调侃"尽了自己最大努力"，它的流行，勾勒出一幅民众渴望正能量的时代画卷。

在网络文化语境下的关键词"雷"以及各种雷语，其意义的变化与衍生，正是震卦生生不息精神的演绎，《周易·说卦传》有曰："雷以动之，风以散之，雨以润之 …… 震为雷，为龙，为玄黄，为敷，为大涂，为长子，为决躁，为苍筤竹，为萑苇，其于马也为善鸣，为馵足，为的颡，其于稼也为反生，其究为健，为蕃鲜。"② 意为震卦发展至极则化为刚健之象，为草木繁育鲜明、万物勃然发展之象。发展求变是人类的天性，人们对用了几百年甚至上千年的情感表达词产生了"审美疲劳"，于是选择"雷"这样新鲜的网络热词来表达内心的感受，这是完全正常的文化现象。现在很多网络段子，为了增加阅读量、点击率、点赞率和打赏，往往是雷死人不偿命，各种新奇诡谲的网络热词、五花八门的网络句式不断推陈出新，让雷的功效登峰造极，甚至为了迎合广大网民的娱乐心理，新兴的网络专属职业"雷人"在各大网络平台脱颖而出，也

---

① 参见中国互联网络信息中心：第 41 次中国互联网络发展状况统计报告 [OL]. (2018-1-31).http://www.cac.gov.cn/2018-01/31/c_1122347026.htm。

② （清）阮元校刻：《十三经注疏》上册，中华书局 1980 年版，第 94—95 页。

就是所谓的段子手、标题党，他们每日的生活就是以制造"雷语""雷事"为乐趣，正如有网友在豆瓣里写的："国产剧天雷滚滚，看了辣眼睛，但又忍不住想看看到底多雷人，雷人的底线到底在哪里?"正是当下网络雷文化产生、衍变和风靡的真实写照，其周星驰式的娱乐倾向，为高负荷运转的现代化生活增添了欢声笑语。网民发挥才智通过"雷人"新语所带来的全新的语言效果，与震卦的革故鼎新、生生不息的本意是相通的，只是少了几分"雷与风行，阴阳相得，尊卑定矣，号令发而万物生焉"的威严感。

索绪尔说："言语活动是多方面的、性质复杂的，同时跨着物理、生理和心理等几个领域，它还属个人的领域和社会的领域"。[①] 以雷为代表的网络流行语自产生之日起，就深深打上了时代的烙印，福柯对此指出："话语意味着一个社会团体依据某些成规将其意义传播于社会之中，以此确立其社会地位，并为其他团体所认识的过程。"[②] 在古代，人类的信息交流是非对称的，只有极少部分人拥有社会的话语权，如天上"神仙"的谶纬之言，四书五经里的圣人之言，统治阶级允许像八股文之类的言说模式，老百姓只能去被动地去接受这些。互联网的优势就是让每个网民都翻身做了主人，能够肆无忌惮地畅所欲言。他们不仅仅是信息的接受者，更是信息的制造者和传播者，能够随心所欲地展示自我的风采，大有我是流氓我怕谁之势。在整个中华文明发展史中，从来没有哪个时代像今天这样，能够如此充分地调动广大群众的创造积极性，让这些带着鲜明草根色彩和调侃性质的新词雷语如雨后春笋般冒了出来，一发不可收拾。

文化关键词是有生命的，它可以衰老消亡，也可以浴火重生。一

---

① ［瑞士］费尔迪南·德·索绪尔：《普通语言学教程》，高名凯译，商务印书馆1980年版，第30页。

② 王治河：《福柯》，湖南教育出版社1999年版，第159页。

个关键词由"词根"到"坐标"到"转义"或"再生",不是一蹴而就的,而是既有曲折之过程,更有复杂的语境,故而刘勰于《文心雕龙》中写道:"文变染乎世情,兴废系乎时序。"当下老百姓对文化关键词"雷"的解构和再创造,正是基于目前社会发展的现状而产生的,这诚如戴维·克里斯特尔所说,网络对语言的影响将在语言领域内引发一场新语言革命。"[①] 马克思在《共产党宣言》中指出:"每一历史时代的经济生产以及必然由此产生的社会结构,是该时代政治的和精神的历史的基础,是社会存在的反映。"[②] 新兴的网络雷语如今已经深入到社会的方方面面,甚至试图改造整个民族文化,各种雷词、雷广告、雷影视剧无时无刻不充斥着大家的眼球,你方唱罢我方登场,让人啼笑皆非、耳目一新。

总而言之,人们总是在不断尝试着用一种更为恰当的方式来表达对时下日新月异的社会现状的思考,这对推动民族文化进步起到的作用是显而易见的。作为语言和文化的研究者,阐释主体如果不能站在现代文明的高度辨识关键词在当下社会中的转义、变异和新生,不能客观把握关键词之再生性所折射出的传统与现代、东方与西方的冲突及融合,则必然遮蔽关键词的现代价值,阻碍关键词研究对中华文化意义世界的开启。以"雷"为代表的关键词语义上的新生,其重要意义至少有二:其一,推动了中华文化的发展创新。中国历经了五千年文明史,创造出博大精深的传统文化,但民族文化不是一成不变的,它随着生产方式的变革、民族生存条件的变更而不断变化。当下,国人的个性意识不断觉醒,以"雷"为标志的网络雷语从不同层面反映了网络时代人们复杂微妙的社会文化心态的嬗变。尽管现在还很难断言"雷人雷语"能否长存

---

① 参见 [英] 戴维·克里斯特尔:《语言与英特网》,郭贵春、刘全明译,上海科技教育出版社 2006 年版,前言第 4 页。

② 《马克思恩格斯文集》第 2 卷,人民出版社 2009 年版,第 9 页。

于社会发展浪潮之中，但正如《周易·系辞》中所说："富有之谓大业，日新之谓盛德，生生之谓易，成象之谓乾，效法之谓坤，极数知来之谓占，通变之谓事，阴阳不测之谓神。"①网络雷语反映了广大网民的爱恨悲喜，体现了他们处于社会现实转型期的复杂价值观和创造精神，无论未来的发展如何，都是值得肯定的。其次，提高了中华文化的影响力。改革开放以来，中国无论是经济还是文化都取得了长足的发展，但在世界上的话语权显然还无法与拥有好莱坞、BBC 的西方发达国家相提并论。《周易·震卦·象传》孔疏："震既威动，莫不惊惧，惊惧以威则物皆整齐，由惧而获通，所以震有亨德。"②面对日趋激烈的国际化竞争，唯有把握好时代发展契机，处变不惊、迎难而上，才能让中华文化更好地立于世界之林。

311

文化关键词作为中国人之所以为中国人的文化本质，是中国人在意义世界的存在方式，更是中国人的文化基因，中国文化的传播接受以及与异域文化的碰撞交流，在一定程度上也是由关键词所担当和完成的。《大学》有曰："苟日新，日日新，又日新。"时代在发展，社会也在进步，同样文化关键词也不可能停滞不前。中华民族从来不是一个固步自封的民族，它有着海纳百川的胸襟，早在先秦时期《诗经》就有"周虽旧邦，其命维新"之说。当日新月异的网络技术被运用于社会民生、文化等各个领域，以"雷"为代表的中华文化关键词爆发了超乎想象的洪荒之力。面对不断涌现出来的网络雷语，不少学者认为这破坏了语言的纯洁性和规范性，认为要加以引导、限制。笔者以为，或可用平常心来看待这一问题，当下网络语言文化确实鱼龙混杂，但它们跟其他新生事物一样，必然会经历社会的实践检验，与其一棍子将其打死，不如加强引导以推

---

① （清）阮元校刻：《十三经注疏》上册，中华书局 1980 年版，第 78 页。
② （清）阮元校刻：《十三经注疏》上册，中华书局 1980 年版，第 62 页。

动网络文化的健康发展。网络文化自 20 世纪产生至今，短短 20 年就在全球获得了数十亿粉丝的拥趸，其星火燎原之势超过了人类发展史上的任何一个时代，尽管在发展过程中也会遇到困难和波折，但其远景或许如《周易》震卦的经文所云："震：亨"。

前途是光明的，道路是亨通的。

结语　关键词研究的范式转换

国内学界的"关键词"热兴起于世纪之交。本世纪头十年，以"关键词"为关键词的论文、著作和丛书时有发表和出版。进入本世纪的第二个十年，关键词研究由"热"趋"冷"。正是在国内学界的关键词研究陷入困境的时候，笔者及其团队开始了艰难的"元典关键词研究"的探索之旅。

2012 年 10 月，笔者所主持的国家社科基金重大招标项目《中国文化元典关键词研究》正式启动。历经 7 年的研究，本项目已取得丰硕成果：一是完成 6 个子课题（即这套中国文化元典关键词研究丛书）共180 万言的撰写；二是在这之前已经正式出版学术专著 6 部、发表学术论文 160 篇；三是阶段性成果获省部级科研奖励 3 次；四是阶段性成果（专著）《中国文化：元典与要义》入选全国社科规划办"国家社科基金基础类重大项目代表性成果"；五是阶段性成果（系列论文）被《新华文摘》《中国社会科学文摘》《高等学校文科学术文摘》《中国人民大学复印报刊资料》等全文转载 16 次、引用 297 次。

回顾所来径，苍苍横翠微。7 年的研究历程，艰辛多多，创获多多，心得多多。反思这 7 年的探索之旅，感慨最深的是关于关键词研究的"范式转换"以及由"范式转换"所引发的一系列理论思考和学术实践。在本书的结语部分，笔者将从旧范式之产生、旧范式之弊端和新旧范式之转换三个方面，清理并总结我们团队的研究成果及心得。

一

兴起于世纪之交的国内学界的"关键词"热，是受到了英国文化学家雷蒙·威廉斯的影响。21世纪初，先是《南方文坛》《外国文学》等杂志开辟"关键词"专栏，继之是译介国外有关"关键词"研究的专书（如雷蒙·威廉斯《关键词：文化与社会的词汇》、丹尼·卡瓦拉罗《文化理论关键词》、安德鲁·本尼特等《关键词：文学、批评与理论导论》等），然后是以"关键词"为关键词的论文、著作和丛书时现坊间：如陶东风主编的《文化研究关键词丛书》、周宪主编的《人文社会科学关键词丛书》、江苏人民出版社的《关键词丛书》等等。此外，国家社科基金立项资助的相关项目有：胡亚敏《西方文论关键词与中国当代文学批评》（2007）、盖生《中国20世纪文学原理关键词论要》（2010）、赖彧煌《新诗观念史上的关键词谱系研究》（2011）、黄擎《"关键词批评"的理论范式及其在中国的批评实践研究》（2011）等。

关键词，不仅是研究对象，也是研究方法。雷蒙·威廉斯《关键词：文化与社会的词汇》（三联书店，2005）对于中国学界的意义，不限于文化研究领域，而是为人文社会科学的诸多领域提供了一种"关键词"研究法，也就是"历史语义学"（historical semantics）的方法。雷蒙·威廉斯用历史语义学的方法研究文化关键词，不仅强调词义的历史源头及演变，而且强调历史的"现在"风貌——现在的意义、暗示与关系。重视词义的延续、断裂及价值、信仰方面的激烈冲突等过程。注重关键词的开放性与流变性，重视其缘起、生成语境、基本理论意指及在批评实践中的发展、变异。①

雷蒙·威廉斯的观念和方法，为本世纪中国学界不同学科或领域的关键词研究提供了"他山之石"，并直接催生出国内学界的"中国文化关键词"研究。就后者而言，冯天瑜先生的研究具有典范意义。冯天瑜倡导"历史文化语义学"研究，以关键术语和概念为研究对象，强调通过对概念作历时性和跨文化考察，探析概念背后的历史文化意涵，学术重心是在中西日三边互动的语境中探讨文化关键词的近代生成及流变。《新语探源——中西日文化互动与近代汉字术语生成》（中华书局，2004）和《"封建"考论》（武汉大学出版社，2006）两部专著，以新语为窗口，透视汉字文化的古今转换、中西对接，尤注意概念误植的考辨，对近代术语作历史学、文化学和语义学的综合探究。

冯天瑜主持的武汉大学中国传统文化研究中心，围绕历史文化语义学积极开展学术交流与合作。2005 年 8 月、2007 年 4 月，与国际日本文化研究中心在日本京都先后联合举办两次相关国际学术会议，2006年 12 月在武汉大学举办"历史文化语义学国际学术研讨会"，汇集国内外历史文化语义学研究的近百位学者，对汉字术语生成、演变包含的历史文化内涵进行探讨。会议论文集《语义的文化变迁》（武汉大学出版社，2007），刊载论文 60 余篇，反映该领域研究的前沿成果，其中有聂长顺《学名厘定与新学构筑》和余来明《历史文化语义学：理论与实践》。② 此外，聂长顺新著《近代教育术语生成研究》（武汉大学出版社，2010）、余来明博士后工作报告《"文学"的观念》（2009）也是这一领域的代表性成果。严格意义上的"中华文化关键词"研究，则有周光庆《中华文化关键词研究刍议》（《华中师范大学学报》，2009.9），周文从

①　参见［英］雷蒙·威廉斯：《关键词：文化与社会的词汇》，刘建基译，生活·读书·新知三联书店 2005 年版，译者导读第 1—10 页。

②　参见冯天瑜等主编：《语义的文化变迁》，武汉大学出版社 2007 年版。

315

汉语词汇分析层面切入，对文化关键词研究的理论依据、复合目标和基本程序等提出构想。周光庆另有《通往中国语言哲学的小路》（华中师范大学出版社，2011），对"和""同"等中国文化关键词作出个案分析。

从较为宽泛的意义上说，关键词研究还应包括中国哲学—美学范畴研究和中国古代文论范畴研究。前者有张岱年《中国古代哲学概念范畴要论》（中国社会科学出版社，1989）、成中英《中国哲学范畴问题初探》（《汉学研究》，1985.1）、张立文主编《中国哲学范畴精粹丛书》（中国人民大学出版社，1989）、张立文《中国哲学范畴发展史》之"天道篇"和"人道篇"（中国人民大学出版社，1988、1995）和蔡锺翔等主编《中国美学范畴丛书》（百花洲出版社，2001）等，后者有汪涌豪《中国古代文论体系·范畴论》（复旦大学出版社，1999）和李建中主编的《中国古代文论范畴发生史丛书》（武汉大学出版社，2009）等。

笔者的关键词研究，大体上有两大特征：一是用"关键词"方法研究中国文化及文论。笔者治学三十余年，先后四次主持国家社科基金一般和重点项目，四个项目的主题词依次是"文心""文章""文体"和"文化"，这些也是中国文化及文论的关键词。2005年10月，笔者在《湛江师范学院学报》主持"中国古代文论关键词研究"专栏，并同时发表论文《文之为德也大矣——关于"文"的现代思考》。2009年至今，作为马克思主义理论建设工程教育部重点教材编写项目的首席专家之一，精心策划并组织编撰以历朝历代文化及文论"关键词"为结构方式、以"关键词"之诠释为书写方法的《中国文学理论批评史》教材。二是返回轴心期历史语义现场，在先秦文化典籍中甄别、遴选和重释中国文论关键词。2004年7月，笔者在《文学评论》发表《反（返）者道之动——中国古代文论研究的文化人类学视角》，主张返回中国文化的滥觞之处以理清传统文论的"道"之动，从而为中国文化及文论寻根定性、溯源疏流。2009年12月，笔者在《中国古代文论范畴发生史丛书》之"总序"

中指出：处于前学科状态的轴心时代，中国文化及文论的核心价值和理论精髓主要以关键词的方式存在，只有回到先秦元典，才能真正把握中国文化及文论的"神"与"貌"。①

二

毋庸讳言，所谓"关键词研究热"，"热"的时间并不长。雷蒙·威廉斯的《关键词：文化与社会的词汇》2005 年才有完整的中译本，而不到十年，"关键词研究热"已呈消退态势。进入 21 世纪的第二个十年，虽然还能见到一些以"关键词"为关键词的文章和专书，但其规模和气势已经无法与本世纪头十年的状况相比。据不完全统计，2009 至 2011 年这三年（也就是进入 21 世纪的第二个十年）期间，以"关键词"为题名的专著由 2009 年和 2010 年每年三十多部减少到 2011 年只有二十多部，论文由 2010 年的 1500 多篇减少到 2011 年 1400 多篇，而且这两组数据呈逐年递减的趋势。

成果数量的递减还是次要的，要害问题是理论范式的陈旧。从观念和方法上来看，此期的研究者或采用分科治学的模式来研究某一具体学科的"关键词"，或采用辞典释义的模式按音序或笔画编排的体例来对"关键词"进行切割和类分，以上种种研究均未能摆脱依经立义、经义至上的传统模式从而遮蔽了这些"关键词"深广的文化意蕴和现代价值。就中国文化及文论的关键词研究而言，无论是严格意义上的中国文化关键词研究，还是宽泛意义上的中国哲学—美学和古代文论的范畴研究，

---

① 参见李建中主编：《中国古代文论范畴发生史》，武汉大学出版社 2009 年版，总序第 1—4 页。

其旧的理论范式大体上可表述为"分科治学""辞典释义"和"经义至上"。

一是"分科治学"范式。

分科治学范式，导致的是对研究对象的切割。包括五经和先秦诸子在内的中国文化元典，其关键词诞生于前学科时代，也就是《庄子·天下篇》所说的"古之道术"尚未裂变为"方术"的时代。而今人对元典关键词的研究，大多在某一特定的学科框架内进行，"各得一察焉以自好""皆以其有为不可加矣"，结果是"不幸不见天地之纯、古人之大体"。① 比如，对关键词的类分，哲学学科的研究者以"自然哲学、人生哲学、知识论"一分为三，文学理论学科的研究者则以"文学本质、主体创作、文体风格、批评鉴赏"一分为四。将关键词对号入座，则难免方枘圆凿。比如"道"，是自然、人生抑或知识？比如"兴"，是创作、文体还是鉴赏？

如果说20世纪80、90年代兴起的范畴研究对元典关键词的分科阐释尚有某种程度的合法性，而本世纪初直接受雷蒙·威廉斯影响而兴起的"关键词"热依然固守分科治学之模式，依然热衷于在不同学科的框架内诠释各自的术语、概念和范畴，则成了《庄子·天下篇》所说的"百家往而不返，必不合矣"：既不合于元典关键词"其备乎"的原生形态，亦不合于雷蒙·威廉斯"历史语义法"的跨学科视域和路径。

二是"辞典释义"范式。

辞典释义范式，导致的是关键词阐释的非语境化。就释词方式而言，既有的关键词研究不外乎三种模式：一是"标准答案、一锤定音"的辞典式，其中既包括各种版本和规模的文化辞典，还包括本世纪初新出现的冠之以"关键词"的各学科的分类辞典；二是"语料汇抄、词义

---

① 参见（清）郭庆藩撰，王孝鱼点校：《庄子集释》第四册，中华书局1961年版，第1065—1069页。

类聚"的类书式，如《中国古典美学丛编》《中国古典文艺学丛编》等等；三是"范式归纳、体系构建"的范畴式，如前面所提到的中国哲学——美学和文论范畴著述。这三种方法又是以"辞典释义"为基本或核心模式：类书是为辞典准备语料，范畴则是扩展版和理论版的辞典。对于文化元典关键词研究而言，辞典以及相关的类书和范畴模式当然是必不可少的，但我们在使用时对其局限乃至弊端须有清醒的认识，否则就会导致关键词释义的静态化、非语境化以及历史场域即语义现场的遮蔽或丢失。

三是"经义至上"范式。

经义至上范式，导致的是对元典关键词之现代价值的遮蔽。中国文化元典多是先秦时期各家各派的经书，其中儒家经书及其传疏占了多数，加之西汉开始的独尊儒术也就是独尊儒家经书和圣人的传统，则元典关键词之阐释，遂形成依经立义、经义至上的路径。前述文化关键词研究的三种释词模式（辞典式、类书式和范畴式），或是引经据典式的词义界定，或是断章取义式的语料排比，或是微言大义式的静态阐释，阐释者较少能站在现代文明的高度去深入分析元典关键词在现代社会（包括主流文化和民间话语）中的转义、变异和更生，也较少能客观把握元典关键这种再生性所折射出的传统与现代、东方与西方的冲突及融合，尤其是忽略了汉语关键词在中西互译的过程中所产生的语义变迁甚至是词义悖逆。

关键词研究的三大旧范式，其"辞典释义"和"经义至上"是受到传统阐释学的影响，而"分科治学"则是现代学术的产物。三大旧范式的种种缺陷，在一定程度上遮蔽了元典关键词的现代价值，阻碍了元典关键词的现代转型之路。因而，呼唤"范式革命"或"范式转换"，在"范式转换"之中使关键词研究走出学术困境，便成了关键词研究的历史必然。

三

在自然科学领域，"范式"的转换被称之为"革命"。美国物理学家、科学哲学家和科学史家托马斯·库恩，在《科学革命的结构》一书中提出这样的问题：科学革命的本质是什么？它们在科学发展过程中的作用是什么？库恩自己的回答是：

> （科学革命是）科学发展中的非累积性事件，其中旧范式全部部分地为一个与其完全不能并立的崭新范式所取代。[1]

库恩还指出，"科学革命就是科学家据以观察世界的概念网络的变更"，他列举了科学史上的一些著名的例子，比如从地心说到日心说，从燃素说到氧化说，从光的微粒说到光的波动说，等等，都属于科学革命即范式转换。在范式转换的过程之中，"界定正当问题、概念和解释的标准一旦发生变化，整个学科都会随之转变"。谈到范式转换的作用和功能，库恩说："范式不仅给科学家以地图，也给了他们绘图指南。在学习范式时，科学家同时学到了理论、方法和标准。"[2]

库恩特别强调，在范式转换中起决定作用的是学术团队。"范式"与"团队"是一种什么关系？库恩指出：

> 范式是一个成熟的科学共同体在某段时间内所认可的研究

---

① ［美］托马斯·库恩：《科学革命的结构》（第四版），金吾伦、胡新和译，北京大学出版社 2012 年版，第 79 页。

② 参见［美］托马斯·库恩：《科学革命的结构》（第四版），金吾伦、胡新和译，北京大学出版社 2012 年版，第 88—93 页。

方法、问题领域和解题标准的源头活水。因此，接受新范式，常常需要重新定义相应的科学。①

那么，学术团队在"范式转换"中到底扮演着何种角色？库恩说：

> 一个范式支配的首先是一群研究者而不是一个学科领域。不论是范式指导下的研究还是动摇了范式的研究，对它们的研究和把握都必须从确定从事这种研究的团体入手。②

本书上编在总述元典关键词研究的理论模型、学术前史和寻找元典关键词之语义根柢的基础上，分述元典关键词之"创生——诠解——传播"三大路径和元典关键词研究之"语言学—阐释学—学术史—批评史"四大范式，其学术旨趣和理论目标，是要为关键词研究建构新范式以取代前面所提到的旧范式。而本书下编对十多个元典关键词的个案研究，无论是人文化成类的"大词"还是文化—心理类的"中词"，都是要为新范式提供"共同的范例"和"具体的谜题解答"。因此，要理解元典关键词研究的新范式，首先得理解我们这个学术团队，理解我们这个学术团队的所有学术成果。

本书的理论阐释，只是我们这个学术团队的成果之一。就整个团队的研究而言，新范式支配的是"一群研究者"；而我们这一群研究者，既是在新范式指导下从事研究，同时又动摇了旧范式的研究。这个"新范式"，用最简洁的语言表述就是"三大""三义"和"三原则"。所谓"三

---

① ［美］托马斯·库恩：《科学革命的结构》（第四版），金吾伦、胡新和译，北京大学出版社 2012 年版，第 88 页。

② ［美］托马斯·库恩：《科学革命的结构》（第四版），金吾伦、胡新和译，北京大学出版社 2012 年版，第 151 页。

大",是关键词遴选之标准：命大、力大和幅大。所谓"三性"，是关键词诠解之途径：词根性、坐标性和转义（再生）性。所谓"三原则"是关键词研究之方法：不可定义性、高度语境化和跨学科视野。而新范式的"三大""三性"和"三原则"，正好动摇并取代了旧范式的"分科治学""辞典释义"和"经义至上"。

分说如下。

一是以新范式的关键词遴选之"三大"取代旧范式的"分科治学"。

如前所述，旧范式场域下的关键词研究，多是在不同学科内各是其是、各非其非，东向而望，不见西墙；而中国文化元典的关键词研究，尚停留在个案分析（即单个关键词诠释）的阶段。要使关键词研究在纵深和宽广两个维度有所突破，则须打破学科樊篱，返回轴心期百家争鸣的历史语义现场，对儒、道、墨、法、兵等各家文化元典中的关键词作系统性研究。就中华文化元典关键词研究这一特定领域而言，这种超越学科之上的整体观照和系统阐释尚属首次，具有较高的学术开创价值。当然，跨学科不是去学科，而是对多种学科视域的整合，无论是对单个关键词的诠释还是对整个关键词群的考察，则既有历史学还原，又有语言学释义；既有哲学论辩，又有逻辑学界定；既有文学描述，又有心理学剖析，还有政治学或军事学延伸等等。关键词阐释的多学科视域融合，是实现关键词研究之整体观照的必要前提。

就学术研究的步骤而言，关键词研究的第一件工作是"遴选"。本书上编已经指出，所谓"关键词"是一种比喻性的说法，喻指核心的、重要的术语、概念、范畴和命题。秦汉之前的中国文化典籍之中，有大量的术语、概念、范畴和命题，哪些是核心的、重要的因而可以被称为"关键词"；"关键词"之中，哪些需要作重点阐释，哪些只需作一般性介绍，都是需要讨论和甄别的。因此，关键词研究所要做的第一件事，就是甄别、遴选并类分关键词。

"分科治学"的旧范式，对关键词的遴选是在不同的学科领域中进行的；而新范式对关键词的遴选完全冲出了学科区囿，在新范示的理论观念和方法之中，"学科领域"完全不成为应该考虑的要素。那么，遴选关键词，新范式考虑的因素是什么？或者说，是什么样的遴选标准构成了元典关键词研究的新范式？"三大"。第一是"命大"，也就是关键词的语义生命：诞生于轴心时代之元典的这个词，是否还活在今天，是否还活在今天的理论与实践之中，是否还活在今天的主流文化与民间话语之中。第二是"幅大"，也就是关键词的所指幅度或者说关键词的语义覆盖面，是否总揽天地，是否弥纶群言。这一点，对"分科治学"范式的动摇是致命的，因为"幅大"即意味着跨学科，意味着对学科樊篱的拆除，故新范式的"幅大"标准是对旧范式的直接否定。第三是"力大"，也就是由关键词的思想品质和历史发展而整合成的文化的精神的力量。牛顿第二定律是科学史上的著名范式，用公式表示就是 $F=ma$，其中 F 代表"力"，M 代表质量，A 代表加速度。或可用牛顿的范式解释元典关键词新范式中的"力大"：关键词"力"的大小与关键词的思想质量和传播速度存在着矢量关系。从这一类比中，或可看出自然科学之范式与人文科学之范式存在着某种关联。

与关键词之"遴选"紧密相关的是对关键词的"类分"。研究元典关键词，可以按儒、道、墨、法、兵五家文化流派作分类研究。当然，这种分派阐释的方法或策略，主要是结构性或形式层面的，也就是"形分"。而对每一文化流派的关键词研究，虽然所遴选的关键词属于各自的文化元典，其阐释也大体在各自文化流派的范围内展开，但根本性主旨是上述的词根性、坐标性和转义性，是对元典关键词之文化根柢和现代意义的揭示，此即"神合"。《荀子·儒效篇》

有"《诗》言是，其志也，《书》言是，其事也；《礼》言是，其行也；《乐》言是，其和也；《春秋》言是，其微也"①，《庄子·天下篇》亦讲"《诗》以道志，《书》以道事，《礼》以道行，《乐》以道和，《易》以道阴阳，《春秋》以道名分"②。可见，不同的元典有不同的关键词；司马谈《论六家要旨》称儒者重"礼"、墨者尚"俭"、法家"严而少恩"、道家"无为无不为"，又可见不同文化流派亦有不同的关键词。而就词的语用状态而言，不同元典或流派常常共用着相同的关键词，如"天""道""心""性"等等，当然不同元典或流派对相同词语的释义和使用是同中有异、异中有同的。那么，轴心期诸多文化元典和文化流派在各"道"其"道"、各"名"其"名"之时有没有一个大致相近的趋向？或者说，词量众多、词义错综的元典关键词，有没有一个大致相似的主旨？对这个问题的思考与回答，可形成关键词研究之"形分神合法"的创新价值。

二是以新范式的关键词阐释之"三义"取代旧范式的"辞典释义"。

旧范式的关键词研究，其阐释方法以"辞典—类书—范畴"为主要模式。而新范式的"三义"是在通变传统释词方法的基础上所新创出来的"生命历程法"，亦即厘清并描述元典关键词从诞生、成长、成熟到更新、再生的生命历程，从而在"三性"（词根性、坐标性和再生性）的不同阶段和层面，展示元典关键词鲜活的生命力和强大的文化影响力。"三性"的学理依据是，文化元典中的关键词并非是天生的，而是由普遍词（即常语）演变而成的。这就好比个体的人的生命，有一个诞生、成长、成熟到衰老、死亡的过程。与个体的人的"生命历程"不同

---

① （清）王先谦撰，沈啸寰、王星贤点校：《荀子集解》上册，中华书局1988年版，第133页。

② （清）郭庆藩撰，王孝鱼点校：《庄子集释》第四册，中华书局1961年版，第1067页。

的是，关键词可以"衰老"乃至"死亡"，也可以"再生"甚至"永生"。所谓"永生"，是"名""实"俱存；所谓"再生"，是"名"存"实"亡，或者是"名"存"实"变。关键词研究的"生命历程法"，借助文献资料（包括传世旧文书与出土新材料），厘清、描述并阐释关键词的诞生期、成长（常语即普通词）期、成熟（术语即关键词）期、衰退（更年或消亡）期、复活（再生）期，从而实现关键词研究依"词根性""坐标性"和"再生性"阐释关键词的总体思路和揭示关键词之原创性意蕴及现代价值的根本宗旨。

鉴于上古文字的佶屈聱牙、文化元典的义理艰深、经书古今注疏的浩若烟海以及研究主体在知识结构和学术能力方面的局限等主客观原因，新范式"三性"的实际应用有着较大的难度，需要与之相匹配的子范式"三法"（时间定位法、语境再现法和辨中见异法）。关于"三性"之子范式"三法"，《关键词研究的思想与方法》有专章论述，本书只作概要性介绍。

元典关键词阐释的时间定位，以春秋战国为一个大体的时间坐标，以业已成型的五经和周秦诸子等文化元典为主体文本，向古可追溯至殷商卜辞、殷周金文、部分《逸周书》等，向今可延展至历朝历代相关的注疏、史传、子书、集部等。如关于"文"的阐释，重点放在春秋战国时期，以《周易》《论语》《国语》《左传》《庄子》等元典中的"人文化成""文明以止""礼法""礼乐制度""文雅""优美"以及"文字""文辞""文章""文献""文艺"等释义为中心。向古，追溯"文"在甲骨文、金文中"象正立之人形，胸部有刻画之纹饰，故以纹身之纹为文"[1]的原始释义；向今，则关注作为元典关键词的"文"，其内涵外延在各朝各代的变化，如魏晋"文"之独立，唐宋"文"以载道，直至作为语

---

[1]　徐中舒主编：《甲骨文字典》，四川辞书出版社2006年版，第996页。

言、文学、文化的"文"在近现代中国的巨大变革。

从发生学的意义上说，中华文化元典之中任何一个关键词的诞生或形成都不是一蹴而就和一成不变的，其诞生自有其复杂之语境，其形成又有其曲折之过程。比如"仁"，仅在《论语》一书中就出现 109 次，"仁"的每一次出场，其语境之异必然导致语义之别；"仁"在道家、墨家、法家乃至兵家的元典中也频繁出场，在不同的文化场域中，其语义更是大相径庭。我们在释义时如果忽略具体时空语境和文化争鸣现场，仅仅依靠"仁者人也"或"仁者爱人"这些非语境化、非现场化的简单释义，是很难得其真谛和奥义的。

中华文化元典定型于战国时代，而战国时代的文化特征是诸子蜂起、百家争鸣，故关键词的诞生与成熟皆与"辩"相关。我们今天重释文化元典关键词，应格外注意先秦"辩"的文化生态（如《庄子·齐物论》就有对"辩者百态"的精彩描述）、思维方式和言说方式。比如，同为"天"，在道家是"自然"，在墨家是"天志"，在儒家和法家则是"天命"；同为"仁"，在儒家是有等差的"爱人"，在墨家是无差别的"兼爱"，在道家是"自爱"，在法家是"自为"，在兵家则与"诡道"相关。至于墨子的"非乐"与孔子的"三乐"、孟子的"知言"与庄子的"忘言"、《礼记》的"和""同"与《韩非子》的"矛""盾"等等，更是人所共知的辩中之异了。关键词研究的词义阐释，不仅要客观辩证地论述元典关键词的同中之异、异中之同和同异共生，还要充分利用已有的文献，真实而生动地描述和展示关键词生成与流变、传播与接受过程中的"论辩"与"异同"。

三是以新范式的关键词方法之"三原则"取代旧范式的"经义至上"。

元典关键词研究的对象是以五经为主体的中华元典，因而其观念及方法不可避免地受到经学影响，受到传统的"经义至上"范式的影响。"经义至上"的旧范式，在元典关键词研究领域往往会导致方法论上的三大误区。一是关键词定义时的"毋庸置疑"，也就是在为元典关键词下定义时只能以经书为准，只能解释而不能质疑经书的定义。二是分析关键词之语用及功能时的"无视语境"，也就是认为元典中的关键词其真理性和正确性是无条件的，是"放之四海而准"的，既不受时空的局限，当然也就没有语境的差别。三是在"毋庸置疑"和"无视语境"的合力下，导致经学的"唯我独尊"。本来在经史子集的四库分类之中，经部就取得了居高临下的地位，而元典关键词阐释中的不可质疑和抽离语境则必然酿成唯我独尊。

新范式的关键词方法"三原则"，正是在上述三个层面与旧范式的"经义至上"产生对抗或冲突："不可定义性"对抗"毋庸置疑"，"高度语境化"对抗"无视语境"，"跨学科视野"对抗"唯我独尊"。关于"三原则"的具体内容及运用，本书上编第一章和第十章已有详细介绍，此不赘述。需要强调的是，无论此处讨论的是方法论"三原则"，还是前述遴选标准之"三大"和诠解途径之"三性"，在我们团队的研究实践中，已经取得较好的效果。

深入发掘"元典关键词"之文化宝库，为中华文化的现代传承与创新提供文化资源、思想启迪和词语学依据。轴心时代（在中国是殷商、西周和春秋战国时代），华夏文化和文明的精髓以"关键词"的方式生成并存活在各家各派的文化元典之中，这些"元典关键词"不仅创生出先秦时期中华文明的辉煌，而且成为秦汉以降中国文化的源头和轴心。历朝历代的文化在与异域文化冲突、对话、交流和融会之际，在重建本土文明之时，都会自觉地重返文化元典，重返文化元典关键词。在今天这个全球化时代（或曰新轴心时代），中国文化同样面临与异域文化的冲突、对话、交流和融会，面临对传统文化的重释和阐扬，用"关键词"方法整体性地研究轴心期中国文化元典，通过对元典关键词之词根性、坐标性和再生性的考察和阐释，为中华文化的现代传承与创新提供词语学依据，从而在关键词研究的特定领域昭明中华文明的文化底蕴、生命活力、民族精神和核心价值观，获取全球化时代与异域文化平等交流的话语权，提高并增强文化多元格局下中国文化的软实力及影响力。这正是关键词研究的重要社会意义之所在。

参考书目

（一）

C

蔡尚思主编：《十家论墨》，上海人民出版社 2004 年版。

蔡锺翔、邓光东主编：《中国美学范畴丛书》，百花洲文艺出版社 2001 年版。

曹胜强、孙卓彩：《墨子研究》，中国社会科学出版社 2008 年版。

陈伯适：《孙子兵法研究》，台北文史哲出版社 2006 年版。

陈淳：《北溪字义》，中华书局 1983 年版。

陈谷嘉：《儒家伦理哲学》，人民出版社 1996 年版。

陈鼓应、白奚：《老庄新论》，上海古籍出版社 1992 年版。

陈鼓应：《老子评传》，南京大学出版社 2001 年版。

陈鼓应：《易传与道家思想》（修订版），商务印书馆 2007 年版。

陈建华：《"革命"的现代性：中国革命话语考论》，上海古籍出版社 2000 年版。

陈克守、桑哲：《墨学与当代社会》，中国社会科学出版社 2007 年版。

陈来：《传统与现代：人文主义的视界》，北京大学出版社 2006 年版。

陈来：《古代宗教与伦理：儒家思想的根源》，生活·读书·新知三联书店 1996 年版。

陈孟麟：《墨辩逻辑学》，齐鲁书社 1983 年版。

陈萝家：《殷虚卜辞综述》，中华书局 2004 年版。

陈奇猷：《韩非子新校注》，上海古籍出版社 2000 年版。

陈奇猷撰，严灵峰编：《韩非子集释》（二十卷），中华书局 1958 年版。

陈启天：《增订韩非子校释》，台湾商务印书馆 1994 年版。

陈玮芬：《近代日本汉学的"关键词"研究：儒学及相关概念的嬗变》，华东师范大学出版社 2008 年版。

陈炎：《多维视野中的儒家文化》，中国人民大学出版社 1997 年版。

成中英：《中国文化的现代化与世界化》，中国和平出版社 1988 年版。

程炼：《伦理学关键词》，北京师范大学出版社 2007 年版。

程树德：《论语集释》，中华书局 1990 年版。

褚斌杰等：《儒家经典与中国文化》，湖北教育出版社 2000 年版。

褚良才：《孙子兵法研究与应用》，浙江大学出版社 2002 年版。

崔大华：《庄学研究——中国哲学一个观念渊源的历史考察》，人民出版社 1992 年版。

崔宜明：《生存与智慧——庄子哲学的现代阐释》，上海人民出版社 1996 年版。

D

戴震：《孟子字义疏证》，中华书局 1961 年版。

戴震：《戴震集》，上海古籍出版社 2009 年版。

狄百瑞等：《传统儒学的现代诠释》，台北文津出版社 1994 年版。

丁福保编纂：《说文解字诂林》，中华书局 1988 年版。

丁原植：《郭店竹简老子释析与研究》（增修版），台北万花楼图书有限公司 1999 年版。

杜维明著，彭国翔译：《儒家传统与文明对话》，河北人民出版社 2006 年版。

F

方克立主编：《中国哲学大辞典》，中国社会科学出版社 1994 年版。

方立天、薛君度主编：《儒学与中国文化现代化》，中国人民大学出版社 1998 年版。

方授楚：《墨学源流》，商务印书馆 2017 年版。

方同义：《中国智慧的精神：从天人之际到道术之间》，人民出版社 2003 年版。

冯天瑜：《"封建"考论》，武汉大学出版社 2006 年版。

冯天瑜：《新语探源——中西日文化互动与近代汉字术语生成》，中华书局 2004 年版。

冯天瑜：《中国元典文化十六讲》，郑州大学出版社 2006 年版。

冯天瑜：《中华元典精神》，上海人民出版社 1994 年版。

冯天瑜等主编：《语义的文化变迁》，武汉大学出版社 2007 年版。

冯天瑜主编：《中华文化辞典》，武汉大学出版社 2001 年版。

冯友兰：《三松堂全集》，河南人民出版社 2000 年版。

复旦大学历史系、复旦大学国际交流办公室编：《儒家思想与未来社会》，上海人民出版社 1991 年版。

傅应川：《改变世界的军事智慧：兵家述评》，台北幼狮文化事业公司 2002 年版。

G

高亨：《老子正诂》，中国书店 1988 年版。

高亨：《商君书注释》，中华书局 1974 年版。

高亨：《周易大传今注》，齐鲁书社 1979 年版。

高亨：《周易古经今注》，中华书局 1984 年版。

高明：《帛书老子校注》，中华书局 1996 年版。

葛荣晋：《中国哲学范畴通论》，首都师范大学出版社 2001 年版。

葛荣晋主编：《道家文化与现代文明》，中国人民大学出版社 1991 年版。

葛兆光：《中国思想史》（三卷本），复旦大学出版社 1998 年版。

宫玉振、赵海军：《书剑飘逸：中国的兵家与兵学》，解放军出版社 1999 年版。

古风：《中国传统文论话语存活论》，社会科学文献出版社 2013 年版。

顾颉刚、刘起釪：《尚书校释译论》，中华书局 2005 年版。

顾炎武著，黄汝成集释：《日知录集释》，上海古籍出版社 2006 年版。

郭齐勇、吴根友：《诸子学通论》，商务印书馆 2015 年版。

郭齐勇：《中国儒学之精神》，复旦大学出版社 2009 年版。

郭齐勇：《中国哲学智慧的探索》，中华书局 2008 年版。

郭庆藩：《庄子集释》，中华书局 1961 年版。

郭绍虞：《照隅室古典文学论集》，上海古籍出版社 1983 年版。

郭绍虞：《照隅室语言文字论集》，上海古籍出版社 1985 年版。

H

洪亮吉：《春秋左传诂》，中华书局 1987 年版。

胡培翚：《仪礼正义》，江苏古籍出版社 1993 年版。

胡适：《中国哲学史大纲》，东方出版社 1996 年版。

胡亚敏主编：《西方文论关键词与当代中国》，中国社会科学出版社 2015 年版。

胡子宗等：《墨子思想研究》，人民出版社 2007 年版。

湖北省荆沙铁路考古队：《包山楚简》，文物出版社 1991 年版。

湖北文物考古研究所、北大中文系：《望山楚简》，中华书局 1995 年版。

湖北文物考古研究所：《江陵望山沙塚楚墓》，文物出版社 1996 年版。

黄柏松：《中国兵家的智慧》，香港名人出版社 1982 年版。

黄怀信等：《逸周书汇校集注（修订本）》，上海古籍出版社 2007 年版。

黄侃：《文心雕龙札记》，华东师范大学出版社 1996 年版。

黄侃述，黄焯编：《文字声韵训诂笔记》，武汉大学出版社 2003 年版。

黄霖、李青春、李建中主编：《中国文学理论批评史》，高等教育出版社 2016 年版。

黄朴民：《刀剑书写的永恒：中国传统军事文化散论》，国防大学出版社 2002 年版。

黄擎等：《"关键词批评"研究》，商务印书馆 2018 年版。

J

江山：《中国文化的沉思与重建》，台北元照出版公司 2008 年版。

姜国柱：《道家与兵家》，西苑出版社 1998 年版。

姜亮夫：《古文字学》，浙江人民出版社 1984 年版。

蒋伯潜:《诸子通考》,浙江古籍出版社 1985 年版。

蒋礼鸿:《商君书锥指》,中华书局 1986 年版。

蒋锡昌:《老子校诂》,上海书店出版社 1988 年版。

焦循:《孟子正义》,中华书局 1987 年版。

金莉、李铁主编:《西方文论关键词》(第二卷),外语教学与研究出版社 2017 年版。

荆门市博物馆:《郭店楚墓竹简》,文物出版社 1998 年版。

军事科学院战争理论研究部《孙子》注释小组:《孙子兵法新注》,中华书局 2005 年版。

L

黎翔凤:《管子校注》,中华书局 2004 年版。

李柄彦编:《兵家权谋》,战士出版社 1983 年版。

李波、李晓光、富金壁主编:《十三经新索引》,中国广播电视出版社 2003 年版。

李道平:《周易集解纂疏》,中华书局 1994 年版。

李建中、高文强主编:《文化关键词研究》(第一辑),武汉大学出版社 2014 年版。

李建中、高文强主编:《文化关键词研究》(第二辑),武汉大学出版社 2016 年版。

李建中、高文强主编:《文化关键词研究》(第三辑),武汉大学出版社 2018 年版。

李建中、黄明东主编:《武汉大学通识教育研究报告》,武汉大学出版社 2018 年版。

李建中、李小兰:《批评文体论纲》,武汉大学出版社 2013 年版。

李建中、吴中胜、褚燕:《中国古代文论诗性特征研究》,武汉大学出版社 2007 年版。

李建中:《古代文论的诗性空间》,湖北人民出版社 2005 年版。

李建中:《體:中国文论元关键词解诠》,中国社会科学出版社 2014 年版。

李建中:《魏晋文学与魏晋人格》,湖北教育出版社 1998 年版。

李建中：《文心雕龙讲演录》，广西师范大学出版社 2008 年版。

李建中：《心哉美矣：汉魏六朝文心流变史》，台湾文史哲出版社 1993 年版。

李建中：《李建中自选集》，广西师范大学出版社 2007 年版。

李建中主编：《人文社科经典导引》，武汉大学出版社 2018 年版。

《李建中自选集》，华中理工大学出版社 1999 年版。

李凯：《儒家元典与中国诗学》，中国社会科学出版社 2002 年版。

李零：《〈孙子〉古本研究》，北京大学出版社 1995 年版。

李零：《吴孙子发微》，中华书局 1997 年版。

李明华：《时代演进与价值选择——中国价值观探讨》，陕西人民出版社 1992 年版。

李圃主编：《古文字诂林》，上海教育出版社 2003 年版。

李书有主编：《中国儒家伦理思想发展史》，江苏古籍出版社 1992 年版。

李学勤主编：《清华大学藏战国竹简（壹）》，中西书局 2010 年版。

李学勤主编：《清华大学藏战国竹简（贰）》，中西书局 2011 年版。

李学勤主编：《清华大学藏战国竹简（叁）》，中西书局 2012 年版。

李学勤主编：《清华大学藏战国竹简（肆）》，中西书局 2013 年版。

李学勤主编：《清华大学藏战国竹简（伍）》，中西书局 2015 年版。

李学勤主编：《清华大学藏战国竹简（陆）》，中西书局 2016 年版。

李学勤主编：《清华大学藏战国竹简（柒）》，中西书局 2017 年版。

李学勤主编：《清华大学藏战国竹简（捌）》，中西书局 2018 年版。

李学勤主编：《字源》，天津古籍出版社 2013 年版。

李泽厚：《中国古代思想史论》，安徽文艺出版社 1999 年版。

李中华等：《元典文化丛书》（已出 30 种），河南大学出版社。

李宗桂：《传统文化与人文精神》，广东人民出版社 1997 年版。

李宗桂：《文化批判与文化重构——中国文化出路探讨》，陕西人民出版社 1992 年版。

李祖德主编：《孙子研究新论》，新华出版社 1992 年版。

梁启超：《先秦政治思想史》，东方出版社 1996 年版。

梁启超：《子墨子学说》，中华书局 1937 年版。

梁漱溟：《中国文化要义》，上海人民出版社 2005 年版。

林毓生：《中国传统的创造性转化》，生活·读书·新知三联书店 1988 年版。

刘宝楠：《论语正义》，中华书局 1990 年版。

刘禾：《跨语际实践》，三联书店 2002 年版。

刘立人、陈文和校点：《刘熙载集》，华东师范大学出版社 1993 年版。

刘蔚华、赵宗正主编：《中国儒家学术思想史》，山东教育出版社 1996 年版。

刘熙：《释名》，中华书局 1984 年版。

刘向集录，高诱注：《战国策》，上海古籍出版社 1978 年版。

刘笑敢：《老子古今》，中国社会科学出版社 2006 年版。

刘笑敢：《庄子哲学及其演变》，中国人民大学出版社 2010 年版。

刘云柏：《中国兵家管理思想》，上海人民出版社 1993 年版。

楼宇烈：《老子道德经注校释》，中华书局 2008 年版。

鲁迅：《鲁迅全集》，人民文学出版社 2005 年版。

罗安宪：《虚静与逍遥：道家心性论研究》，人民出版社 2005 年版。

罗竹风主编：《汉语大词典》，汉语大词典出版社 1994 年版。

吕思勉：《先秦学术概论》，东方出版中心 2008 年版。

吕锡琛：《道家与民族性格》，湖南大学出版社 1996 年版。

M

马承源主编：《上海博物馆藏战国楚竹书（一）》，上海古籍出版社 2001 年版。

马承源主编：《上海博物馆藏战国楚竹书（二）》，上海古籍出版社 2002 年版。

马承源主编：《上海博物馆藏战国楚竹书（三）》，上海古籍出版社 2003 年版。

马承源主编：《上海博物馆藏战国楚竹书（四）》，上海古籍出版社 2004 年版。

马承源主编：《上海博物馆藏战国楚竹书（五）》，上海古籍出版社 2005 年版。

马承源主编：《上海博物馆藏战国楚竹书（六）》，上海古籍出版社 2007 年版。

马承源主编：《上海博物馆藏战国楚竹书（七）》，上海古籍出版社 2008 年版。

马承源主编：《上海博物馆藏战国楚竹书（八）》，上海古籍出版社 2011 年版。

马承源主编：《上海博物馆藏战国楚竹书（九）》，上海古籍出版社 2012 年版。

马积高：《荀学源流》，上海古籍出版社 2000 年版。

马瑞辰：《毛诗传笺通释》，中华书局 1989 年版。

马王堆汉墓帛书整理小组：《马王堆汉墓帛书》（壹），文物出版社 1980 年版。

马王堆汉墓帛书整理小组：《马王堆汉墓帛书》（叁），文物出版社 1983 年版。

马王堆汉墓帛书整理小组：《马王堆汉墓帛书》（肆），文物出版社 1985 年版。

N

宁梦辰主编:《中国古代军事谋略》,辽宁大学出版社 1985 年版。

Q

钱穆:《先秦诸子系年》,商务印书馆 2005 年版。

钱锺书:《管锥编》,中华书局 1986 年版。

钱锺书:《谈艺录》,中华书局 1984 年版。

R

任继愈:《墨子与墨家》,商务印书馆 1998 年版。

任继愈主编:《墨子大全》(第一编)北京图书馆出版社 2002 年版。

任继愈主编:《墨子大全》(第二编)北京图书馆出版社 2003 年版。

任继愈主编:《墨子大全》(第三编)北京图书馆出版社 2004 年版。

任继愈主编:《中国哲学发展史》(先秦卷),人民出版社 1983 年版。

任继愈主编:《中国哲学发展史》(秦汉卷),人民出版社 1985 年版。

任继愈主编:《中国哲学发展史》(魏晋南北朝卷),人民出版社 1988 年版。

任继愈主编:《中国哲学发展史》(隋唐卷),人民出版社 1994 年版。

阮元校刻:《十三经注疏》,中华书局 1980 年影印本。

S

邵汉明:《儒道人生哲学》,吉林教育出版社 1992 年版。

沈福林主编:《兵家思想研究》,军事科学出版社 1988 年版。

施旭升主编:《中外艺术关键词》,江苏人民出版社 2009 年版。

宋仲福等:《儒学在现代中国》,中州古籍出版社 1991 年版。

苏舆撰，钟哲点校：《春秋繁露义证》，中华书局 1992 年版。

孙诒让：《墨子间诂》，中华书局 2001 年版。

孙诒让：《周礼正义》，中华书局 1987 年版。

孙以楷主编：《道家与中国哲学》（六卷），人民出版社 2004 年版。

孙希旦：《礼记集解》，中华书局 1989 年版。

孙星衍：《尚书今古文注疏》，中华书局 1986 年版。

孙中原：《墨学通论》，辽宁教育出版社 1993 年版。

孙中原主编：《墨学与现代文化》，中国广播电视出版社 2007 年版。

T

谭家健：《墨子研究》，贵州教育出版社 1995 年版。

谭戒甫：《墨辩发微》，中华书局 2018 年版。

汤一介、李中华主编：《中国儒学史》（九卷），北京大学出版社 2011 年版。

唐君毅：《中国文化之精神价值》，江苏教育出版社 2006 年版。

唐凯麟、曹刚：《重释传统：儒家思想的现代价值评估》，华东师范大学出版社 2000 年版。

陶东风主编：《文化研究关键词丛书》，广西师范大学出版社 2005 年版。

涂光社：《中国古代文论范畴生成史》，辽海出版社 2017 年版。

W

汪民安主编：《文化研究关键词》，江苏人民出版社 2007 年版。

汪涌豪：《中国文学批评范畴及体系》，复旦大学出版社 2017 年版。

王弼著，楼宇烈校释：《王弼集校释》，中华书局 1980 年版。

王德有：《以道观之——庄子哲学的视角》，人民出版社 1998 年版。

王冬珍：《墨学新探》，台北世界书局 1984 年版。

王力：《老子研究》，天津古籍书店 1989 年版。

王力：《中国语言学史》，中华书局 2013 年版。

王人博等：《中国近代宪政史上的关键词》，法律出版社 2009 年版。

王先谦:《荀子集解》,中华书局 1988 年版。

王先谦:《庄子集解·庄子集解补正》,中华书局 1987 年版。

王先慎:《韩非子集解》,中华书局 1998 年版。

王向清:《〈孙子兵法〉辩证思想研究》,岳麓书社 2002 年版。

王晓路等:《文化批评关键词研究》,北京大学出版社 2007 年版。

王玉仁等:《孙子兵法与现代战争》,国防科技大学出版社 2002 年版。

王月清、暴庆刚、管国兴编著:《中国哲学关键词》,南京大学出版社 2011 年版。

韦政通:《儒家与现代化》,台北水牛出版社 1986 年版。

韦政通:《中国哲学辞典》,吉林出版集团有限责任公司 2009 年版。

吴建民:《中国古代文论命题研究》,南京大学出版社 2017 年版。

吴龙辉:《原始儒家考述》,中国社会科学出版社 1996 年版。

吴如嵩:《孙子兵法新说》,解放军出版社 2008 年版。

吴毓江:《墨子校注》,中华书局 1993 年版。

X

夏静:《中国思想传统中的文学观念》,生活·读书·新知三联书店 2017 年版。

萧兵:《中庸的文化省察——一个字的思想史》,湖北人民出版社 1997 年版。

谢祥皓:《中国兵学》,山东人民出版社 1998 年版。

邢兆良:《墨子评传》,南京大学出版社 1993 年版。

熊铁基等:《中国老学史》,福建人民出版社 1995 年版。

徐复观:《中国人性论史(先秦篇)》,华东师范大学出版社 2005 年版。

徐复观:《中国艺术精神》,华东师范大学出版社 2001 年版。

徐希燕:《墨学研究:墨子学说的现代诠释》,商务印书馆 2001 年版。

徐中舒主编:《汉语大字典》,湖北辞书出版社 1990 年版、四川辞书出版社 1990 年版。

徐中舒主编:《甲骨文字典》,四川辞书出版社 2006 年版。

许抗生:《帛书老子注释及研究》(增订本),浙江人民出版社 1985 年版。

许抗生等:《庄子与中国文化》,安徽人民出版社 1990 年版。

许慎:《说文解字》,中华书局 1963 年版。

许维遹撰,梁运华整理:《吕氏春秋集释》,中华书局 2009 年版。

Y

阎若璩：《尚书古文疏证》，上海古籍出版社 1987 年版。

颜世安：《庄子评传》，南京大学出版社 1999 年版。

杨丙安：《十一家注孙子校理》，中华书局 1999 年版。

杨伯峻：《春秋左传注》，中华书局 1981 年版。

杨国荣：《善的历程：儒家价值体系的历史衍化及其现代转换》，上海人民出版社 1994 年版。

杨善群：《孙子评传》，南京大学出版社 1995 年版。

银雀山汉墓竹简整理小组：《银雀山汉墓竹简（壹）》，文物出版社 1985 年版。

永瑢等撰：《四库全书总目》，中华书局 1965 年版。

于省吾主编：《甲骨文字诂林》，中华书局 1996 年版。

余英时：《从价值系统看中国文化的现代意义：中国文化与现代生活总论》，台北时报文化出版公司 1985 年版。

余英时：《中国传统思想的现代诠释》，江苏人民出版社 2003 年版。

Z

詹剑峰：《老子其人其书及其道论》，湖北人民出版社 1982 年版。

詹剑峰：《墨子的哲学与科学》，人民出版社 1981 年版。

詹剑峰：《墨子及墨家研究》，华中师范大学出版社 2007 年版。

张岱年、姜广辉：《中国文化传统简论》，浙江人民出版社 1989 年版。

张岱年：《中国古典哲学概念范畴要论》，中国社会科学出版社 1989 年版。

张岱年：《中国哲学大纲》，中国社会科学出版社 1982 年版。

张凤阳等：《政治哲学关键词》，江苏人民出版社 2006 年版。

张觉：《韩非子校疏》，上海古籍出版社 2010 年版。

张立文：《中国哲学范畴发展史》（人道篇），中国人民大学出版社 1995 年版。

张立文：《中国哲学范畴发展史》（天道篇），中国人民大学出版社 1988 年版。

张立文主编：《和境——易学与中国文化》，人民出版社 2005 年版。

张立文主编：《圣境——儒学与中国文化》，人民出版社 2005 年版。

张立文主编：《中国哲学范畴精粹丛书》（《道》《气》《性》《理》《心》共五种），中国人民大学出版社 1989 年版。

张岂之：《中国思想史》，西北大学出版社 1993 年版。

张岂之：《中华人文精神》，西北大学出版社 1997 年版。

张少瑜：《兵家法思想通论》，人民出版社 2006 年版。

张舜徽：《周秦道论发微》，中华书局 1982 年版。

张舜徽：《广校雠略 汉书艺文志通释》，华中师范大学出版社 2004 年版。

张松辉：《老子研究》，人民出版社 2006 年版。

张松如、邵汉明：《道家哲学智慧》，吉林人民出版社 1996 年版。

章太炎：《国故论衡》，上海古籍出版社 2003 年版。

张一兵等：《关键词丛书》，江苏人民出版社 2006 年版。

张永义：《墨子与中国文化》，贵州人民出版社 2001 年版。

张云勋主编：《中国哲学基本范畴与文化传统》，贵州民族出版社 1999 年版。

张震泽：《孙膑兵法校理》，中华书局 1984 年版。

章学诚撰，叶瑛校注：《文史通义校注》，中华书局 2014 年版。

赵海军：《孙子学通论》，国防大学出版社 2000 年版。

赵一凡、张中载、李德恩主编：《西方文论关键词》，外语教学与研究出版社 2006 年版。

颜炳罡：《墨学与新文化建设》，中国书店 1997 年版。

郑杰文：《20 世纪墨学研究史》，清华大学出版社 2002 年版。

郑杰文：《中国墨学通史》，人民出版社 2006 年版。

郑樵：《通志》，中华书局 1987 年版。

支伟成编：《孙子兵法史证》，中国书店 1988 年版。

中国社会科学院考古所编：《殷周金文集成（增补修订本)》（共八册），中华书局 2007 年版。

《中华思想文化术语》编委会编：《中华思想文化术语》（第一辑），外语教学与研究出版社 2015 年版。

《中华思想文化术语》编委会编：《中华思想文化术语》（第二辑），外语教学与研究出版社 2016 年版。

《中华思想文化术语》编委会编：《中华思想文化术语》（第三辑），外语教学与研究出版社 2016 年版。

《中华思想文化术语》编委会编：《中华思想文化术语》（第四辑），外语教学与研究出版社 2017 年版。

《中华思想文化术语》编委会编:《中华思想文化术语》(第五辑),外语教学与研究出版社 2017 年版。

《中华思想文化术语》编委会编:《中华思想文化术语》(第六辑),外语教学与研究出版社 2018 年版。

钟友联:《墨家的哲学方法》,台北东大图书公司 1986 年版。

周满江:《诸子百家与文化元典》,济南出版社 2008 年版。

周宪编著:《文化研究关键词》,北京师范大学出版社 2007 年版。

周宪等主编:《人文社会科学关键词丛书》,北京师范大学出版社 2007 年版。

周有光:《汉字和文化问题》,辽宁人民出版社 2000 年版。

朱伯崑:《易学哲学史》(四卷),北京大学出版社 1986 年版。

朱丰杰:《孔子的道论及其范畴体系》,兰州大学出版社 1999 年版。

朱汉民、陈松长主编:《岳麓书院藏秦简(壹)》,上海辞书出版社 2010 年版。

朱汉民、陈松长主编:《岳麓书院藏秦简(贰)》,上海辞书出版社 2011 年版。

朱汉民、陈松长主编:《岳麓书院藏秦简(叁)》,上海辞书出版社 2013 年版。

朱汉民、陈松长主编:《岳麓书院藏秦简(肆)》,上海辞书出版社 2016 年版。

朱汉民、陈松长主编:《岳麓书院藏秦简(伍)》,上海辞书出版社 2017 年版。

朱谦之:《老子校释》,中华书局 1984 年版。

朱熹:《诗经集传》,中华书局 1962 年版。

朱熹:《四书章句集注》,中华书局 1983 年版。

朱亚非、赵树国:《兵圣孙子研究》,山东人民出版社 2006 年版。

朱哲:《先秦道家哲学研究》,上海人民出版社 1996 年版。

宗福邦等主编:《故训汇纂》,商务印书馆 2003 年版。

左民安:《细说汉字——1000 个汉字的起源与演变》,九州出版社 2005 年版。

左丘明撰:《国语》,上海古籍出版社 2015 年版。

(二)

[德] 恩斯特·卡西尔:《人论》,甘阳译,上海译文出版社 1985 年版。

[德] 汉斯-格奥尔格·伽达默尔:《真理与方法》,洪汉鼎译,上海译文出版社

1999 年版。

[德] 马克斯·韦伯:《社会科学方法论》,杨富斌译,华夏出版社 1999 年版。

[德] 威廉·冯·洪堡特:《论人类语言结构的差异及其对人类精神发展的影响》,姚小平译,商务印书馆 2010 年版。

[德]雅斯贝尔斯:《智慧之路》,柯锦华等译,中国国际广播出版社 1988 年版。

[法] 米歇尔·福柯:《规训与惩罚》,刘北成、杨远婴译,生活·读书·新知三联书店 1999 年版。

[法] 米歇尔·福柯:《词与物——人文科学考古学》,莫伟民译,上海三联书店 2001 年版。

[美] 艾尔曼:《从理学到朴学——中华帝国晚期思想与社会变化面面观》,赵刚译,江苏人民出版社 2012 年版。

[美] 不列颠百科全书出版公司编:《西方大观念》,陈嘉映等译,华夏出版社 2008 年版。

[美] 汉娜·阿伦特:《论革命》,陈周旺译,译林出版社 2011 年版。

[美] 拉尔夫·科思主编:《文学理论的未来》,程锡麟等译,中国社会科学出版社 1993 年版。

[美] 乔森纳·卡勒:《文学理论》,李平译,辽宁教育出版社 1998 年版。

[美] 托马斯·库恩:《科学结构的革命》(第四版),金吾伦、胡新和译,北京大学出版社 2003 年版。

[美] 韦勒克:《近代文学批评史》,杨自伍译,上海译文出版社 2009 年版。

[美] 于连·沃尔夫莱:《批评关键词:文学与文化理论》,陈永国译,北京大学出版社 2015 年版。

[美] 宇文所安:《他山的石头记(宇文所安自选集)》,田晓菲译,江苏人民出版社 2006 年版。

[美] 约瑟夫·列文森:《儒教中国及其现代命运》,郑大华译,广西师范大学出版社 2009 年版。

[美] 勒内·韦勒克、奥斯汀·沃伦:《文学理论》,刘象愚等译,文化艺术出版社 2010 年版。

[日] 宇野精一主编:《中国思想:墨家、法家、逻辑》,林茂松译,台北幼狮文化事业公司 1989 年版。

[瑞士] 费尔迪南·德·索绪尔:《普通语言学教程》,高名凯译,商务印书馆 1980 年版。

[以色列] 尤瓦我尔·赫拉利：《人类简史》，林俊宏译，中信出版集团 2017 年版。

[意] 维柯：《新科学》，朱光潜译，商务印书馆 1998 年版。

[英] 安德鲁·本内特、[英] 尼古拉·罗伊尔：《关键词：文学、批评与理论导论》，汪正龙、李永新译，广西师范大学出版社 2007 年版。

[英] 彼得·威德森：《现代西方文学观念简史》，钱竞等译，北京大学出版社 2006 年版。

[英] 丹尼·卡瓦拉罗：《文化理论关键词》，张卫东、张生、赵顺宏译，江苏人民出版社 2013 年版。

[英] 弗雷泽：《金枝——巫术与宗教之研究》，汪培基等译，商务印书馆 2013 年版。

[英] 雷蒙·威廉斯：《关键词：文化与社会的词汇》，刘建基译，生活·读书·新知三联书店 2005 年版。

后 记

对学者而言，最惬意的事莫过于为自己的书撰写"后记"。借刘勰的话为喻，如果说著书的过程漫长而痛苦，有如"霰雪无垠，矜肃之虑深"；那么"写后记"这件事，则是"献岁发春，悦愉之情畅"了。

但是，真的要在后记中回忆著书的过程，其实并不轻松。

这本书整整写了7年。

7年前的2012年，那是一个酷热的夏天，武汉的温度高达40多度，而且居高不下。我的一帮朋友全都逃跑了，远的逃往北极，近的逃到苏马荡（湖北恩施的一个清凉古镇），而我把自己关在书房里，挥汗如雨、度日如年地当"键盘侠"。

为何要如此"自虐"？近因是赶写国家社科基金重大项目《中国文化元典关键词研究》的投标书（7月底必须提交），远因是要将思考多年的关于"关键词研究的理论范式"撰成专著。就后者而言，本书的基本思路和总体框架就是在2012年那个酷夏形成的。具体而言，这套丛书的总序《元典关键词的原创意蕴与现代价值》即完成于2012年7月。

同年10月，项目答辩通过，课题组的研究工作在两个层面同时展开：一是构建理论体系，二是启动个案研究。二者皆属于托马斯·库恩所说的"Paradigm"：前者是"范式"，后者是"范例"。呈现于本书，上编十章是"范式"，下编十章是"范例"；上编要回答的问题是"何为'理论范式'"，下编则回答"'理论范式'何为"。

说得再细一点，上编的"范式建构"有总体与局部之别：前者依次探讨元典关键词研究的理论模型、实践路径、学术前史和语义根柢，后者则深度清理元典关键词研究之"创生—诠解—传播"三大路径和"语言学—阐释学—学术史—批评史"四大范式。下编的"范例研究"又有"大词"与"中词"之分：前者如中华人文之人、天、道、文、博雅、趣味、大学、文章，后者如文化—心理之观、怨、力、雷。上编为下编提供思想与方法，下编为上编提供个案与例证：二者交互性地整合成元典关键词研究的"Paradigm"。

托马斯·库恩称"范式"首先指向的是一个学术团队；而在这篇后记中我首先要感谢的是课题组的全体成员。大家既有团队意识，精诚团结，通力合作；又有批判意识，相互切磋，相互砥砺。无论是"三河铸剑"还是"武当试剑"，无论是荆州古城的子课题目录研讨还是珞珈山上的国际高层论坛，团队成员皆怀抱着学术的执着和虔诚，显示出理论的开拓和创新。作为项目的最终成果，这套丛书是团队合作的学术成果，是我们这个学术共同体的理论结晶。本书的撰写亦是如此：团队成员中的李立、袁劲、李远、孙盼盼、陈硕、殷昊翔和朱晓聪七位博士参与了本书下编十二、十三章和十六至二十章的撰写。

作为一个集体项目，这套丛书的撰写，离不开前辈学者的指导、同辈学人的襄助和晚辈学子的参与。要特别感谢武汉大学人文社科资深教授冯天瑜先生，没有冯先生的指引、启迪和无私的帮助，这项研究是不可能完成的。早在20世纪的90年代，我就拜读过冯先生的《中华元典精神》，后来又读过冯先生的《"封建"考论》《新语探源》和一系列关于历史文化语义学研究的大作，从而在"范式"与"范例"两个层面聆听教诲。项目策划和论证阶段，冯先生不仅在思路和框架上给我以指导，而且热情推荐他麾下的几员大将（聂长顺教授、余来明教授、司马朝军教授、钟书林教授）参与团队工作。也就是在我前面说起的2012年7月，冯先生顶着酷热参加课题论证会，赶到会场时已是满头大汗，冯先生一边入座一边脱下白汗衫擦汗……我永远忘不了这个细节，永远感激冯先生的真诚和厚爱。

我的职业领域（科研与教学）是中国文学批评史（或曰中国古代文论）。学界同仁中，中国人民大学袁济喜教授、扬州大学古风教授、辽宁大学涂光社教授、复旦大学汪涌豪教授给予我诸多的帮助，他们的相关研究成果更是给了我诸多的启发。特别感谢袁济喜教授和古风教授，他们实际上参与了课题组的前期工作：袁济喜教授在北京和我一起参加项目申报答辩，古风教授多次参加课题组的研讨会。

从2012年到2019年，中国文化元典关键词研究历时7年。作为一个重大项目，这期间有诸如开题、中期检查和结项之类的工作和国际的、国内的学术会议的会务；作为一套学术丛书，又有选题审批和书稿编辑之类的繁重事务。前者要感谢武汉大学文学院的高文强教授、李立讲师、袁劲特聘副研究员和熊均博士，后者则要感谢人民出版社的崔继新主任、邓浩迪先生和陈来胜先生。

从20世纪80年代第一次在《文学评论》发表学术论文，到今天第一次在人民出版社刊行《元典关键词研究的理论范式》及这套学术丛书，转眼已经三十多年。我们这一批"文革"之后恢复高考时入学继之问学的"50后"学人，时至今日，其生理年龄或已老衰，其学术年龄尚属少壮。我们今天做学问，与自己的年轻时代相比，文献检索更快捷，信息来源更多元，跨时空、跨语际和跨学科交流更方便；与今天的年轻人相比，多了一点人生和文本的阅历，少了一些职场和家庭的压力。如果说，年轻的时候做学问，少不了为生存计，为稻粮谋；而年逾耳顺仍然对问学之事不离不弃，则更多的是为了精神的愉悦，为了心灵的自由。

李建中

2019 年 6 月 16 日于珞珈山振华楼 306 室

责任编辑：崔继新
文字编辑：陈来胜
编辑助理：邓浩迪
封面设计：汪　莹

图书在版编目（CIP）数据

元典关键词研究的理论范式／李建中 著.—北京：人民出版社，2021.6
（中国文化元典关键词研究丛书／李建中主编）
ISBN 978－7－01－021422－1

I.①元…　II.①李…　III.①中华文化－关键词－研究　IV.① K203

中国版本图书馆 CIP 数据核字（2019）第 227273 号

元典关键词研究的理论范式

YUANDIAN GUANJIANCI YANJIU DE LILUN FANSHI

李建中　著

人民出版社 出版发行
（100706　北京市东城区隆福寺街 99 号）

中煤（北京）印务有限公司印刷　新华书店经销

2021 年 6 月第 1 版　2021 年 6 月北京第 1 次印刷
开本：710 毫米 ×1000 毫米 1/16　印张：23.25
字数：284 千字

ISBN 978－7－01－021422－1　定价：68.00 元

邮购地址 100706　北京市东城区隆福寺街 99 号
人民东方图书销售中心　电话（010）65250042　65289539

版权所有·侵权必究
凡购买本社图书，如有印制质量问题，我社负责调换。
服务电话：（010）65250042